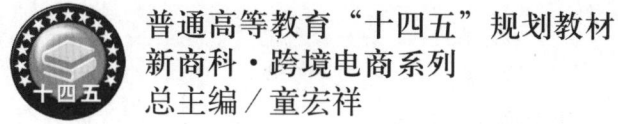

普通高等教育"十四五"规划教材
新商科·跨境电商系列
总主编／童宏祥

国际贸易模拟操作

童宏祥　陆佳佳／主编

图书在版编目(CIP)数据

国际贸易模拟操作 / 童宏祥，陆佳佳主编. —上海：立信会计出版社，2024.2

普通高等教育"十四五"规划教材. 新商科·跨境电商系列

ISBN 978-7-5429-6655-1

Ⅰ. ①国… Ⅱ. ①童… ②陆… Ⅲ. ①国际贸易—电子商务—高等学校—教材 Ⅳ. ①F740.4

中国国家版本馆 CIP 数据核字(2024)第 017815 号

策划编辑　　余　榕
责任编辑　　韩　星
美术编辑　　吴博闻

国际贸易模拟操作

GUOJI MAOYI MONI CAOZUO

出版发行	立信会计出版社
地　　址	上海市中山西路2230号　邮政编码　200235
电　　话	(021)64411389　传　真　(021)64411325
网　　址	www.lixinaph.com　电子邮箱　lixinaph2019@126.com
网上书店	http://lixin.jd.com　http://lxkjcbs.tmall.com
经　　销	各地新华书店
印　　刷	常熟市华顺印刷有限公司
开　　本	787毫米×1092毫米　1/16
印　　张	13.75
字　　数	335千字
版　　次	2024年2月第1版
印　　次	2024年2月第1次
书　　号	ISBN 978-7-5429-6655-1/F
定　　价	45.00元

如有印订差错，请与本社联系调换

总　序

当前,我们正处于一个互联网、大数据、人工智能快速发展与变革的时代,各种新业态和新商业模式层出不穷,给高等学校的专业建设带来了机遇与挑战。高等学校的人才培养必须适应我国新技术、新产业、新业态和新模式的新需求,由此我们必须对现有的专业领域及课程设置作出相应的调整或更新。2018年,时任教育部部长陈宝生在新时代全国高等学校本科教育工作会议上指出:"我国高等教育改革发展已经进入深水区,某些领域也开始进入无人区,没有现成的经验可以模仿复制,需要有旱路不通走水路、水路不通走山路、山路不通开新路的敢为天下先的勇气,不断推动高等教育的思想创新、理念创新、方法技术创新和模式创新。"

"新商科"是在新技术、新业态、新模式背景下提出的,涉及《普通高等学校本科专业类教学质量国家标准》中设置的国际商务、电子商务、物流管理、市场营销和商务英语等专业,涉及外贸企业和跨境电子商务企业的外贸单证专员、外贸采购专员、跨境营销专员、外贸业务专员、跨境电商运营专员、跨境电商物流专员、跨境电商报检专员、跨境电商报关专员等岗位所必须具备的知识、技能等职业能力课程,需要根据岗位要求调整课程结构,完善课程内容,形成一个跨专业领域的课程体系。2017年以来,上海立达学院成立了"新商科·跨境电商系列"教材编写课题组,对外贸企业、跨境电子商务企业和国际物流企业的岗位设置、岗位要求和职业素养等方面进行了调研,开展了专家访谈,经过分析与归类,制定了岗位职业能力表,并在此基础上构建了新商科课程体系,其中专业课程模块系列教材包括《国际商法》《跨境贸易跟单》《国际贸易实务》《跨境电商实务》《外贸英语制单》《跨境市场营销》《电子商务法律实务》《跨境电商物流》《国际贸易模拟操作》《跨境电商运营》《报检报关理论与实务》《电子商务数据应用基础》等。该系列教材具有以下五大特色。

1. 新理念

基于协同学的方法理论,立足工作过程的视角,突破学科的界限,构建新商科体系,为外贸企业和跨境电子商务企业培养复合型的专门人才。

2. 新视角

基于"互联网+"的战略,贯通线上线下,打造国际贸易与跨境电子商务复合型新商科平台。

3. 新结构

基于新商科的视角,创建"国际商务、市场营销、物流管理+电子商务"多元化模块,对接新商科的产业需求。

4. 新知识

基于新商科的学科领域，介绍新商科的生态圈，传授新模式、新流程、新手段等方面的理论知识、信息化技术和专业技能。

5. 新思想

基于"三全育人"的视角，在专业课程中融入思政教育，培育和践行社会主义核心价值观，坚持立德树人。

"新商科·跨境电商系列"教材在策划与建设过程中，得到了上海立达学院董事会、校领导的指导和关心，得到了立信会计出版社的大力支持和编辑余榕老师的具体帮助，在此表示衷心的感谢。

"新商科·跨境电商"是一个全新的专业学科领域，我们在探索新商科课程建设过程中难免会有不足之处，恳请同仁不吝赐教、批评指正。

前　言

党的二十大报告提出了"坚持高水平对外开放,加快构建以国内大循环为主体、国内国际双循环相互促进的新发展格局",擘画了以中国式现代化全面推进中华民族伟大复兴的宏伟蓝图,强调了加快建设贸易强国的目标。海关总署围绕服务国家经济社会发展大局,坚持科技创新、制度创新、业态创新和模式创新,进一步推广中国国际贸易"单一窗口",为进出口企业提供便利化服务。"国际贸易模拟操作"是高等院校应用型本科国际商务、国际经济与贸易、商务英语专业的综合实践课程之一。在此背景下,作为上海立达学院"新商科·跨境电商系列教材"之一,本教材编者重构课程体系,融入"课程思政"教学理念,增加加工贸易等新内容。

本教材与现有出版的同类教材相比,具有以下优势。

一、新理念

本教材根据教育部印发的《高等学校课程思政建设指导纲要》的要求,结合国际贸易模拟操作实践教学的特点,融入国际贸易业务工作中的法律意识、诚信意识、社会责任意识,突出"立德树人"的教育理念。

二、新体系

本教材基于CIF、FCA、CIP、FOB等贸易术语,选取了一般贸易与加工贸易两种贸易方式,结合了出口贸易、进口贸易、出境加工贸易、进料加工贸易的实际业务操作内容与要求,安排了许可证与原产地证明书的证件、信用证与电汇的支付方式、海陆空的货物运输、出口与进口的保险合同、代理与自理纸质报关单及电子数据报关单的内容,并基于工作过程导向的教学理念,形成了国际贸易模拟操作实训体系。

三、新内容

本教材新增内容包括中国国际贸易"单一窗口"相关功能、出口货物电子数据报关单整合申报、进口货物电子数据报关单"两步申报"以及出境加工贸易、进料加工贸易的操作步骤、操作内容和操作要求,拓宽了国际贸易模拟操作的实训范围。

四、新架构

本教材基于"做学一体化"的教学理念,根据学生的认知规律,每个项目固定为"模拟操作概要＋操作指南＋实例展示＋模拟操作＋综合模拟业务操作"五个模块,不同模块之间的专业知识、业务技能和职业素养有着内在的联系,承上启下,前后呼应,有利于培养学生的综合职业素养。

本教材由上海外国语大学贤达经济人文学院童宏祥、上海立达学院陆佳佳担任主编,上海立达学院丁滟湫、上海立达学院崔慧华担任副主编。具体分工如下:陆佳佳编写项目一;丁滟湫编写项目二;崔慧华编写项目三;童宏祥编写项目四。

本教材在策划与编写过程中得到了上海立达学院领导的关心,也得到了立信会计出版社领导与编辑的具体指导和帮助,在此一并感谢。由于编者实务经验有限,本教材若存在不足之处,恳请同行和专家不吝赐教。

编 者

目 录

项目一 CIF 出口贸易业务模拟操作 ·· 1
    任务一　销售确认书订立及其分析单编制 ·· 2
    任务二　信用证审核 ·· 6
    任务三　出口许可证申领及其申请表缮制 ·· 13
    任务四　一般原产地证明书申领及其申请单证缮制 ··························· 18
    任务五　国际海洋运输出口货物托运及托运单证缮制 ······················· 27
    任务六　国际海洋运输出口货物投保及投保单缮制 ··························· 37
    任务七　出口货物整合申报及代理报关单证填报 ······························ 44
    任务八　出口结汇及结汇单证缮制 ·· 63
    综合模拟业务操作 ··· 67

项目二 FCA 进口贸易业务模拟操作 ·· 73
    任务一　购货确认书订立及分析单缮制 ·· 74
    任务二　进口许可证申领及申请表缮制 ·· 78
    任务三　付汇与信用证开立 ·· 82
    任务四　国际航空运输进口货物托运及委托书缮制 ··························· 90
    任务五　国际航空运输进口货物保险及预约保险合同填写 ················ 95
    任务六　进口货物"两步申报"及报关单填报 ·································· 98
    综合模拟业务操作 ··· 111

项目三 CIP、FCA 出境加工贸易业务模拟操作 ································ 114
    任务一　出境加工合同订立及分析单编制 ·· 115
    任务二　出境加工账册备案及备案表填报 ·· 120
    任务三　东盟原产地证申领及单证缮制 ·· 127
    任务四　国际铁路货物托运、投保、报关及单证缮制 ······················· 133
    任务五　加工费支付、出境加工账册核销及单证缮制 ······················· 150
    综合模拟业务操作 ··· 158

项目四 | CIF、FOB 进料加工贸易业务模拟操作 ······ 162
    任务一 加工贸易合同订立及分析单编制 ······ 163
    任务二 加工贸易合同备案及表单填报 ······ 170
    任务三 料件购货确认书履行及单证缮制 ······ 184
    任务四 制成品销售确认书履行及单证缮制 ······ 189
    任务五 进料加工贸易手册核销及申请表缮制 ······ 200
    综合模拟业务操作 ······ 206

项目一 CIF出口贸易业务模拟操作

 操作目标

◆ 了解CIF贸易术语条件下出口商履行的义务及其相关规定。
◆ 熟悉销售确认书、出口许可证、一般原产地证明书的缮制方法。
◆ 掌握订舱委托书、投保单、报关单、商业汇票、出口信用证交单委托书的填报方法。
◆ 明确外贸单证工作中审核信用证的内容及制单"四个一致"的要求。
◆ 增强出口业务工作中的法律意识、诚信意识和社会责任意识。

模拟操作概要

在CIF贸易术语条件下,出口贸易业务模拟操作分为八个步骤:步骤一为开展交易磋商,出口商与进口商订立销售确认书,并编制销售确认书分析单;步骤二为审核信用证,出口商在信用证支付方式下需对信用证进行审核;步骤三为申领出口许可证,出口商出口在《出口许可证管理货物目录》内货物应取得出口许可证,并缮制申请表;步骤四为申领一般原产地证明书,出口商根据规定获取一般原产地证明书,并缮制申请表;步骤五为办理出口货物托运,出口商根据规定办理国际海洋运输出口货物托运,并缮制托运单;步骤六为办理出口货物运输投保,出口商根据规定进行投保,并缮制投保单;步骤七为出口货物整合申报,出口商根据《中华人民共和国海关进出口货物申报管理规定》(以下简称《进出口货物申报管理规定》)委托报关企业代办出口货物报关手续,并填报代理报关单证;步骤八为办理出口结汇,出口商根据"谁出口谁收汇、谁进口谁付汇"原则办理出口结汇手续,并缮制结汇单证。本项目模拟操作内容依据上述流程,依次设置八个工作任务。

任务一　销售确认书订立及其分析单编制

一、操作指南

（一）出口交易磋商

出口交易磋商是指出口商与进口商通过线下或线上的形式，围绕出口货物交易条件进行洽谈，以求达成一致意见的过程。线下交易磋商是指进出口贸易买卖双方在展览会、外贸企业等场所，由进口商对采购商品进行询价，由出口商提供该商品介绍、报价等书面材料，面对面的洽谈形式；线上交易磋商是指进出口贸易买卖双方通过传真或电子邮件或网站等途径传送商品交易信息，并围绕交易条件进行询价、报价的洽谈形式。进出口贸易双方当事人就各项交易条件达成一致意见后，签订出口贸易合同。

（二）出口贸易合同形式

《中华人民共和国民法典》（以下简称《民法典》）第469条规定，当事人订立合同，可以采用书面形式、口头形式或者其他形式。书面形式是合同书、信件、电报、电传、传真等可以有形地表现所载内容的形式。电子数据、电子邮件等能够有形地表现所载内容，并可以随时调取查用的数据形式，也视为书面形式。出口贸易合同分为销售合同书和销售确认书两种形式。销售合同书是指进出口贸易双方当事人依照有关法律法规的规定，通过协商就各自在贸易上的权利和义务所达成的具有法律约束力的协议。其特点是条款全面、内容详尽、规定具体，一般适用于大宗商品或成交金额大的出口贸易业务。销售确认书是指进出口贸易双方当事人依照有关法律法规的规定，通过协商就商品的品质、数量、包装、价格、交货期、装运地和目的地、付款方式、货运保险、异议索赔、仲裁、不可抗力等事项所达成的具有法律约束力的协议。销售确认书是一种简式的销售合同书，适用于轻工纺织等产品以及成交金额不大的出口贸易业务。

（三）销售确认书结构

销售确认书由约首、正文和约尾三部分组成。约首是销售确认书的首部，包括销售确认书的名称及编号、订约日期、进出口双方名称与地址、序言等内容。正文是销售确认书的主体部分，主要具体列明各项交易条件，明确买卖双方的义务，规定不可抗力、争议与仲裁条款。约尾是销售确认书的尾部，包括销售确认书的生效时间、份数、法律效力条件、双方授权代表的签字盖章等内容。

（四）CIF国际贸易术语中出口商义务

CIF是cost, insurance and freight(... named port of destination)的缩写，译为成本加保险费加运费（……指定目的港），是指出口商在销售确认书规定的装运期内，在装运港将出口货物装上指定的船，支付至目的港的运费和保险费，并承担装船之前的货物风险和费用的交易方式。《国际贸易术语解释通则2020》规定，出口商在CIF国际贸易术语中有五个方面的义务：一是出口商在销售确认书规定的起运地和装运期限，将符合销售确认书规定的出口货物交付指定的承运人；二是出口商根据销售确认书保险条款的规定，办理出口货物起运地至目的地的运输保险手续，并支付保险费；三是出口商办理出口货物报关手续，并支付关税和费用；四是出口商提供商业发票、出口许可证、一般原产地证明书、装箱单、运输单据、保险单、装运通知等指定单证或其相应的电子数据；五是出口商承担出口货物交付承运人之前的一切与货物出口有关的费用，以及货物灭失或损坏的风险。

（五）销售确认书分析单

销售确认书分析单是指外贸单证员在销售确认书生效后，基于制单工作需要汇集销售确认书中相关信息和制单要求的一份工作单。销售确认书分析单的格式没有统一规定，其内容包括出口货物的名称与规格、商品编码、成交金额、运输方式、货运保险条款，以及相关单证及份数等相关信息。

二、销售确认书订立及分析单编制实例展示

上海贤达进出口有限公司是一家外商投资企业，在企业网站上发布了锡管及管子附件的销售信息。挪威客商奥斯陆贸易有限公司经理 HETLAND 浏览该网站后，对锡管及管子附件的接头（COUPLINGS）、肘管（ELBOWS）、管套（SLEEVES）产生了采购意向，并与上海贤达进出口有限公司业务员陆佳就其交易条件进行在线磋商。双方当事人达成一致交易条件后，陆佳拟定销售确认书（编号 0235466），并经业务经理李芳审阅后签章。陆佳向奥斯陆贸易有限公司经理 HETLAND 发送销售确认书（图 1-1），经理 HETLAND 对销售确认书内容逐条审核，核准无误后签章，并发送给陆佳。

SHANGHAI XIANDA IMP. & EXP. CO., LTD.
8 YANGGAO ROAD, SHANGHAI, CHINA

TEL: 021-65766688
FAX: 021-65766687

SALES CONFIRMATION

S/C NO.: 0235466
DATE: AUG. 01, 2023

TO MESSRS:
OSLO TRADING COMPANY LTD.
16 STORTINGSGATE, OSLO, NORWAY
TEL: 0047-088-4563 FAX: 0047-088-4564

THE UNDERSIGNED BUYERS AND SELLERS HAVE AGREED TO CLOSE THE FOLLOWING TRANSACTION AS PER TERMS AND CONDITIONS STIPULATED BELOW:

COMMODITY AND SPECIFICATION	QUANTITY	UNIT PRICE	AMOUNT
TIN PIPE AND PIPE ACCESSORIES		CIF OSLO	
COUPLINGS	100 000 PCS	USD 1.00/PC	USD 100 000.00
ELBOWS	100 000 PCS	USD 1.20/PC	USD 120 000.00
SLEEVES	100 000 PCS	USD 1.40/PC	USD 140 000.00

PACKING: EACH PIECE IN A POLYBAG, 160 PIECES INTO AN EXPORT CARTON.
SHIPPING MARK: INCLUDES O.T.C, S/C NO., PORT OF DESTINATION AND CARTON NO.
LOADING PORT: SHANGHAI CHINA
DESTINATION PORT: OSLO NORWAY
TIME OF SHIPMENT: BEFORE NOV. 30, 2023
PARTIAL SHIPMENT: NOT ALLOWED
TRANSSHIPMENT: NOT ALLOWED

(续图)

INSURANCE: FOR 110% OF THE INVOICE VALUE COVERING ALL RISKS AND WAR RISKS AS PER OCEAN TRANSPORT CARGO CLAUSE OF THE PICC DATED 1/1, 2009
TERMS OF PAYMENT: L/C AT SIGHT
BANK INFORMATION IS AS BELOW:
SELLER'S BANK OF DEPOSIT: BANK OF CHINA SHANGHAI BRANCH
ACCOUNT NO.: U00856668894
BUYER'S BANK OF DEPOSIT: OSLO BANK
ACCOUNT NO.: OS200937654765
DOCUMENTS: THE SELLER SHALL PRESENT THE FOLLOWING DOCUMENTS:
FOUR COPIES SIGNED COMMERCIAL INVOICES PROVIDED BY THE SELLER.
FOUR COPIES PACKING LISTS PROVIDED BY THE SELLER.
ONE COPY CERTIFICATE OF ORIGIN OF PICC PROPERTY AND CASUALTY COMPANY LIMITED.
FULL SET OF B/L CLEAN ON BOARD, MADE OUT TO ORDER OF SHIPPER AND BLANK ENDORSED AND MARKED "FREIGHT PREPAID".
TWO COPIES INSURANCE POLICIES ISSUED BY THE PICC PROPERTY AND CASUALTY COMPANY LIMITED.
TWO COPIES CERTIFICATES OF NON-WOOD PACKAGING PROVIDED BY THE SELLER.
TWO COPIES SHIPMENT NOTICES PROVIDED BY THE SELLER.
GENERAL TERMS:
THE BUYER SHALL ESTABLISH THE COVERING LETTER OF CREDIT BEFORE AUG. 25, 2023.
THE BUYER HAS THE RIGHT TO REINSPECT THE QUALITY AND QUANTITY OF THE GOODS. IF THE QUALITY AND QUANTITY ARE FOUND TO BE INCONSISTENT WITH THE CONTRACT, THE SELLER SHALL BE ENTITLED TO CLAIM COMPENSATION. THE CLAIM FOR QUALITY SHALL BE FILED WITHIN 60 DAYS AFTER THE ARRIVAL OF THE GOODS AT THE DESTINATION PORT, AND THE CLAIM FOR QUANTITY SHALL BE FILED WITHIN 30 DAYS AFTER THE ARRIVAL OF THE GOODS AT THE DESTINATION PORT.
IF THE SHIPMENT OF THE CONTRACTED GOODS IS PREVENTED OR DELAYED IN WHOLE OR IN PART BY REASON OF WAR, EARTHQUAKE OR OTHER CAUSES OF FORCE MAJEURE, THE SELLER SHALL NOT BE LIABLE. HOWEVER, THE SELLER SHALL NOTIFY THE BUYER A CERTIFICATE ISSUED BY THE CHINA COUNCIL FOR THE PROMOTION OF INTERNATIONAL TRADE ATTESTING SUCH EVENT OR EVENTS.
ALL DISPUTES IN CONNECTION WITH THIS CONTRACT OR ARISING FROM THE EXECUTION THEREOF, SHALL BE AMICABLY SETTLED THROUGH NEGOTIATION IN CASE NO SETTLEMENT CAN BE REACHED BETWEEN THE TWO PARTIES, THE CASE UNDER DISPUTES SHALL BE SUBMITTED TO SHANGHAI INTERNATIONAL ECONOMIC AND TRADE ARBITRATION COMMISSION FOR ARBITRATION IN ACCORDANCE WITH ITS RULES OF ARBITRATION. THE ARBITRAL AWARD SHALL BE FINAL AND BINDING UPON BOTH PARTIES. THE ARBITRATION FEE SHALL BE BORNE BY THE LOSING PARTY UNLESS OTHERWISE AWARDED BY THE ARBITRATION COURT.
THIS CONTRACT IS TAKEN INTO EFFECT AFTER THE SIGNING OF THE PARTIES TO PARTY A AND B, WITH TWO COPIES AND ONE SHARE OF EACH PARTY.

OSLO TRADING COMPANY LTD.　　　上海贤达进出口有限公司公章
　　　　　　　　　　　　　　　　SHANGHAI XIANDA IMP. & EXP. CO., LTD.

THE BUYER: **HETLAND**　　　　　THE SELLER: 李芳

图 1-1　销售确认书

上海贤达进出口有限公司外贸单证员丁艳根据销售确认书的内容编制的销售确认书分析单,如图1-2所示。

<table>
<tr><td colspan="4" align="center">销售确认书分析单</td></tr>
<tr><td>制单人:丁艳</td><td colspan="2">日期:2023年8月2日</td><td>编号:XD0231231</td></tr>
<tr><td>合同编号</td><td>0235466</td><td>签约日期</td><td>AUG. 01, 2023</td></tr>
<tr><td>进口商名称</td><td>OSLO TRADING COMPANY LTD.</td><td>进口商地址</td><td>16 STORTINGSGATE, OSLO, NORWAY</td></tr>
<tr><td>出口商开户银行</td><td>BANK OF CHINA SHANGHAI BRANCH</td><td>银行账号</td><td>U00856668894</td></tr>
<tr><td>进口商开户银行</td><td>OSLO BANK</td><td>银行账号</td><td>OS200937654765</td></tr>
<tr><td>价格条款</td><td>CIF OSLO
USD 1.00、USD 1.20、USD 1.40</td><td>支付方式</td><td>L/C AT SIGHT</td></tr>
<tr><td>运输方式</td><td>BY SEA</td><td>装运期限</td><td>BEFORE NOV. 30, 2023</td></tr>
<tr><td>起运港</td><td>SHANGHAI</td><td>启运国/地区</td><td>CHINA</td></tr>
<tr><td>目的港</td><td>OSLO</td><td>目的国/地区</td><td>NORWAY</td></tr>
<tr><td>分批装运</td><td>NOT ALLOWED</td><td>转运</td><td>NOT ALLOWED</td></tr>
<tr><td>商品描述</td><td>TIN PIPE AND PIPE ACCESSORIES
(COUPLINGS, ELBOWS, SLEEVES)</td><td>商品编码</td><td>8007004000</td></tr>
<tr><td>包装条款</td><td colspan="2">EACH PIECE IN A POLYBAG, 160 PIECES INTO AN EXPORT CARTON</td><td rowspan="2">运输标志</td><td rowspan="2">O. T. C
0235466
OSLO
C/NO. 1-1875</td></tr>
<tr><td>货运保险</td><td colspan="2">FOR 110% OF THE INVOICE VALUE COVERING ALL RISKS AND WAR RISKS AS PER OCEAN TRANSPORT CARGO CLAUSE OF THE PICC DATED 1/1, 2009</td></tr>
</table>

提供单据	商业发票	海关发票	装箱单	重量单	尺码单	出口许可证	贸促会产地证书	原产地证书	海运提单	货物运输保险单	非木质包装证明	熏蒸证书	品质证书	重量证书	装运通知	受益人证明	商业汇票
份数	4	/	4	/	/	1	1	/	3	2	2	/	/	/	/	/	/
备注																	

图1-2 销售确认分析单

三、销售确认书订立及分析单编制模拟操作

(一)模拟业务背景

上海立达进出口有限公司是一家外商独资企业,在企业网站上发布了轻便摩托车系列销售广告。澳大利亚的PETER TRADE COMPANY皮特经理对轻便摩托车有着采购意向,针对50 CC、60 CC、70 CC排量的摩托车与该公司张芳业务员进行磋商。双方当事人达成交易条件后,张芳业务员拟定销售确认书条款,提交其主管李琳经理审核与签章,并发送至皮特经理。皮特经理对销售确认书内容逐条审核,核准无误后进行签章,并向张芳业务员

返回经双方当事人签章的销售确认书。销售确认书生效后,外贸单证员根据工作要求编制销售确认书分析单。

(二) 模拟业务资料

销售确认书编号/日期:23091121/2023年8月10日

出口商开户银行名称/账号:BANK OF CHINA SHANGHAI BRANCH/9005812345678

进口商名称/地址:PETER TRADE COMPANY/28 GEORGE STREET,SYDNEY,AUSTRALIA

进口商电话/传真:02-9540-5419/02-9540-5420

进口商开户银行名称/账号:SYDNEY BANK/SN203212198567

商品名称/商品编码/规格:摩托车/8711100010/50 CC或60 CC或70 CC

交易数量:500辆(50 CC)、500辆(60 CC)、500辆(70 CC)

成交价格:CIF SYDNEY 300美元(50 CC)、400美元(60 CC)、500美元(70 CC)

支付方式/开证日期:即期付款信用证/不迟于2023年8月31日

包装方式:每辆装1只出口纸箱

运输标志:包括PETER、销售确认书号、目的地名称和件数

运输方式/起运港/目的港:海运/中国上海/澳大利亚悉尼

装运期限/分批装运/转运:2023年10月31日前/不允许/不允许

货运保险:根据2009年1月1日《PICC海洋货物运输保险条款》,按发票金额110%投保一切险和战争险

单据条款:由卖方签字的商业发票一式四份;由卖方提供的装箱单一式四份;由商务部签发的出口许可证一份;由中国贸促会签发的一般原产地证明书一份;由承运人签发的一套已装船提单,显示凭托运人指示、运费付费;由中国人民财产保险股份有限公司签发的保险单一式两份;由卖方提供的非木质包装证明一式两份;由卖方提供的装运通知一式两份

卖方授权人/制单人:(学生姓名)/(学生姓名)

(三) 模拟业务操作

请你以外贸业务员和单证员的身份,根据模拟业务资料拟定销售确认书,并编制销售确认书分析单。销售确认书和销售确认书分析单的样张见"模拟操作1-1"。

模拟操作1-1

任务二 信用证审核

一、操作指南

(一) 信用证当事人

信用证的开立与收付一般涉及七个当事人:一是开证人,是指向银行申请开立信用证的

人,通常是进口企业;二是受益人,是指有权按照信用证规定签发汇票向指定付款行索取信用证金额的人,通常是出口企业;三是开证行,是指接受开证人的要求和指示开立信用证的银行,通常是进口企业的开户行;四是通知行,是指受开证行的委托,将信用证交付指定受益人的银行,通常是出口企业开户行或开证行的代理银行;五是议付行,是指根据开证行授权买入受益人提交的符合信用证规定的汇票和单据的银行,通常是通知行或其他指定的银行;六是付款行,是指按照信用证规定履行信用证付款责任的银行,通常是开证行;七是付款人,是指根据信用证规定进行付款赎单的人,通常是开证人。

（二）电开信用证格式

电开信用证是指通过国际资金清算系统（SWIFT）电讯方式开立和通知的信用证。MT700 电开信用证的代号和说明如表 1-1 所示。

表 1-1　　　　　　　　　　MT700 电开信用证的代号和说明

TAG 代号	FIELD NAME 栏位名称	DIRECTIONS 说明
*27	SEQUENCE OF TOTAL 合计次序	信用证共有几页,此页所处的位置
*40A	FORM OF DOCUMENTARY CREDIT 跟单信用证类别	信用证的性质
*20	DOCUMENTARY CREDIT NUMBER 信用证号码	信用证的号码
31C	DATE OF ISSUE 开证日期	信用证的开证日期
*31D	DATE AND PLACE OF EXPIRY 到期日及地点	信用证的到期日期和到期地点
51A	APPLICANT BANK 开证申请人的银行	信用证的申请银行
*50	APPLICANT 申请人	开证申请人的名称和地址
*59	BENEFICIARY 受益人	受益人的名称和地址
*32B	CURRENCY CODE, AMOUNT 币别代号、金额	信用证的币种和金额
*41D	AVAILABLE WITH/BY 兑付方式	信用证兑付的方式
39A	PERCENTAGE CREDIT AMOUNT 信用证金额加减百分率	信用证总金额允许上下浮动的比率
42C	DRAFTS AT … 汇票期限……	汇票付款期限
42A	DRAWEE 付款人	汇票付款人,一般情况下是开证行
43P	PARTIAL SHIPMENTS 分批装运	货物是否允许分批出运

(续表)

TAG 代号	FIELD NAME 栏位名称	DIRECTIONS 说明
43T	TRANSSHIPMENT 转运	货物在运输中是否允许转运
44A	PLACE OF TAKING IN CHARGE AT/FROM … /PLACE OF RECEIPT 接受监管地/发运地/收货地	装船、发运或接受监管的地点
44B	PLACE OF FINAL DESTINATION/FOR TRANSPORTATION TO … /PLACE OF DELIVERY 最终目的地/运往……/交货地	货物发送至最终目的地
44C	LAST DATE OF SHIPMENT 最后装运日	货物不能迟于此日期出运
44E	PORT OF DISCHARGE/AIRPORT OF DESTINATION 卸货港/目的地机场	货物发送至卸货港/目的地机场名称
45A	DESCRIPTION OF GOODS AND/OR SERVICES 货物与/或服务描述	货物与/或服务描述及交易条件
46A	DOCUMENTS REQUIRED 应具备单据	具体单据名称及份数规定
47A	ADDITIONAL CONDITIONS 附加条件	信用证条款的补充说明
71B	CHARGES 费用	由受益人承担的费用
48	PERIOD FOR PRESENTATION 提示时间	信用证规定交单期限

注:"*"表示必须的项目。

(三) 信用证审核

出口商根据销售确认书的相关约定,结合《国际贸易术语解释通则2020》《跟单信用证统一惯例600》以及我国有关法律规定,逐项审核信用证的信息和条款,具体内容如下。

1. 商品品质、数量、包装相关信息

信用证对商品的名称、规格、数量,以及包装方式的约定应当与销售确认书的相关内容一致。出口商在审证时发现不一致且又不能接受的约定,应要求进口商予以改证,否则会在交货时引起争议。

2. 受益人与开证申请人相关信息

信用证中的受益人与开证申请人的名称、地址应当与销售确认书的相关名称、地址一致。出口商在审证时发现有误的情形,应要求进口商予以改证,避免在议付时遭到拒付。

3. 议付银行与支付金额相关信息

信用证对议付银行名称、支付金额及币制的约定应当与销售确认书的相关内容一致,订有溢短装条款的,信用证金额应有相应的增减。出口商在审证时发现有不一致的情形,应要求进口商予以改证,否则在议付时将被拒付。

4. 货物运输相关信息

信用证对出口货物的启运地/启运港、目的地/目的港、装运期限、分批装运和转运等约定应当与销售确认书的相关规定一致。出口商在审证时发现不一致且又不能接受的约定，应要求进口商予以改证，否则将导致不能及时交货。

5. 信用证有效期及到期地点约定相关信息

信用证有效期应当与销售确认书规定的装运期有一定合理时间的间隔，以便出口商在出口货物装运后有充足的时间进行制单，办理出口结汇手续。信用证到期地点一般要求在中国境内，如果规定在境外，将难以保证寄单的时间。出口商在审证时确认信用证有效期约定不合理、到期地点在境外的，应向进口商提出改证。

6. 受益人出具单据相关信息

出口商对信用证受益人提供单证的种类、份数和要求等内容进行认真审核，如果某单证或要求难以提供或无法接受的，须向进口商提出改证。

（四）信用证改证

出口商对信用证存在的错误信息或不可接受要求应当编制信用证修改列表，并向进口商提出改证要求。进口商再对信用证修改列表内容进行核准，确认无误后向开证行提出改证申请。开证行根据开证申请人的改证内容出具修改信用证通知书，该通知书构成原信用证的组成部分，可作为出口商议付的依据。

二、信用证审核及改证实例展示

奥斯陆贸易有限公司在销售确认书规定的开证期限内通过挪威奥斯陆银行开立信用证，开证银行挪威奥斯陆银行通过通知行中国银行上海分行向受益人上海贤达进出口有限公司转交。通知行向受益人发出信用证通知书，上海贤达进出口有限公司外贸财会员持信用证通知书、公司证明、个人身份证明等指定材料到通知行领取信用证（编号 OB230212）。通知行柜台业务人员确认领证人的各种信息后向受益人交付信用证正本。信用证通知书和信用证正本分别见图 1-3 和图 1-4。

BANK OF CHINA SHANGHAI BRANCH	
信用证通知书 NOTIFICATION OF DOCUMENTARY CREDIT	
TO:致: SHANGHAI XIANIDA IMP. & EXP. CO., LTD. 8 YANGGAO ROAD, SHANGHAI, CHINA	WHEN CORRESPONDING PLEASE QUOTE OUR REF NO.: W854608 AUG. 21, 2023
ISSUING BANK:开证行: BANK OF OSLO	TRANSMITTED TO US THROUGH:转递行/转让行:
L/C NO.:信用证号: OB230212	DATED:开证日期: 230820	AMOUNT:金额: USD 30 000.00
Dear Sirs, 谨启者: We advise you that we have received from the a/m bank a(n) letter of credit, contents of which are as per attached sheet(s). 兹通知贵司，我行收自上述银行信用证一份，现随附通知。 This advice and the attached sheet(s) must accompany the relative documents when presented for negotiation.	

(续图)

贵司交单时,请将本通知书及信用证一并提示。
This advice does not convey any engagement or obligation on our part unless we have added our confirmation.
本通知书不构成我行对此信用证的任何责任和义务,但本行对本证加具保兑的除外。
If you find any terms and conditions in the L/C which you are unable to comply with and or any error(s), it is suggested that you contact applicant directly for necessary amendment(s) so as to avoid any difficulties which may arise when documents are presented.
如本信用证中有无法办到的条款及/或错误,请与开证申请人联系,进行必要的修改,以排除交单时可能发生的问题。
This L/C is advised subject to ICC UCP Publication No. 600.
本信用证之通知系遵循国际商会跟单信用证统一惯例第 600 号出版物办理。
This L/C consists of one sheet(s), including the covering letter and attachment(s).
本信用证连同面函及附件共 1 纸。
Remarks:
备注:

Yours faithfully,
For BANK OF CHINA

图 1-3　信用证通知书

IRREVOCABLE DOCUMENTARY CREDIT

SEQUENCE OF TOTAL	*27:	1/1
FORM OF DOC. CREDIT	*40A:	IRREVOCABLE
DOC. CREDIT NUMBER	*20:	OB230212
DATE OF ISSUE	31C:	230820
APPLICABLE RULES	40E:	UCP LATEST VERSION
DATE AND PLACE OF EXPIRY	*31D:	DATE 231225 AT BENEFICIARY'S COUNTRY
APPLICANT	50:	OSLO TRADING COMPANY LTD.
		16 STORTINGSGATE, OSLO, NORWAY
ISSUING BANK	52A:	BANK OF OSLO
		8 GAPUNE STREET, OSLO, NORWAY
BENEFICIARY	*59:	SHANGHAI XIANIDA IMP. & EXP. CO., LTD.
		8 YANGGAO ROAD, SHANGHAI, CHINA
AMOUNT	*32B:	CURRENCY USD AMOUNT 30 000.00
AVAILABLE WITH/BY	*41D:	BANK OF CHINA SHANGHAI BRANCH BY NEGOTIATION
DRAFTS AT …	42C:	DRAFTS AT SIGHT FOR FULL INVOICE COST
DRAWEE	42A:	BANK OF OSLO
PARTIAL SHIPMENTS	43P:	ALLOWED
TRANSSHIPMENT	43T:	NOT ALLOWED
PLACE OF TAKING IN CHARGE AT	44A:	SHANGHAI CHINA
FOR TRANSPORTATION TO …	44B:	OSLO NORWAY
LATEST DATE OF SHIPMENT	44C:	231130
DESCRIPT OF GOODS	45A:	TIN PIPE AND PIPE ACCESSORIES
DOCUMENTS REQUIRED	46A:	

(续图)

```
+4 COPIES COMMERCIAL INVOICES PROVIDED BY THE SELLER.
+4 COPIES PACKING LISTS PROVIDED BY THE SELLER.
+1 COPY CERTIFICATE OF ORIGIN OF THE PEOPLE'S REPUBLIC OF CHINA, ISSUED BY CCPIT.
+3 COPIES B/L CLEAN ON BOARD, MADE OUT TO ORDER OF AND BLANK ENDORSED AND MARKED
 "FREIGHT PREPAID".
+1 COPY INSURANCE POLICIES ISSUED BY THE PICC PROPERTY AND CASUALTY COMPANY LIMITED.
+2 COPIES CERTIFICATES OF NON-WOOD PACKAGING PROVIDED BY THE SELLER.
+2 COPIES SHIPMENT NOTICES PROVIDED BY THE SELLER.
PERIOD FOR PRESENTATION        48: DOCUMENTS MUST BE PRESENTED WITHIN 15 DAYS
                                   AFTER THE DATE OF SHIPMENT.
CHARGES                        71B: ALL BANKING CHARGES OUTSIDE NORWAY ARE FOR
                                    ACCOUNT OF BENEFICIARY.
```

图 1-4 信用证正本

上海贤达进出口有限公司外贸财会员与外贸单证员根据销售确认书的内容，结合《国际贸易术语解释通则 2020》《跟单信用证统一惯例 600》及我国有关法律规定，逐项审核信用证的信息和条款，并对信用证中的错误信息或不可接受内容编制信用证修改列表，如表 1-2 所示。

表 1-2 信用证修改列表

序号	信用证内容	改证内容
1	32B: CURRENCY USD AMOUNT 30 000.00	32B: CURRENCY USD AMOUNT 360 000.00
2	43P: ALLOWED	43P: NOT ALLOWED
3	45A: TIN PIPE AND PIPE ACCESSORIES	45A: TIN PIPE AND PIPE ACCESSORIES (COUPLINGS, ELBOWS, SLEEVES)
4	4 COPIES COMMERCIAL INVOICES PROVIDED BY THE SELLER	4 COPIES SIGNED COMMERCIAL INVOICES PROVIDED BY THE SELLER
5	3 COPIES B/L CLEAN ON BOARD, MADE OUT TO ORDER OF AND BLANK ENDORSED AND MARKED "FREIGHT PREPAID"	3 COPIES B/L CLEAN ON BOARD, MADE OUT TO ORDER OF SHIPPER AND BLANK ENDORSED AND MARKED "FREIGHT PREPAID"
6	1 COPY INSURANCE POLICIES ISSUED BY THE PICC PROPERTY AND CASUALTY COMPANY LIMITED	2 COPIES INSURANCE POLICIES ISSUED BY THE PICC PROPERTY AND CASUALTY COMPANY LIMITED

三、信用证审核及改证模拟操作

（一）模拟业务背景

上海立达进出口有限公司外贸财会员收到通知行中国银行上海分行发出的信用证通知书后，持信用证通知书、公司证明、个人身份证明等指定材料到通知行领取信用证。

（二）模拟业务资料

销售确认书编号：23091121。

信用证编号：XN023625，见图1-5。

IRREVOCABLE DOCUMENTARY CREDIT

SEQUENCE OF TOTAL	*27：	1/1
FORM OF DOC, CREDIT	*40A：	IRREVOCABLE
DOC. CREDIT NUMBER	*20：	XN023625
DATE OF ISSUE	31C：	230825
APPLICABLE RULES	40E：	UCP LATEST VERSION
DATE AND PLACE OF EXPIRY	*31D：	DATE 231031 AT BENEFICIARY'S COUNTRY
APPLICANT	*50：	PETER TRADE COMPANY
		28 GEORGE STREET, SYDNEY, AUSTRALIA
ISSUING BANK	52A：	BANK OF SYDNEY
		26 QUEEN STREET, SYDNEY, AUSTRALIA
BENEFICIARY	*59：	SHANGHAI LIDA IMP. & EXP. CO., LTD.
		1 RENMIN ROAD, SHANGHAI, CHINA
AMOUNT	*32B：	CURRENCY USD AMOUNT 60 000.00
AVAILABLE WITH/BY	*41D：	BANK OF CHINA SHANGHAI BRANCH BY NEGOTIATION
DRAFTS AT …	42C：	DRAFTS AT SIGHT FOR FULL INVOICE COST
DRAWEE	42A：	BANK OF SYDNEY
PARTIAL SHIPMENTS	43P：	NOT ALLOWED
TRANSSHIPMENT	43T：	ALLOWED
PLACE OF TAKING IN CHARGE AT	44A：	SHANGHAI CHINA
FOR TRANSPORTATION TO …	44B：	SYDNEY AUSTRALIA
LATEST DATE OF SHIPMENT	44C：	231020
DESCRIPT OF GOODS	45A：	MOTORCYCLE
DOCUMENTS REQUIRED	46A：	

+4 COPIES COMMERCIAL INVOICES PROVIDED BY THE SELLER.
+4 COPIES PACKING LISTS PROVIDED BY THE SELLER.
+1 COPY CERTIFICATE OF ORIGIN OF THE PEOPLE'S REPUBLIC OF CHINA, ISSUED BY CCPIT.
+3 COPIES B/L CLEAN ON BOARD, MADE OUT TO ORDER OF AND BLANK ENDORSED AND MARKED "FREIGHT PREPAID" AND NOTIFY APPLICANT.
+2 COPIES INSURANCE POLICIES ISSUED BY THE PICC PROPERTY AND CASUALTY COMPANY LIMITED.
+2 COPIES CERTIFICATES OF NON-WOOD PACKAGING PROVIDED BY THE SELLER.
+2 COPIES SHIPMENT NOTICES PROVIDED BY THE SELLER.

PERIOD FOR PRESENTATION	48：	DOCUMENTS MUST BE PRESENTED WITHIN 15 DAYS AFTER THE DATE OF SHIPMENT.
CHARGES	71B：	ALL BANKING CHARGES OUTSIDE AUSTRALIA ARE FOR ACCOUNT OF BENEFICIARY.

图 1-5 信用证

（三）模拟业务操作

请你以外贸业务员和外贸单证员的身份，根据模拟业务资料审核信用证，找出信用证中的错误信息或不可接受内容，提出改证要求，并编制信用证修改列表。信用证修改列表样张见"模拟操作1-2"。

模拟操作1-2

任务三　出口许可证申领及其申请表缮制

一、操作指南

（一）出口许可证管理

出口许可证管理是指由商务部或由商务部会同国务院其他有关部门依法制定出口许可证管理货物目录，以签发出口许可证的方式对出口许可证管理货物目录内货物实行配额与许可证相结合的管理。出口许可证可以是纸质证书，也可以是电子证书，二者具有同等法律效力。

出口许可证实行"一批一证"制和"非一批一证"制。"一批一证"是指出口许可证在3个月有效期内只能在指定海关用于一次报关，适用凭出口贸易合同申领的出口许可证。"非一批一证"是指出口许可证在6个月有效期内最多不超过12次报关，且有效期截止时间不得超过当年12月31日，适用凭配额证明文件或配额招标中标证明文件申领的出口许可证。

（二）出口许可证管理货物目录

《2023年出口许可证管理货物目录》规定，实施出口许可证管理的货物有六类：第一类是出口的活牛（对港澳地区以外市场）、活猪（对港澳地区以外市场）、活鸡（对香港地区以外市场）、牛肉、猪肉、鸡肉；第二类是出口的天然砂（含标准砂）、矾土、磷矿石、镁砂、滑石块（粉）、萤石（氟石）、稀土、锡及锡制品、钨及钨制品、钼及钼制品、锑及锑制品；第三类是出口的焦炭、成品油（润滑油、润滑脂、润滑油基础油）；第四类是出口的摩托车（含全地形车）及其发动机和车架、汽车（包括成套散件）及其底盘；第五类是出口的白银、铂金（以加工贸易方式出口）、钢及钢制品、部分金属及制品；第六类是出口的石蜡、硫酸二钠、碳化硅、消耗臭氧层物质、柠檬酸。企业申请出口上述货物应向属地省级地方商务主管部门提交出口贸易合同或销售确认书等指定申请材料，经属地省级地方商务主管部门审核批准后申领出口许可证，以作为出口货物报关验放的依据。

（三）出口许可证签证机构

出口许可证签证机构是指商务部和受商务部委托的省级、部分副省级市商务主管部门。省级商务主管部门是指各省、自治区、直辖市及计划单列市、新疆生产建设兵团商务主管部门。部分副省级市商务主管部门是指沈阳市、长春市、哈尔滨市、南京市、武汉市、广州市、成都市、西安市商务主管部门。商务部以公告形式发布年度出口许可证发证机构名录。

（四）出口许可证申领流程

2020年，商务部配额许可证事务局发布的《出口许可证申请签发使用工作规范》第5条规定，出口许可证的申请主要采用网上申请，也可书面申请。申请企业通过"单一窗口"申领出口许可证的流程如下。

1. 申报

第一，申请企业向属地出口许可证签证机构如实提供法人营业执照、出口许可证申请函、出口货物目录、销售确认书等指定材料，并对申请材料内容的真实性负责；第二，申请人登入"单一窗口"网站，点击"业务应用"页签，选择"标准版应用"，然后点击"监管证件"服务模块，再选择如图1-6所示的"出口许可证"菜单；第三，进入"单证申请"页面，根据销售确认书的内容在中华人民共和国出口许可证申请表（以下简称"出口许可证申请表"）界面中输入基本数据、商品信息、规格型号、联系人等相关申报内容，输入完毕后点击"保存"按钮；第四，申领员点击"申报"按钮进行发送，等待审批部门经办人的初审。

监管证件	农药进出口通知单	合法捕捞产品通关证明	进口兽药通关单	野生动植物进出口证书
	进口药品通关单	药品进出口准许证	民用爆炸物品进出口审批单	引进林草种子、苗木检疫审批单
	自动进口许可证	出口许可证	进口许可证	援外项目任务通知单

图1-6 "单一窗口"网站监管证件模块"出口许可证"菜单

2. 审批

出口许可证签证机构按照分工审核申请人的申请材料，审批部门经办人对出口许可证申请表的内容进行初审，在3个工作日内作出是否受理的决定，并填写初审意见。申请材料初审通过后报审批部门主管进行终审。申请企业可点击"查询审批状态"按钮，查询出口许可证申请表的终审情况。如果呈现"终审通过"状态，申请企业可点击"查看审批意见"按钮，查看出口许可证申请表的审批意见。

3. 签证

出口许可证签证机构对申请材料齐全、内容正确且形式完备的申请企业签发一式四联电子出口许可证，第一联是正本，出口商凭其向海关办理出口货物报关手续；第二、第三、第四联是副本，其中，第二、第三联供出口商向银行办理结汇手续。申请企业需要出具纸质出口许可证的，发证机构可凭加盖申请企业公章的出口许可证申请表发放出口许可证纸质证书。

(五) 出口许可证申请表缮制

出口许可证申请表的内容及缮制方法如下。

1. 出口商及代码

申请企业应在此栏填报销售确认书中的卖方，代码为其18位数码的统一社会信用代码。

2. 发货人及代码

申请企业应在此栏填报出口货物实际发货单位全称，代码为其18位数码的统一社会信用代码。一般情况下，发货人为出口商。

3. 出口许可证号

此栏留空，由发证机构编制。

4. 出口许可证有效截止日期

此栏留空，由发证机构系统自动生成。

5. 贸易方式

申请企业应在此栏填报出口货物的贸易性质,如一般贸易、来料加工、进料加工等。

6. 合同号

申请企业应在此栏填报申请出口许可证提交的销售确认书编号。

7. 报关口岸

申请企业应在此栏填报出口货物离境口岸名称。

8. 进口国(地区)

申请企业应在此栏填报出口货物最终目的国家或地区名称。如在中国境内的综合保税区等海关特殊监管区域出口,进口国(地区)应填报"中国"。

9. 付款方式

申请企业应在此栏填报销售确认书规定的支付方式,如 L/C、T/T 等。

10. 运输方式

申请企业应在此栏填报出口货物离开中国国境或关境时承运的运输方式,如海洋运输、航空运输、铁路运输、公路运输等。

11. 商品名称及商品编码

申请企业应在此栏填报出口货物的名称及其 10 位数码的商品编码。

12. 规格、等级

申请企业应在此栏填报同一商品编码下的不同规格、等级,并分行显示,不能超过 4 种。

13. 单位

申请企业应在此栏填报出口货物在《2023 年出口许可证管理货物目录》中的计量单位,如果与销售确认书中的计量单位不相同,应换算成《2023 年出口许可证管理货物目录》中的计量单位。无法换算的,可在备注栏中注明。

14. 数量

申请企业应在此栏填报出口货物的数量。计量单位为"批"的,此栏均填报"1"。

15. 单价

申请企业应在此栏填报销售确认书规定的单价及货币名称,不同规格或等级的单价及货币名称应分行显示。

16. 总值

申请企业应在此栏填报销售确认书的交易总额和货币名称,不同规格或等级的总额和货币名称应分行显示。

17. 总值折美元

申请企业应根据销售确认书交易总额按当日美元汇率计入此栏,不同规格或等级的美元应分行显示。

18. 总计

申请企业应在此栏分别填报单位、数量、总值和总值折美元的总计数。

19. 备注

申请企业应在此栏分别填报联系人的姓名、电话、申领日期,如有其他特别要求或说明,可在此栏注明。

20. 发证机构审批

此栏留空,由发证机构各经办人分别填报审批意见,不予签发出口许可证的,须注明其原因。

(六)申请企业法律责任

商务部发布的《货物出口许可证管理办法》规定:申请企业申领出口许可证时,应当如实申报,不得弄虚作假,严禁以假合同、假文件等手段骗领出口许可证,对以欺骗或其他不正当手段获取出口许可证的,商务部依法收缴其出口许可证;对伪造、变造或者买卖出口许可证的,依照刑法关于非法经营罪或者伪造、变造、买卖国家机关公文、证件、印章罪的规定追究其刑事责任,尚不够刑事处罚的,将依照有关法律法规的相关规定予以处罚。

二、出口许可证申领及申请表缮制实例展示

上海贤达进出口有限公司向挪威奥斯陆贸易有限公司出口的锡管及管子附件(接头、肘管、管套)属于《2023年出口许可证管理货物目录》内的货物,外贸单证员丁艳按照《出口许可证申请签发使用工作规范》的要求,根据销售确认书的相关内容填报出口许可证申请表,随附法人营业执照、出口许可证申请函、出口货物目录、销售确认书等指定材料向上海商务委员会许可证签证机构申请出口许可证。与此同时,丁艳登入"单一窗口"网站,在"出口许可证申请表"界面中录入相关信息。上海商务委员会许可证签证机构对上海贤达进出口有限公司申请材料分别进行初审和终审,确认其申请材料齐全、内容正确且形式完备后签发一式四联的电子出口许可证。出口许可证申请表和出口许可证分别见表1-3和表1-4。

表1-3　　　　　　　　　　　中华人民共和国出口许可证申请表

1. 出口商: 上海贤达进出口有限公司 领证人姓名:丁艳　电话:65766688		913100007793665544	3. 出口许可证号:		
2. 发货人: 上海贤达进出口有限公司		913100007793665544	4. 出口许可证有效截止日期: 　　　　年　　月　　日		
5. 贸易方式: 一般贸易			8. 进口国(地区): 挪威		
6. 合同号: 0235466			9. 付款方式: 信用证		
7. 报关口岸: 吴淞海关			10. 运输方式: 海运		
11. 商品名称: 锡管及管子附件(接头、肘管、管套)			商品编码:8007004000		
12. 规格、等级	13. 单位	14. 数量	15. 单价(USD)	16. 总值(USD)	17. 总值折美元
COUPLINGS	个	100 000	1.00	100 000.00	100 000.00
ELBOWS	个	100 000	1.20	100 000.00	120 000.00
SLEEVES	个	100 000	1.40	140 000.00	140 000.00
18. 总　计	个	300 000		360 000.00	360 000.00

(续表)

19. 备注	20. 发证机构审批(初审):
上海贤达进出口有限公司公章 SHANGHAI XIANDA IMP. & EXP. CO., LTD. 联系人:丁艳 联系电话:65766688 申领日期:2023 年 8 月 3 日	经办人: 终审:

表 1-4　　　　　　　　　　　　中华人民共和国出口许可证
EXPORT LICENSE THE PEOPLE'S REPUBLIC OF CHINA

1. 出口商: Exporter 上海贤达进出口有限公司	913100007793665544	3. 出口许可证编号: Export license No. 2331327843	
2. 发货人: Consignor 上海贤达进出口有限公司	913100007793665544	4. 出口许可证有效截止期: Export license expiry date 2023 年	
5. 贸易方式: Terms of trade 一般贸易		8. 进口国(地区): Country/Region of purchase 挪威	
6. 合同号: Contract No. 023546		9. 付款方式: Payment Method 信用证	
7. 报关口岸: Place of clearance 吴淞海关		10. 运输方式: Mode of transport 海运	
11. 商品名称: Description of goods 锡管及管子附件(接头、肘管、管套)		商品编码: Code of goods 8007004000	
12. 规格、型号 Specification	13. 单位 Unit	14. 数量 Quantity	15. 单价(USD) Unit price	16. 总值(USD) Amount	17. 总值折美元 Amount in USD
COUPLINGS	个	100 000	1.00	100 000.00	100 000.00
ELBOWS	个	100 000	1.20	100 000.00	120 000.00
SLEEVES	个	100 000	1.40	140 000.00	140 000.00
18. 总计 Total	个	300 000		360 000.00	360 000.00
19. 备注: Supplementary details		20. 发证机关盖章: Issuing authority's stamp & signature 　　　　中华人民共和国出口许可证 　　　　　　专用电子印章 　　　　　　　　上海 21. 发证日期: License date:2023 年 8 月 5 日			

三、出口许可证申领及申请表缮制模拟操作

（一）模拟业务背景

上海立达进出口有限公司向澳大利亚 PETER TRADE COMPANY 出口的摩托车属于《2023 年出口许可证管理货物目录》内的货物，外贸单证员根据销售确认书的相关条款内容填报出口许可证申请表，随附指定材料向上海商务委员会许可证签证机构申领出口许可证。外贸单证员登入"单一窗口"网站，在"出口许可证申请表"界面中录入相关信息，等候签证机构初审和终审。签证机构对申请材料齐全、内容正确且形式完备的申请企业签发电子或纸质出口许可证。

（二）模拟业务资料

销售确认书编号：23091121

出口商统一社会信用代码：913100007442354325

贸易方式：一般贸易

报关口岸：吴淞海关

联系人：（学生姓名）

（三）模拟业务操作

请你以外贸单证员的身份，根据模拟业务资料的相关内容缮制出口许可证申请表。出口许可证申请表的样张见"模拟操作 1-3"。

模拟操作 1-3

任务四　一般原产地证明书申领及其申请单证缮制

一、操作指南

（一）一般原产地证明书适用范围

一般原产地证明书是指证明某批出口货物的生产地符合《出口货物原产地规则》的一种证明文件。它适用于实施最惠国待遇、反倾销和反补贴、原产地标记管理、国别数量限制、关税配额、国际贸易统计等对进出口货物原产地的确定，是输入国通关验收、征收关税的有效凭证。

（二）一般原产地证明书申领条件

1. 申请企业应办理注册登记手续

《中华人民共和国进出口货物原产地条例》（以下简称《进出口货物原产地条例》）第 18 条规定，出口货物发货人申请领取出口货物原产地证书，应当在签证机构办理注册登记手续，按照规定如实申报出口货物的原产地，并向签证机构提供签发出口货物原产地证

书所需的资料。这些资料包括申请一般原产地证明书注册登记表、企业营业执照、对外经济贸易经营者备案登记表、海关进出口货物收发货人报关注册登记证书、证明货物符合出口货物原产地标准有关资料、一般原产地证明书手签员证复印件等。经签证机构核准后获取一般原产地证明书申请企业注册证的企业，才具备申领原产地证明书的资质。

2. 申请企业申领员具有一般原产地证明书手签员证

申请企业申领员应当通过签证机构培训，通过考核获取一般原产地证明书手签员证，并在申请企业注册时办理登记，才具备申领一般原产地证明书的资质。

(三) 一般原产地证明书签证机构

《进出口货物原产地条例》第17条规定，出口货物发货人可以向国家质量监督检验检疫总局所属的各地出入境检验检疫机构、中国国际贸易促进委员会（China Council for the Promotion of International Trade，以下简称"中国贸促会"）及其地方分会申请领取出口货物原产地证明书。

(四) 一般原产地证明书申领流程

申请企业通过"单一窗口"网站申领中国贸促会签发的一般原产地证明书流程如下。

1. 选择"贸促会原产地证书"菜单

申领员应在货物装运前3天登入"单一窗口"网站，点击"业务应用"页签，选择"标准版应用"，然后点击"原产地证"服务模块，再选择"贸促会原产地证书"菜单，如图1-7所示。

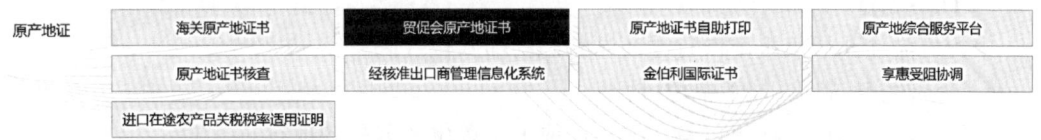

图1-7 "单一窗口"网站"原产地证"服务模块"贸促会原产地证书"菜单

2. 输入相关信息

申领员点击"贸促会原产地证书"菜单，进入"贸促会原产地证申请"界面，根据出口贸易合同或销售确认书的内容在一般原产地证明书申请书、一般原产地证明书、商业发票界面中输入相关信息，完毕后点击"保存"按钮。

3. 打印申请材料

申领员点击界面上方的"打印"按钮，系统弹出"请选择打印类型"选项，依次选择一般原产地证明书申请书、一般原产地证明书和商业发票，并依次点击右上方打印图标分别打印一般原产地证明书申请书、一般原产地证明书和商业发票。

4. 发送申报数据

申领员点击界面右上方的"申报"按钮，将一般原产地证明书申报数据发送至中国贸促会分会申领系统审批端进行审核，并等待其审批。

5. 查询证书审批状态

申领员点击界面左侧的"证书查询"按钮，在"证书查询"界面中点击"贸促会原产地证书"，查看一般原产地证明书签发状态。如果界面显示"签发"状态，申领员可返回到"原产地证"服务模块，点击"原产地证书自助打印"菜单，如图1-8所示。然后，申领员点击该界面中的打印图标，打印本企业申请签发的一般原产地证明书。

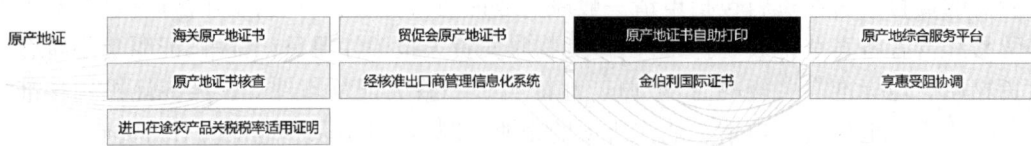

图1-8 "单一窗口"网站"原产地证"服务模块"原产地证书自助打印"菜单

(五)一般原产地证明书申请书缮制

中国贸促会一般原产地证明书/加工装配证明书申请书具有固定的格式和内容,其缮制方法如下。

1. 申请单位注册号

申领员应在此栏填报申请企业在签证机构办理的备案注册登记号。

2. 证书号

申领员应在此栏填报原产地证明书右上角的证书印刷编号。

3. 发票号

申领员应在此栏填本票出口货物的商业发票编号。

4. 商品名称

申领员应在此栏填报销售确认书中的货物名称,并与商业发票中的货名一致。

5. H.S.编码

申领员应在此栏填报出口货物商品编码的前八位数码。

6. 商品生产、制造、加工单位、地点

申领员应在此栏填报出口货物的生产或加工单位的名称和地点。

7. 含进口成分产品主要制造加工工序

出口货物如含有进口成分,申领员应在此栏注明该货物主要制造或加工的工序。

8. 商品FOB总值

申领员应在此栏填报销售确认书中出口货物的FOB总额,如果属于CFR、CIF国际贸易术语的,应扣除运费和保险费。

9. 最终目的国家/地区

申领员应在此栏填报销售确认书规定的最终目的国家或地区的名称。

10. 拟出运日期

申领员应在此栏填报本票出口货物拟出运的日期,该日期必须在销售确认书或信用证规定的装运期限内。

11. 转口国(地区)

申领员应在此栏填报销售确认书规定的转口国或地区的名称,若不知转运地,则填写"W/T"。销售确认书没有相关规定的,可不填。

12. 包装数量或毛重或其他数量

申领员应在此栏填报出口货物包装的总数量或毛重或其他数量。

13. 贸易方式和企业性质

申领员应在此栏填报本票出口货物的贸易方式和出口企业性质。

14. 申请材料份数及签章

申领员在最后一栏应先填报商业发票副本"一份"和一般原产地证明书/加工装配证明书"一正三副",然后进行签名,注明申请日期,并加盖单位中英文公章。

(六)一般原产地证明书缮制

一般原产地证明书由中国贸促会统一印制,右上角印刷内容包括原产地声明序列号、证书编号、二维码、国际商会世界商会联合会一般原产地证明书认证链标识、中国贸促会加入国际商会世界商会联合会一般原产地证明书认证链和证书名称。中国贸促会一般原产地证明书的内容和填报方法如下。

1. Exporter

申领员应在此栏填报销售确认书中的出口商名称及其详细地址,并与企业备案注册登记的相关信息一致。如果属于转口贸易,此栏应填报出口商名称及其详细地址+VIA+转口商名称及其详细地址;如果属于代理出口,此栏应填报代理出口商名称及其详细地址+ON BEHALF OF+委托人名称及其详细地址。

2. Consignee

申领员应在此栏填报销售确认书中的收货人名称及其详细地址,如果信用证中的收货人一栏无信息,则填写"TO WHOM IT MAY CONCERN"或"TO ORDER",此栏不得留空。

3. Means of Transport and Route

申领员应在此栏填报销售确认书中的运输路线和运输方式。运输路线包括起运港与目的港或启运地与目的地,如"FROM SHANGHAI CHINA TO TOKYO JAPAN";运输方式包括海运、空运、陆运等,如"BY SEA""BY AIR""BY RAIL"。出口货物属于中途转运但运输方式不变的,申领员应填报 FROM+起运港/起运国+VIA+转运港/转运国+TO+目的港/目的国,如"FROM QINGDAO CHINA VIA BANDAR ABBAS IRAN TO SULAYMANIYAH IRAQ"。出口货物属于中途转运但运输方式发生了变化,申领员应填报 FROM+起运港/起运国+TO+目的港/目的国+THEN+转运港/转运国,如"FROM QINGDAO CHINA TO DJIBOUTI PORT DJIBOUTI BY SEA THEN TO ADDIS ABABA ETHIOPIA BY LAND"。

4. Country/Region of Destination

申领员应在此栏填报销售确认书中的目的地国家或地区名称,仅限一个。

5. For Certifying Authority Use Only

此栏供签证机构根据需要加注说明,如补发或后发证书等事项。此栏英语专用章为"CHINA COUNCIL FOR THE PROMOTION OF INTERNATIONAL TRADE IS CHINA CHAMER OF INTERNATIONAL COMMERCE"译为"中国国际贸易促进委员会是中国国际商会"。

6. Marks and Numbers

申领员应在此栏填报销售确认书中规定的唛头。如果未作具体的规定,则输入"N/M"或"NO MARK",如果唛头多可填在第7栏或第8栏的空白处。

7. Description of Goods; Number and Kind of Packages

申领员应在此栏填报销售确认书中的商品名称、包装数量和种类,如"100 CARTONS

(ONE HANDRED CARTONS ONLY)COLOUR TELEVISIONS"(100 箱彩电)。散装货物用"IN BULK"表示，如"1 000M/T（ONE THOUSAND M/T ONLY）PIGIRON IN BULK"(1 000 公吨生铁)。最后一行下加结束符"******"，以防加添内容。信用证要求一般原产地证明书显示合同号码或信用证号码，申领员可在结束符下的空白处进行注明。

8. H. S. Code

申领员应在此栏填报 10 位数码的 H. S. 编码，不得留空。

9. Quantity

申领员应在此栏填报销售确认书中的商品成交数量及计量单位。

10. Number and Date of Invoices

申领员应在此栏填报商业发票号码及出票日期。此栏不得留空。

11. Declaration By the Exporter

此栏印就英语出口商声明，译为"下列签署人声明，以上各项及其陈述是正确的，全部货物均在中国生产，完全符合中华人民共和国原产地规则"。申领员应在此栏下方签字，加盖申请单位中英文公章，并注明申领地点和日期，签字与公章不能重叠。

12. Certification

此栏印就英语签证机构证明，译为"兹证明出口商声明是正确的"。签证机构授权人在此栏下方签字，加盖"中国国际贸易促进委员会单据证明"中英文专用章，并注明签证地点和日期，签字与专用章不能重叠。

(七) 商业发票缮制

商业发票是出口商向进口商签发的载明货物的品质、数量、包装和价格，并凭以获得出口货物款项的凭证。商业发票通常一式四联(存根联、发票联、记账联、退税联)，由出口商自行拟制，无统一格式。商业发票基本内容和缮制方法如下。

1. Exporter's Name Address

通常出口商的名称、地址、电话号码和传真号码事先都印就在空白商业发票上。

2. Tax Registration No. and Invoice Code

通常出口商的税务登记号、商业发票代码事先都印就在空白商业发票上。

3. Name of Document

商业发票用英文"COMMERCIAL INVOICE"或"INVOICE"字样显示，通常事先印就在空白商业发票上。

4. Commercial Invoice No. and Date

申领员应根据本公司规定拟定商业发票编号，根据销售确认书的履行进程确定商业发票日期。商业发票日期应晚于销售确认书、信用证的签发日期。在出口结汇外贸单证中商业发票是最早签发的单据。

5. L/C No.

申领员应填入本票业务的信用证号码，不属于信用证支付方式的，此栏可留空。

6. S/C No.

申领员应在此处填入销售确认书的号码，S/C No. 是 sales confirmation No. 的缩略语。

7. To

申领员应填入销售确认书中的进口商名称及其详细地址。

8. From … To …

申领员应填入销售确认书中的运输路线,即起运港与目的港、或启运地与目的地的名称。

9. Shipping Mark

申领员应填入销售确认书中规定的唛头,通常包括收货人简称、参考号码、目的地和货物总件数。如果销售确认书未作具体规定的,应填入"N/M"。

10. Description of Goods

申领员应填入销售确认书中货物的名称、规格、数量和包装方式等内容。

11. Unit Price

申领员应填入销售确认书中的单价,包括国际贸易术语、计价货币、单位价格、计量单位。

12. Total Amount

申领员应填入销售确认书中的总值。如果销售确认书、信用证要求分别列出总值中的运费、保险费和FOB价格的,或要求扣除佣金、折扣列出净价的,应当按照要求列明。

13. Declaration and Other Contents

申领员应在商业发票中注明相关申明文句,如"WE HEREBY DECLARE THAT THE GOODS ARE OF PURE NATIONAL ORIGIN OF THE EXPORTING COUNTRY"(兹声明该商品保证产于出口国),"WE HEREBY CERTIFY THAT THE CONTENTS OF INVOICE HEREIN ARE TRUE AND CORRECT"(兹证明发票中的内容是真实且正确的)。

14. Signature

申领员应在出票人签章处填入本公司的名称、经办人姓名,并加盖公章。如信用证规定商业发票必须手签的,申领员必须按规定照办。

(八)申请企业法律责任

《进出口货物原产地条例》第23条规定,提供虚假材料骗取出口货物原产地证书或者伪造、变造、买卖或者盗窃出口货物原产地证书的,由出入境检验检疫机构、海关处5 000元以上10万元以下的罚款;骗取、伪造、变造、买卖或者盗窃作为海关放行凭证的出口货物原产地证书的,处货值金额等值以下的罚款,但货值金额低于5 000元的,处5 000元罚款。有违法所得的,由出入境检验检疫机构、海关没收违法所得。构成犯罪的,依法追究刑事责任。

二、一般原产地证明书申领及申请单证缮制实例展示

上海贤达进出口有限公司申领员丁艳根据销售确认书、信用证的规定,按照中国贸促会一般原产地证明书申领要求,于2023年8月10日向中国贸促会上海分会提交已缮制的一般原产地证明书/加工装配证明书申请书(图1-9)、一般原产地证明书(图1-10)、商业发票(图1-11)。中国贸促会上海分会签证机构对该申请材料进行审核,确定材料齐全、内容真实后由授权人在证明一栏进行签名,加盖"中国国际贸易促进委员会单据证明专用章(上海)",并注明签证地点和签证日期。一般原产地证明书的签证见图1-12。

中国贸促会上海分会
中国国际商会上海分会

一般原产地证明书/加工装配证明书
申 请 书

申请单位注册号：3100274362	证书号：	全部国产填上 P	P
申请人郑重申明：	发票号：XD2307126	含进口成分填上 W	

本人被正式授权代表本企业办理和签署本申请书。

本申请书及一般原产地证明书/加工装配证明书所列内容正确无误，如发现弄虚作假、冒充证书所列货物，擅改证书，愿按《中华人民共和国出口货物原产地规则》有关规定受惩处并承担法律责任。现将有关情况申报如下：

商品名称	锡管及管子附件（接头、肘管、管套）	H.S.编码（八位数）		80070040
商品生产、制造、加工单位、地点		宁波鄞州五金有限公司 宁波市新化路92号		
含进口成分产品主要制造加工工序				
商品FOB总值（以美元计）	356 700.00	最终目的国家/地区		挪威
拟出运日期	2023年11月30日	转口国（地区）		
包装数量或毛重或其他数量		1 875箱		
贸易方式和企业性质				
贸易方式		企业性质		
一般贸易		外商独资企业		

现提交中国出口货物商业发票副本一份，报关单 份或合同/信用证影印件，一般原产地证明书/加工装配证明书一正三副，以及其他附件 份，请予审核签证。

申请单位盖章： 上海贤达进出口有限公司公章
SHANGHAI XIANDA IMP. & EXP. CO., LTD.

申领人（签名）：丁艳
电话：65766688
日期：2023年8月10日

图1-9 一般原产地证明书/加工装配证明书申请书

ORIGINAL

1. Exporter SHANGHAI XIANDA IMP. & EXP. CO., LTD. 8 YANGGAO ROAD, SHANGHAI, CHINA	Serial No.： Certificate No.：	
2. Consignee OSLO TRADING COMPANY LTD. 16 STORTINGSGATE, OSLO, NORWAY	CERTIFICATE OF ORIGIN OF THE PEOPLE'S REPUBLIC OF CHINA	
3. Means of Transport and Route FROM SHANGHAI CHINA TO OSLO NORWAY BY SEA	5. For Certifying Authority Use Only	
4. Country/Region of Destination NORWAY	CHINA COUNCIL FOR THE PROMOTION OF INTERNATIONAL TRADE IS CHINA CHAMER OF INTERNATIONAL COMMERCE	

(续图)

6. Marks and Numbers	7. Description of Goods; Number and Kind of Packages	8. H. S. Code	9. Quantity	10. Number and Date of Invoices
O. T. C 0235466 OSLO C/NO. 1-1875	TIN PIPE AND PIPE ACCESSORIES (COUPLINGS, ELBOWS, SLEEVES) SAY TOTAL ONE THOUSAND EIGHT HUNDRED AND SEVENTY-FIVE CARTONS ONLY *** *** *** *** *** *** *** *** *** ****	8007004000	300 000PCS	XD2307126 AUG. 01, 2023

11. Declaration By the Exporter	12. Certification
The undersigned hereby declares that the above details and statements are correct; that all the goods were produced in China and that they comply with the Rules of Origin of the People's Republic of China 上海贤达进出口有限公司公章 SHANGHAI XIANDA IMP. & EXP. CO., LTD. SHANGHAI AUG. 10, 2023 丁艳 Place and date, signature and stamp of authorized signatory	It is hereby certified that the declaration by the exporter is correct. Place and date, signature and stamp of certifying authority

图 1-10 一般原产地证明书

SHANGHAI XIANDA IMP. & EXP. CO., LTD.

TEL: 021-65766688   8 YANGGAO ROAD, SHANGHAI, CHINA   INVOICE NO.: XD2307126
FAX: 021-65766687   TAX REGISTRATION NO.: 310920001234   DATE: AUG. 01, 2023
                         INVOICE CODE: 3108201239   S/C NO.: 0235466
                                                                   L/C NO.: OB230212

COMMERCIAL INVOICE

TO:
OSLO TRADING COMPANY LTD.
16 STORTINGSGATE, OSLO, NORWAY
FROM   SHANGHAI CHINA   TO   OSLO NORWAY

SHIPPING MARK	DESCRIPTIONS OF GOODS	QUANTITY	UNIT PRICE	AMOUNT
O. T. C 0235466 OSLO C/NO. 1-1875	TIN PIPE AND PIPE ACCESSORIES COUPLINGS ELBOWS SLEEVES EACH PIECE IN A BOX, 160 PIECES INTO AN EXPORT CARTON	100 000 PCS 100 000 PCS 100 000 PCS	CIF OSLO USD 1. 00/PC USD 1. 20/PC USD 1. 40/PC	USD 100 000. 00 USD 120 000. 00 USD 140 000. 00
	TOTAL			USD 360 000. 00

TOTAL AMOUNT: SAY US DOLLARS THREE HUNDRED AND SIXTY THOUSAND ONLY.
WE HEREBY CERTIFY THAT THE CONTENTS OF INVOICE HEREIN ARE TRUE AND CORRECT.

上海贤达进出口有限公司公章
SHANGHAI XIANDA IMP. & EXP. CO., LTD.

丁艳

图 1-11 商业发票

ORIGINAL

1. Exporter SHANGHAI XIANDA IMP. & EXP. CO., LTD. 8 YANGGAO ROAD, SHANGHAI, CHINA	Serial No.: CCPIT0020142351 Certificate No.: 23C310023559354628
2. Consignee OSLO TRADING COMPANY LTD. 16 STORTINGSGATE, OSLO, NORWAY	**CERTIFICATE OF ORIGIN OF THE PEOPLE'S REPUBLIC OF CHINA**
3. Means of Transport and Route FROM SHANGHAI CHINA TO OSLO NORWAY BY SEA	5. For Certifying Authority Use Only CHINA COUNCIL FOR THE PROMOTION OF INTERNATIONAL TRADE IS CHINA CHAMER OF INTERNATIONAL COMMERCE
4. Country/Region of Destination NORWAY	

6. Marks and Numbers	7. Description of Goods; Number and Kind of Packages	8. H.S. Code	9. Quantity	10. Number and Date of Invoices
O.T.C 0235466 OSLO C/NO. 1-1875	TIN PIPE AND PIPE ACCESSORIES (COUPLINGS, ELBOWS, SLEEVES) SAY TOTAL ONE THOUSAND EIGHT HUNDRED AND SEVENTY-FIVE CARTONS ONLY *** *** *** *** *** *** *** *** *** *** ****	8007004000	300 000PCS	XD2307126 AUG. 01, 2023

11. Declaration By the Exporter The undersigned hereby declares that the above details and statements are correct; that all the goods were produced in China and that they comply with the Rules of Origin of the People's Republic of China. 上海贤达进出口有限公司公章 SHANGHAI XIANDA IMP. & EXP. CO., LTD. SHANGHAI AUG. 10, 2023 丁艳 Place and date, signature and stamp of authorized signatory	12. Certification It is hereby certified that the declaration by the exporter is correct. 中国国际贸易促进委员会单据证明专用章(上海) CHINA COUNCIL FOR THE PROMOTION OF INTERNATIONAL TRADE (SHANGHAI) SHANGHAI AUG. 12, 2023 夏芳 Place and date, signature and stamp of certifying authority

图 1-12　一般原产地证明书的签证

三、一般原产地证明书申领及申请单证缮制模拟操作

（一）模拟业务背景

上海立达进出口有限公司申领员根据销售确认书、信用证的有关规定缮制中国贸促会一般原产地证明书/加工装配证明书申请书一份、一般原产地证明书一套和商业发票一份，向中国贸促会上海分会申领一般原产地证明书。中国贸促会上海分会签证机构对上海立达进出口有限公司的申请材料进行审核，确定材料齐全、内容真实、符合规定后予以签发，并由授权人在一般原产地证明书上签名，注明地点与日期，并加盖"中国国际贸易促进委员会单据证明专用章（上海）"。申领员通过查询后确认一般原产地证明书的签发状态，进行自助打印。

(二)模拟业务资料

销售确认书编号:23091121
信用证编号:XN023625
申请单位注册号:3100248512
出口货物成分:全部国产
生产单位/地点:常州摩托车制造有限公司/常州市北一路38号
运费/保险费:3 300美元/280美元
发票编号/日期:L0232114/2023年10月1日

(三)模拟业务操作

请你以外贸单证员或申领员的身份,根据模拟业务资料的相关内容缮制中国贸促会上海分会一般原产地证明书/加工装配证明书申请书、一般原产地证明书、商业发票。一般原产地证明书/加工装配证明书申请书、一般原产地证明书、商业发票的样张见"模拟操作1-4"。

模拟操作1-4

任务五 国际海洋运输出口货物托运及托运单证缮制

一、操作指南

(一)海运提单类型

海运提单可分为以下五类。

1. 已装船提单和备运提单

已装船提单是指承运人将货物装上指定的船只后签发的,并注明载货船舶名称和装货日期的提单;备运提单是承运人收到托运的货物后,在待装船期间签发给托运人的提单。若备运提单不注明装船日期和载货船名,银行在办理货款结算时可不予接受。

2. 清洁提单和不清洁提单

清洁提单是指货物在装船时表面状况良好,承运人在签发提单上未加任何货损、包装破损等不良批注的提单;不清洁提单是指承运人在签发提单上注明货物或包装有缺陷等不良批注的提单。银行在办理货款结算时,不接受不清洁提单。

3. 直达提单、转船提单和联运提单

直达提单是指装载出口货物船只直接驶往目的港所签发的提单;转船提单是指载运货物需经过中途转船才能到达目的港,由承运人在装运港签发的全程提单;联运提单是指货物需要经过海运和其他运输方式联合运输才能到达目的港,由第一承运人签发的,在目的港或目的地凭以提货的提单。

4. 全式提单和略式提单

全式提单是指提单背面列有承运人、托运人的权利和义务的详细内容的提单;略式提单是指提单背面无条款,而只列出正面内容的提单。

5. 正本提单和副本提单

正本提单是指提单上标有"正本"的字样,由承运人、船长或其代理人签名盖章,并注明签发日期的提单;副本提单是指提单上没有承运人、船长或其代理人签字盖章,也没有"正本"字样的提单。银行在办理货款结算时,不接受副本提单。

(二) 海运提单背面条款

海运提单背面条款由各船公司自己制定,确定承运人、托运人和提单受让人之间的权利和义务。各船公司的海运提单背面条款简繁不一,主要内容介绍如下。

1. 定义条款

定义条款是对作为运输合同当事人一方的"货方"含义作出规定的条款,货方包括托运人、受货人、收货人、提单持有人和货物所有人。

2. 首要条款

首要条款是用以说明提单受某一国际公约制约或适用某国法律的条款,是明确海运提单所适用法律的依据。

3. 承运人责任条款

承运人责任条款规定了签发提单的承运人对货物运输应承担的责任和义务。

4. 承运人责任期间条款

承运人责任期间条款规定了杂货运输承运人责任期间是从货物装上船时起到货物卸下船时止。

5. 免责条款

免责条款规定不管海运提单条款中是否列有免责事项条款,承运人都应按照首要条款适用的国际公约、相关法律法规享受免责的权利。

6. 运费和其他费用条款

运费和其他费用条款规定托运人或收货人应按提单正面记载的金额、货币名称、计算方法、支付方式和支付时间支付运费,包括货物装船后至交货期间发生的应由货方承担的其他费用,以及运费收取后不予退还等规定。

7. 索赔条款

索赔条款内容主要有三个方面:一是损失赔偿责任限制,明确承运人对货物的灭失和损坏负有赔偿责任应支付赔偿金,并应支付每件或每单位货物的最高赔偿金额;二是索赔通知,明确当事人提出货物灭失或损害的赔偿请求;三是诉讼时效,明确当事人对索赔案件提起诉讼的最终期限。

8. 留置权条款

留置权条款规定托运人、收货人在未付清运费、滞期费、亏舱费、共同海损分摊时,承运人有权扣押或出售货物以抵付欠款,如仍不足以抵付全部欠款,承运人仍有权向货方收回差额。

9. 装货、卸货和交货条款

装货、卸货和交货条款规定托运人在装货港提供货物、收货人在卸货港提货,否则承运人有权将货物卸到其他适当场所,一切费用和风险应由货方承担。

10. 包装与唛头(标志)条款

包装与唛头(标志)条款规定托运人在货物起运前进行适宜包装,唛头必须确定明显,目的港要清楚地标明在货物外包装上并在交货时仍要保持清晰。

11. 转运或转船条款

转运或转船条款规定承运人在必须的情形下有权将货物转船或改用其他运输方式或间接运至目的地,由此引起的费用由承运人负担,风险由货方负担。

12. 甲板货条款

甲板货条款规定承运人对甲板货物具有妥善照料职责,但对甲板货物的灭失及损坏予以免责。

13. 危险品、违禁品条款

危险品、违禁品条款规定托运人在托运危险品时应向承运人如实声明,并按照国际海事组织的《国际海运危险货物规定》要求在货物外包装上做好标记,出具商品检验证书及运输说明等。如果托运人未履行上述义务,承运人在发现货物存在危险时,有权将其抛弃或卸船或以其他方式予以处置,处理产生的全部责任和费用由托运人承担。

(三)海洋货物运输出口货物托运环节

海洋货物运输出口货物托运业务可分为四个环节:首先,出口商根据销售确认书装运条款的规定委托国际货运代理公司办理出口货物托运手续,提交订舱委托书、尺码单;其次,国际货运代理公司接受托运业务后缮制托运单(十联)向船代公司办理订舱手续,船代公司接受该订舱业务后进行舱位登记,并向国际货运代理公司发送配舱回单;再次,国际货运代理公司根据配舱回单装运期限安排集装箱卡车到出口商指定地点提货装箱,并将装载货物集装箱运到海关监管区的指定集装箱堆场或货运站;最后,国际货运代理公司在出口货物通关后安排装船,装船后向出口商发送海运提单确认件,由出口商核准后签章,并依据海运提单确认件向出口商签发海运提单正本与副本。

(四)订舱委托书缮制

订舱委托书是由被委托人国际货运代理公司制定格式与内容,由出口商按照销售确认书进行缮制,并经双方当事人签章后生效的委托代理协议。订舱委托书无统一格式,各国际货运代理公司制定的格式与内容基本相同。订舱委托书缮制方法如下。

1. No.

外贸单证员应根据国际货运代理公司的相关规定在此栏拟定订舱委托书编号。

2. Business Unit (Consignor)

外贸单证员应在此栏填入经营单位的名称和地址,经营单位通常是指出口商或托运人。

3. Shipper

外贸单证员应在此栏填入发货人的名称和地址,发货人通常是指出口商或托运人。

4. Consignee

外贸单证员应在此栏填入收货人的名称和地址,收货人通常是指进口商或收货人。

5. Notify Party

外贸单证员应在此栏填入通知人的名称、地址和电话,通知人通常是指收货人。

6. Sea Freight

外贸单证员应根据销售确认书规定的运输方式进行选择,如果是海洋运输则在此栏括号内打"√",其他运输方式则不用打"√"。

7. Prepaid or Collect

外贸单证员根据销售确认书规定的国际贸易术语选择支付方式,若为CFR或CPT和CIF或CIF则在"预付"括号内打"√",若为FOB则在"到付"括号内打"√"。

8. B/L Copies

外贸单证员应在此栏填入销售确认书规定的海运提单份数,通常为3份。

9. B/L Mailing Address

外贸单证员应在此栏填入提单寄送的详细地址,通常是指出口商或发货人的地址。

10. Port of Departure

外贸单证员应在此栏填入销售确认书规定的起运港名称及国家。

11. Destination Port

外贸单证员应在此栏填入销售确认书规定的目的港名称及国家。

12. Partial Shipment

外贸单证员应在此栏填入销售确认书对分批装船的相关规定,即允许或不允许。

13. Transshipment

外贸单证员应在此栏填入销售确认书对转船的相关规定,即允许或不允许。

14. Cont. Preallocation No.

外贸单证员根据出口货物包装实际重量或体积,在此栏填入预配的20英尺或40英尺的集装箱数量。

15. Shipment Time

外贸单证员应在此栏填入销售确认书规定的装运期限。

16. Shipping Mark

外贸单证员应在此栏填入销售确认书中规定的唛头,如果未作具体规定,则填入"N/M"。

16. Packages No.

外贸单证员应在此栏填入出口货物包装的总件数。

17. Goods Description

外贸单证员应在此栏填入销售确认书中规定的成交货物名称。

18. Gross Weight

外贸单证员应在此栏填入出口货物包装的总毛重。

19. Measurement

外贸单证员应在此栏填入出口货物包装的总尺码。

20. Total Amount

外贸单证员应在此栏填入销售确认书中规定的货物成交总价值。

21. CFS Address

此栏由国际货运代理公司填入集装箱货运站的详细地址。

22. Door-to-door Packing Address

外贸单证员应在此栏填入本票出口货物仓储的仓库地址。

23. Foreign Ccy. Acct.

外贸单证员应在此栏填入托运人的外币账户。国际海洋货物运输运费应支付美元,如中国上海至日本东京运费为1 850美元,该运费须由外币美元账户进行转账。

24. RMB Account

外贸单证员应在此栏填入托运人的人民币账户。国际货运代理公司代理费、国内段的装箱费、集装箱卡车运费、港口理货等费用须支付人民币,这些费用由人民币账户进行转账。

25. Statement

外贸单证员应在此栏填入托运人为确保托运货物的安全等需要而说明的事项,如果没有说明事项,则留空。

26. Signed for Shipper

外贸单证员应在此栏加盖经营单位的公章。

27. Contacts

外贸单证员应在此栏填入经营单位联系人的姓名,联系人通常是外贸单证员。

28. Telephone

外贸单证员应在此栏填入联系人的电话。

29. Date

外贸单证员应在此栏填入制单日期,该日期通常与尺码单的出单日期相同。

(五) 装箱单缮制

装箱单是用以说明货物包装细节的清单,由外贸单证员根据出口货物的规格、尺码和颜色等情况自行拟制格式与内容。装箱单的内容如下。

1. Exporter's Name Address

出口商的名称、地址、电话号码和传真号码事先都印就在空白装箱单上,与商业发票同项内容相同。

2. Name of Document

装箱单用英文"PACKING LIST"或"PACKING SPECIFICATIONS"字样显示,通常事先印就在空白装箱单上。

3. Invoice No., Date

外贸单证员应在此处填入装箱单的编号与出单日期。装箱单的编号与出单日期通常采用商业发票编号与日期,也可根据出口企业要求和托运情况进行拟定,但是日期不得早于商业发票出单时间。

4. S/C No.

外贸单证员应在此处填入销售确认书的编号。

5. To

外贸单证员应在此处填入销售确认书中的进口商名称及其详细地址。

6. From … To …

外贸单证员应在此处填入销售确认书中的运输路线,如从中国青岛至韩国釜山(FROM

QINGDAO CHINA TO BUSAN SOUTH KOREA)。

7. Shipping Mark

外贸单证员应在此栏填入销售确认书中规定的唛头,通常包括收货人简称、参考号码、目的地和货物总件数,并与商业发票的唛头相同。如果销售确认书未作具体规定,应填入"N/M"。

8. Descriptions of Goods

外贸单证员应在此栏填入销售确认书中的货物的名称、规格和包装方式。

9. Quantity

外贸单证员应在此处填入销售确认书中的成交数量,并根据不同的货物规格分别列出数量,累计其总数。

10. Carton

外贸单证员应在此栏填入销售确认书规定的纸箱包装,根据不同货物规格分别列出件数,累计其总数,并用英语表述出口货物纸箱包装总数,如"SAY TOTAL CARTONS SIX HUNDRED ONLY"。

11. Gross Weight

外贸单证员应在此栏填入出口货物每件包装的实际毛重,并根据不同货物规格分别列出小计重量和总毛重。

12. Net Weight

外贸单证员应在此栏填入出口货物每件包装的实际净量,根据不同货物规格分别列出小计净重,并累计其总量。

13. Measurement

外贸单证员应在此栏填入出口货物每件包装的实际尺码,根据不同货物规格分别列出小计尺码数量,并累计其总尺码。

14. Signature

外贸单证员应在此栏加盖出口商公司公章,外贸单证员在此栏签名。

二、国际海洋运输出口货物托运及托运单证缮制实例展示

上海贤达进出口有限公司外贸单证员丁艳根据销售确认书、信用证规定的运输方式,在装运期限内委托上海金发国际货运代理有限公司办理出口货物锡管及管子附件(接头、肘管、管套)的托运手续,提交已缮制的订舱委托书和装箱单,分别如图1-13和图1-14所示。上海金发国际货运代理有限公司接受该业务后向太平船务有限公司办理订舱,确认订舱后在上海贤达进出口有限公司指定地点将接头、肘管、管套等出口货物进行装箱,并将集装箱运送到上海吴淞海关集装箱堆场。上海金发国际货运代理有限公司在出口货物锡管及管子附件(接头、肘管、管套)通关后进行装船,向上海贤达进出口有限公司发送太平船务有限公司已装船海运提单确认件,如图1-15所示。丁艳核准已装船海运提单确认件后将其发送至太平船务有限公司,由该公司签发全套已装船海运提单,如图1-16所示。

项目一　CIF 出口贸易业务模拟操作

上海金发国际货运代理有限公司
SHANGHAI JINFA INTERNATIONAL FREIGHT FORWARDING CO., LTD.
NO. 53 HUANGPU ROAD, HONGKOU DISTRICT, SHANGHAI

TEL: 021-65393781
FAX: 021-65393782
NO.: 0023018116
DATE: AUG. 01, 2023

订舱委托书
SHIPPING NOTE

经营单位(托运人) Business Unit(Consignor)		SHANGHAI XIANDA IMP. & EXP. CO., LTD. 8 YANGGAO ROAD, SHANGHAI, CHINA					
提单项目要求	发货人 Shipper	SHANGHAI XIANDA IMP. & EXP. CO., LTD. 8 YANGGAO ROAD, SHANGHAI, CHINA					
	收货人 Consignee	OSLO TRADING COMPANY LTD. 16 STORTINGSGATE, OSLO, NORWAY					
	通知人 Notify Party	OSLO TRADING COMPANY LTD. 16 STORTINGSGATE, OSLO, NORWAY(TEL: 0047-088-4563)					
海洋运费(√) Sea Freight	预付(√)或到付( ) Prepaid or Collect		提单份数 B/L Copies	3	提单寄送地址 B/L Mailing Address		上海市杨高路8号
起运港 Port of Departure	上海 (中国)	目的港 Destination Port	奥斯陆 (挪威)	分批装运 Partial Shipment	不允许	转运 Transshipment	不允许
集装箱预配数 Cont. Preallocation No.	20′×		40′HQ×2	装运期限 Shipment Time		2023年11月30日前	
唛头 Shipping Mark	O.T.C 0235466 OSLO C/NO. 1-1875	包装件数 Packages No.	1 875		货物名称 Goods Description	锡管及管子附件 (接头、肘管、管套)	
毛重 Gross Weight	37 500 KGS	尺码 Measurement	375 M³		总价 Total Amount	CIF OSLO USD360 000.00	
内装箱地址 CFS Address	宁波市新化路92号			门对门装箱地址 Door-to-door Packing Address		宁波市新化路92号	
外币账号 Foreign Ccy. Acct.	U00856668894			人民币账号 RMB Account		R00987456432	
声明事项 Statement				托运人签章 Signed for Shipper		上海贤达进出口有限公司公章 SHANGHAI XIANDA IMP. & EXP. CO., LTD.	
				联系人 Contacts		丁艳	
				电话 Telephone		021-65766688	
				日期 Date		2023年8月20日	

图 1-13　订舱委托书

SHANGHAI XIANDA IMP. & EXP. CO. LTD.

TEL: 021-65766688
FAX: 021-65766687

8 YANGGAO ROAD, SHANGHAI, CHINA

INVOICE NO.: XD2307126
DATE: AUG. 01, 2023
S/C NO.: 0235466
L/C NO.: OB230212

PACKING LIST

TO:
OSLO TRADING COMPANY LTD.
16 STORTINGSGATE, OSLO, NORWAY

FROM SHANGHAI CHINA   TO   OSLO NORWAY

SHIPPING MARK	DESCRIPTIONS OF GOODS	QTY (PCS)	CTN (PCS)	G.W (KGS)	N.W (KGS)	MEAS (M^3)
O.T.C 0235466 OSLO C/NO. 1-1875	TIN PIPE AND PIPE ACCESSORIES COUPLINGS ELBOWS SLEEVES EACH PIECE IN A BOX, 160 PIECES INTO AN EXPORT CARTON	100 000 100 000 100 000	625 625 625	12 500 12 500 12 500	10 625 10 625 10 625	125 125 125
	TOTAL	300 000	1 875	37 500	31 875	375

SAY TOTAL CARTONS: ONE THOUSAND EIGHT HUNDRED AND SEVENTY-FIVE CARTONS ONLY.

上海贤达进出口有限公司公章
SHANGHAI XIANDA IMP. & EXP. CO., LTD.
丁艳

图 1-14 装箱单

项目一 CIF 出口贸易业务模拟操作

Shipper SHANGHAI XIANDA IMP. & EXP. CO., LTD. 8 YANGGAO ROAD, SHANGHAI, CHINA		B/L NO.: P02312348 确认件 **PIL** PACIFIC INTERNATIONAL LINES (PTE) LTD. (Incorporated in Singapore) Co. Reg. No. 196700080N
Consignee TO ORDER OF SHIPPER		PORT-TO-PORT OR COMBINED TRANSPORT BILL OF LADING Received in apparent good order and condition except as otherwise noted the total number of containers or other packages or units enumerated below for transportation from the place of receipt to the place of delivery subject to the terms hereof. One of the signed Bill of Loading must be surrendered duly endorsed in exchange for the Goods or delivery order. On presentation of this document (duly endorsed) to the Carrier by or on behalf of the Holder, the rights and liabilities arising in accordance with the terms hereof shall (without prejudice to any rule of common law or statute rendering them binding on the Merchant) become binding in all respects between the Carrier and the Holder as though the contract evidenced hereby had been made between them.
Notify Party OSLO TRADING COMPANY LTD. 16 STORTINGSGATE, OSLO, NORWAY (TEL: 0047-088-4563)		
Vessel and Voyage Number COSCO V. 681	Port of Loading SHANGHAI CHINA	Port of Discharge OSLO NORWAY
Place of Receipt	Place of Deliver	Number of Original Bs/L THREE (3)
PARTICULARS AS DECLARED BY SHIPPER-CARRIER NOT RESPONSIBLE		
Container Nos/Seal Nos. Marks and/Numbers	No. of Container/Packages/Description of Goods	Gross Weight (kilos) Measurement (cu-metres)
TEXU3120345/78123 TEXU3120345/78124 O. T. C 0235466 OSLO C/NO. 1-1875	TOTAL TWO 40HQ CONTAINER ONLY 1 875 CARTONS TIN PIPE AND PIPE ACCESSORIES (COUPLINGS, ELBOWS, SLEEVES) CY TO CY	37 500 375 CBM 上海贤达进出口有限公司 SHANGHAI XIANDA IMP. & EXP. CO., LTD. 提单确认章 丁艳 NOV. 27, 2023
Freight & Charge FREIGHT PREPAID	Total Number of Containers or Packages Received By the Carrier (in words) SAY ONE THOUSAND EIGHT HUNDRED AND SEVENTY-FIVE CARTONS ONLY	
	Shipped on Board Date: NOV. 26, 2023 **ON BOARD**	
	Place and Date of Issue: SHANGHAI NOV. 28, 2023	
AGENT AT DESTINATION:	In Witness Whereof This number of Original Bills of Lading Stated Above All of the Tenor and Date One of Which Being Accomplished the Others to Stand Void. For PACIFIC INTERNATIONAL LINES (PTE) LTD. as Carrier	

图 1-15 太平船务有限公司的已装船海运提单确认件

Shipper SHANGHAI XIANDA IMP. & EXP. CO., LTD. 8 YANGGAO ROAD, SHANGHAI, CHINA	B/L NO.: P02312348　　　　　　　　　　确认件 **PIL** **PACIFIC INTERNATIONAL LINES (PTE) LTD.** (Incorporated in Singapore) Co. Reg. No. 196700080N	
Consignee TO ORDER OF SHIPPER	PORT-TO-PORT ORCOMBINED TRANSPORT BILL OF LADING Received in apparent good order and condition except as otherwise noted the total number of containers or other packages or units enumerated below for transportation from the place of receipt to the place of delivery subject to the terms hereof. One of the signed Bill of Loading must be surrendered duly endorsed in exchange for the Goods or delivery order. On presentation of this document	
Notify Party OSLO TRADING COMPANY LTD. 16 STORTINGSGATE, OSLO, NORWAY (TEL: 0047-088-4563)	(duly endorsed) to the Carrier by or on behalf of the Holder, the rights and liabilities arising in accordance with the terms hereof shall (without prejudice to any rule of common law or statute rendering them binding on the Merchant) become binding in all respects between the Carrier and the Holder as though the contract evidenced hereby had been made between them.	
Vessel and Voyage Number COSCO V. 681	Port of Loading SHANGHAI CHINA	Port of Discharge OSLO NORWAY
Place of Receipt	Place of Deliver	Number of Original Bs/L THREE(3)
PARTICULARS AS DECLARED BY SHIPPER-CARRIER NOT RESPONSIBLE		
Container Nos/Seal Nos. Marks and/Numbers	No. of Container/Packages/Description of Goods	Gross Weight (kilos)　　Measurement (cu-metres)
TEXU3120345123 TEXU3120345124 O.T.C 0235466 OSLO C/NO. 1-1875	TOTAL TWO 40HQ CONTAINER ONLY 1 875 CARTONS TIN PIPE AND PIPE ACCESSORIES (COUPLINGS, ELBOWS, SLEEVES) CY TO CY	37 500　　　　　375 CBM
Freight & Charge FREIGHT PREPAID	Total Number of Containers or Packages Received By the Carrier (in words) SAY ONE THOUSAND EIGHT HUNDRED AND SEVENTY-FIVE CARTONS ONLY	
	Shipped on Board Date: NOV. 26, 2023　　**ON BOARD**	
	Place and Date of Issue: SHANGHAI　NOV. 28, 2023	
AGENT AT DESTINATION:	In Witness Whereof This Number of Original Bills of Lading Stated Above All of the Tenor and Date One of Which Being Accomplished the Others to Stand Void. The master: 夏易锋　　　太平船务有限公司 　　　　　　　　　　　PACIFIC INTERNATIONAL LINES (PTE) LTD. 　　　　　　　　　　　　　　提单专用章 For PACIFIC INTERNATIONAL LINES (PTE) LTD. as Carrier	

图1-16　太平船务有限公司签发的已装船海运提单

三、国际海洋运输出口货物托运及托运单证缮制模拟操作

（一）模拟业务背景

上海立达进出口有限公司单证员根据销售确认书、信用证规定的运输方式，在装运期限内委托上海金发国际货运代理有限公司办理摩托车出口货物托运手续，提交已缮制的订舱委托书和装箱单。上海金发国际货运代理有限公司接受该业务后向太平船务有限公司办理订舱，确认订舱后在上海贤达进出口有限公司指定地点将出口摩托车进行装箱，并将该集装箱运到上海吴淞海关集装箱堆场，通关后进行装船，向上海立达进出口有限公司发送海运提单确认件。

（二）模拟业务资料

销售确认书编号：23091121
信用证编号：XN023625
订舱委托书编号/日期：0023014253/2023年10月1日
集装箱预配数：40英尺高箱2个
集装箱毛重/净重/体积：20 KGS/18 KGS/0.4 M³
门对门装箱地址：上海市化成路1628号
出口商人民币账号：R00987475632
集装箱号/货重：TEXU3120345/7 500 KGS，TEXU3120346/7 500 KGS
单证员：（学生姓名）

（三）模拟业务操作

请你以外贸单证员的身份，根据模拟业务资料的相关内容缮制订舱委托书和装箱单，并对上海金发国际货运代理有限公司发送海运提单确认件进行核准。订舱委托书、装箱单的样张以及海运提单确认件见"模拟操作1-5"。

模拟操作1-5

任务六　国际海洋运输出口货物投保及投保单缮制

一、操作指南

（一）国际海洋运输出口货物投保

国际海洋运输出口货物投保是指被保险人向保险人投保适宜险别，缴纳保险费，当出口货物在运输过程中遭遇承保范围内的损害或灭失时可向保险人进行理赔而获取经济赔偿的保险业务。国际海洋运输出口货物投保的保险条款有英国伦敦保险协会（Institute Cargo Clause，ICC）制定的《ICC海洋货物运输保险条款》和原中国人民保险公司（People's

Insurance Company of China，PICC)制定的《PICC 海洋货物运输保险条款》。

(二) 国际海洋货物运输保险险别

《PICC 海洋货物运输保险条款》规定的险别分为基本险和附加险两类,基本险可单独投保,附加险应在投保基本险的基础上进行加保。

1. 基本险

《PICC 海洋货物运输保险条款》规定的基本险别有三种:一是平安险,承保货物在海洋运输中因恶劣气候、雷电、海啸、地震、洪水等自然灾害造成的全部损失,运输工具遭受搁浅、沉没、触礁、互撞、失火、爆炸等意外事故造成的全部或部分损失,以及共同海损所引起的牺牲、分摊和救助费用;二是水渍险,承保平安险的风险和费用以外,还承保因自然灾害造成的部分损失;三是一切险,承保水渍险的风险和费用以外,还承保因一般外来原因造成的全部或部分损失。

2. 附加险

《PICC 航空货物运输保险条款》附加险分为一般附加险和特殊附加险两种。一般附加险承保因一般外来风险造成的全部或部分损失,有偷窃或提货不着险、淡水雨淋险、短量险、混杂或沾污险、渗漏险、碰损或破碎险、串味险、包装破裂险等 11 种险别。特殊附加险承保由特殊外来风险造成的全部或部分损失,有战争险、罢工险等 8 种险别。

(三) 国际海洋货物运输保险责任与除外责任

1. 国际海洋货物运输保险责任

基本险的责任起讫采用"仓至仓"责任,即自承保货物运离保险单所载明的起运地的发货人仓库开始运输时生效,直至货物运达保险单所载明目的地收货人的最后仓库或被保险人用作分配时为止。如果承保货物从船上卸下后,放在码头或海关仓库,而没有运到收货人的仓库,保险责任仍继续有效,直至卸离海轮后 60 天为止。如果在此期间货物需转运至非保险单所载明的目的地时,保险责任以开始转运时终止。

战争险的责任起讫是以水上危险为限,承保货物在起运港装上海轮时开始直至目的港卸离海轮时为止。如果不卸离海轮,保险责任从海轮到达目的地当日午夜起满 15 天为止;如果在中途港转船,保险责任以海轮到达该港或卸货地当日午夜起满 15 天为止,如果承保货物再装上继续运输的海轮时,保险责任继续有效。罢工险的保险责任起讫采取"仓至仓"条款。

2. 国际海洋货物运输保险除外责任

保险人不承担赔偿的情形有五种:一是由被保险人的故意行为或过失造成的损失;二是属于发货人责任所引起的损失;三是在保险责任开始前,承保货物已存在的品质不良或数量短差的损失;四是由承保货物自然损耗、本质缺陷、特性,以及市价跌落、运输延迟引起的损失或费用;五是战争险和罢工险规定的除外责任情形。

(四) 国际海洋货物运输保险单据

1. 保险单

保险单是保险人向被保险人签发的凭证,是订立国际海洋货物运输保险合同的书面证明。保险单正面内容主要包括被保险人名称、保险货物名称、数量、包装及标志,运输工具名称,投保险别,保险起讫地点,开航日期等事项。保险单背面的保险条款有保险人的责任范围和除外责任,以及保险人、被保险人的权利和义务等内容。

2. 保险凭证

保险凭证是保险人接受承保的一种证明文件,是一种略式保险单,简略了保险人、被保险人的权利与义务的内容,但仍以保险单的保险条款为准,且法律效力与保险单相同。

(五) 保险金额与保险费

1. 保险金额

保险金额是指被保险人对承保货物进行投保的金额,也是保险人承担最高赔偿金额和计收保险费的依据。《国际贸易术语解释通则 2020》和《跟单信用证统一惯例 600》规定,卖方有义务按 CIF 或 CIF 价格总值另加 10% 作为保险金额。

保险金额计算公式: 保险金额＝CIF 价格总值×(1＋保险加成率)

2. 保险费

保险费是指被保险人在投保时向保险人缴纳的保险金额,是被保险人获得货物损失赔偿权利的对价,也是保险人经营业务的基本收入。保险人收取保险费,一般采取保险费率的形式,按照既定的标准计收保险费。

保险费计算公式: 保险费＝保险金额×保险费率

(六) 国际海洋货物运输出口货物投保流程

国际海洋货物运输出口货物投保流程如下:首先,投保人根据销售确认书保险条款的规定向保险公司办理投保手续,提供已缮制的货物运输保险投保单和商业发票;其次,保险公司核准投保材料后按约定的保险费率向投保人收讫保险费;再次,保险公司依据货物运输保险投保单向投保人出具货物运输保险单;最后,投保人在承保货物运抵货物运输保险单指定目的地后及时提货,发现承保货物遭受损失时应向货物运输保险上载明的理赔代理人申请赔偿。

(七) 货物运输保险投保单缮制

货物运输保险投保单没有统一格式与内容,由各保险公司进行印制。PICC 货物运输保险投保单的内容及缮制方法如下。

1. Insured

外贸单证员应在此栏填入被保险人的名称,并与销售确认书中的出口商名称相一致。

2. Invoice No.

外贸单证员在此栏填入本票业务的商业发票编号。

3. Contract No.

外贸单证员应在此栏填入本票业务的销售确认书编号。

4. L/C No.

外贸单证员应在此栏填入本票业务的信用证编号。不属于信用证支付方式的,此栏留空。

5. Invoice Amount

外贸单证员应在此栏填入商业发票的总值。

6. Plus

外贸单证员应在此栏填入投保加成率,即在 CIF 或 CIF 价格总值上另加 10%。

7. Marks & Nos.

外贸单证员应在此栏填入销售确认书规定的唛头,并与商业发票、装箱单的同项内容相一致。

8. Quantity

外贸单证员应在此栏填入销售确认书规定的包装方式及其件数。

9. Description of Goods

外贸单证员应在此栏填入销售确认书规定的货物名称。

10. Amount Insured

外贸单证员应在此栏填入本票货物的保险金额。

11. Date of Commencement

外贸单证员应在此栏填入承保货物启运的日期,该日期应当在销售确认书规定的装运期限内。

12. Per Conveyance

外贸单证员应在此栏填入承保货物承载运输工具的名称,如为海洋货物运输此栏填入船名＋航次。

13. From … Via … To …

外贸单证员应在此栏填入销售确认书规定的运输路线,"FROM"后注明启运地,"VIA"后注明中转地,"TO"后注明目的地。

14. B/L No.

外贸单证员应此栏填入海运提单编号。

15. Claim Payable at

外贸单证员应在此栏填入承保货物赔款付款地名称,通常是目的地。

16. Conditions

外贸单证员应根据销售确认书保险条款进行描述,包括投保加成率、保险险别、依据的保险条款等内容。

17. Cargo Properties

外贸单证员应根据承保货物的属性,在对应的"袋装""散装""冷藏""液体""活动物""机器/汽车""危险品等级"的括号内打"√"或"×"。

18. Container type

外贸单证员应根据承保货物装载集装箱的类型,在对应的"普通""开顶""框架""平板""冷藏"的括号内打"√"或"×"。

19. By Transit

外贸单证员应根据承保货物的运输方式,在对应的"海轮""飞机""驳船""火车""汽车"的括号内打"√"或"×"。

20. Ship Information

外贸单证员应根据船务公司提供的材料,在对应"船籍"和"船龄"的括号内打"√"或"×"。其他运输方式留空。

21. Applicant (Signature), Tel, Add, Date

经办人应在此栏签名盖章,并注明投保人的电话、地址和填报日期。

(八)货物运输保险单缮制

货物运输保险单由各保险公司进行印制,没有统一的格式,其主要内容与货物运输保险投保单相同。除此以外,印刷号与保险单号,由保险公司计算机系统自动生成;保险单正本份数,填入2份;保险公司的制单人、核保人、经办人和授权人,分别在履行职责后签名。

二、国际海洋运输出口货物投保及投保单缮制实例展示

上海贤达进出口有限公司外贸单证员丁艳根据销售确认书、信用证保险条款的规定向中国人民财产保险股份有限公司上海市分公司办理出口货物锡管及管子附件(接头、肘管、管套)的投保手续,提交已缮制的货物运输保险投保单,如图1-17所示,并随附商业发票。中国人民财产保险股份有限公司上海市分公司经办人万小翔受理该保险业务后,向上海贤达进出口有限公司收取保险费,并由制单人夏晓芳缮制货物运输保险单,如图1-18所示,交由保险公司核保人张霄灵审核。核保人完成审核后签章,交由经办人和授权人万小翔签名,并向上海贤达进出口有限公司发送。

PICC 中国人民财产保险股份有限公司上海市分公司
PICC PROPERTY AND CASUALTY COMPANY LIMITED SHANGHAI BRANCH

地址:上海市黄浦区中山南路700号   邮编:200010
ADD:NO. 700 ZHONGSHAN SOUTH ROAD, HUANGPU DISTRICT, SHANGHAI   ZIP CODE:
电话(TEL):021-63773000   传真(FAX):021-63774678

货物运输保险投保单
APPLICATION FORM FOR CARGO TRANSPORTATION INSURANCE

被保险人:上海贤达进出口有限公司
INSURED:
发票号:XD2307126
INVOICE NO.:
合同号:0235466
CONTRACT NO.:
信用证号:OB230212
L/C NO.:
发票金额:USD 360 000.00   投保加成:110%
INVOICE AMOUNT: PLUS:

持有下列物品向中国人民保险公司上海市分公司投保。

标记 MARKS & NOS.	包装数量 QUANTITY	保险货物项目 DESCRIPTION OF GOODS	保险金额 AMOUNT INSURED
O.T.C 0235466 OSLO C/NO. 1-1875	1 875 CTNS	锡管及管子附件 TIN PIPE AND PIPE ACCESSORIES	USD 396 000.00

(续图)

启运日期:NOV. 28,2023　　　装载运输工具:COSCO V. 681
DATE OF COMMENCEMENT:　　PER CONVEYANCE:
自:SHANGHAI CHINA　　　经:　　至:OSLO NORWAY
FROM:＿＿＿＿＿＿＿＿　　VIA:＿＿＿　TO:＿＿＿＿＿
提单号:P02312348　　　　　赔款付款地点:OSLO NORWAY
B/L NO.:＿＿＿＿＿＿＿＿　CLAIM PAYABLE AT:＿＿＿＿＿
投保险别:FOR 110％ OF THE INVOICE VALUE COVERING ALL RISKS AND WAR RISKS AS PER OCEAN TRANSPORT CARGO CLAUSE OF THE PICC DATED 1/1, 2009.
CONDITIONS:
＿＿＿＿＿＿＿＿＿＿＿＿＿＿＿＿＿＿＿＿＿＿＿＿＿＿＿＿＿＿＿＿＿＿＿

请如实告知下列情况:"是"在[ ]中打"√","不是"在[ ]中打"×"。
PLEASE TRUTHFULLY INFORM OF THE FOLLOWING: MARK"√"OR "×".

1. 货物种类:　　袋装[√]　散装[×]　冷藏[×]　　液体[×]　活动物[×]　机器/汽车[×]　危险品等级[×]
   CARGO　　　　BAG　　BULK　　REFRIGERATE LIQUID　LIVE　　MACHINE/　DANGEROUS
   PROPERTIES:　　　　　　　　　　　　　　　　　　　ANIMAL　AUTO　　LASS

2. 集装箱类型:　　普通[√]　　开顶[×]　　框架[×]　　平板[×]　　冷藏[×]
   CONTAINER TYPE:　ORDINARY　OPEN　　FRAME　　FLAT　　REFRIGERATOR

3. 运输方式:　海轮[√]　　飞机[×]　　驳船[×]　　火车[×]　　汽车[×]
   BY TRANSIT:　SHIP　　　PLANE　　BARGE　　TRAIN　　TRUCK

4. 船舶资料:　　船籍[√]　　船龄[√]
   SHIP INFORMATION:　REGISTRY　VESSEL AGE
＿＿＿＿＿＿＿＿＿＿＿＿＿＿＿＿＿＿＿＿＿＿＿＿＿＿＿＿＿＿＿＿＿＿＿

备注:被保险人确认本保险合同条款和内容已经完全理解。
REMARKS: THE ASSURED CONFIRMS HEREWITH THE TERMS AND CONDITIONGS OF THESE INSURANE CONTRACTS FULLY UNDERSTOOD.

投保人(签章)　丁艳　　　　上海贤达进出口有限公司公章
APPLICANT (SIGNATURE):　　SHANGHAI XIANDA IMP. & EXP. CO., LTD.
电话:021-65766688　　地址:上海市杨高路8号
TEL:　　　　　　　　ADD:
日期:2023 年 11 月 10 日
DATE:

本公司自用
FOR OFFICE USE ONLY

费率:＿＿＿＿＿＿＿　　保费:＿＿＿＿＿＿＿　　备注:＿＿＿＿＿
RATE:　　　　　　　　PREMIUM:　　　　　　REMARKS:
经办人:　　　　　　　核保人:　　　　　　　负责人:
HANDLED BY:　　　　UNDERWRITER:　　　　HEAD:

图 1-17　货物运输保险投保单

项目一　CIF出口贸易业务模拟操作

PICC 中国人民财产保险股份有限公司货物运输保险单
PICC PROPERTY AND CASUALTY COMPANY LIMITED CARGO TRANSPORTATION INSURANCE POLICY

总公司设于北京　　　　　　　　　　　　　　　一九四九年创立
HEAD OFFICE：BEIJING　　　　　　　　　　　　ESTABLISHED IN 1949

印刷号：P202308612345678　　　　　保险单号：P202323456789
PRINTED NUMBER：　　　　　　　　　POLICY NO.：

合同号：0235466　　　　　　　　　　信用证号：OB230212
CONTRACT NO.：　　　　　　　　　　L/C NO.：

发票号：XD2307126
INVOICE NO.：

被保险人：上海贤达进出口有限公司
INSURED：

中国人民财产保险股份有限公司(以下简称本公司)根据被保险人的要求，以被保险人向本公司缴付约定的保险费为对价，按照本保险单列明条款承保下述货物运输保险，特订立本保险单。
THIS POLICE OF INSURANCE WITNESSES THAT PICC PROPERTY AND CASUALTY COMPANY LIMITED (HEREINAFTER CALLED "THE COMPANY") AT THE REQUEST OF THE INSURED AND IN CONSIDERATION OF THE AGREED PREMIUM PAID TO THE COMPANY BY THE INSURED, UNDERTAKES TO INSURE THE UNDERMENTIONED GOODS IN TRANSPORTATION SUBJECT TO THE CONDITION OF THIS POLICY AS PER THE CLAUSES PRINTED BELOW.

标记 MARKS & NOS.	包装数量 QUANTITY	保险货物项目 DESCRIPTION OF GOODS	保险金额 AMOUNT INSURED
O.T.C 0235466 OSLO C/NO. 1-1875	1 875 CTNS	锡管及管子附件 TIN PIPE AND PIPE ACCESSORIES	USD 396 000.00

总保险金额：SAY US DOLLARS THREE HUNDRED AND NINETY-SIX THOUSAND ONLY.
TOTAL AMOUNT INSURED：

保费：AS ARRANGED　　　　　　　　　启运日期：NOV. 28, 2023
PREMIUM：　　　　　　　　　　　　　DATE OF COMMENCEMENT：

装载运输工具：COSCO V. 681
PER CONVEYANCE：

自：SHANGHAI CHINA　　　　　　经：　　　　　　到：OSLO NORWAY
FROM：　　　　　　　　　　　　VIA：　　　　　　TO：

承保险别：FOR 110% OF THE INVOICE VALUE COVERING ALL RISKS AND WAR RISKS AS PER OCEAN TRANSPORT CARGO CLAUSE OF THE PICC DATED 1/1, 2009.
CONDITIONS：

所保货物，如发生保险单项下可能引起索赔的损失，应立即通知本公司或下述代理人查勘。如有索赔，应向本公司提交正本保险单(本保险单共有 2 份正本)及有关文件，如一份正本已用于索赔，其余正本自动失效。
IN THE EVENT OF LOSS OR DAMAGE WHICH MAY RESULT IN A CLAIM UNDER THIS POLICY, IMMEDIATE NOTICE MUST BE GIVEN TO THE COMPANY OR AGENT AS MENTIONED. CLAIMS, IF ANY, ONE OF THE ORIGINAL POLICY WHICH HAS BEEN ISSUED IN ___TWO___ ORIGINAL(S) TOGETHER WITH THE RELEVENT DOCUMENTS ALL BE SURRENDERED TO THE COMPANY. IF ONE THE ORIGINAL POLICY HAS BEEN ACCOMPLISHED, THE OTHERS TO BE VOID.

THE PEOPLE'S INSURANCE COMPANY OF CHINA, LIMITED NORWAY BRANCH
98 LSKL MACH OSLO NORWAY
TEL：0047-088-6248

保险人：中国人民财产保险股份有限公司上海市分公司
UNDERWRITER：PICC PROPERTY AND CASUALTY COMPANY LIMITED SHANGHAI BRANCH

电话：021-63773000　　　传真：021-63774678
TEL：　　　　　　　　　　FAX：

地址：上海市黄浦区中山南路700号
ADD：NO. 700 ZHONGSHAN SOUTH ROAD, HUANGPU DISTRICT, SHANGHAI

赔款偿付地点：OSLO NORWAY　IN USD
CLAIM PAYABLE AT：

签单日期：OCT. 30, 2023　　　　　　　　　　　　　授权人签字：万小翔
ISSUING DATE：　　　　　　　　　　　　　　　　　AUTHORIZED SIGNATURE：

核保人：张雪灵　　　　制单人：夏晓芳　　　　经办人：万小翔
UNDERWRITER：　　　　PREPARED BY：　　　　　HANDLED BY：

图 1-18　货物运输保险单

三、国际海洋运输出口货物投保及投保单缮制模拟操作

（一）模拟业务背景

上海立达进出口有限公司外贸单证员根据销售确认书、信用证保险条款的规定向中国人民财产保险股份有限公司上海市分公司办理出口货物摩托车投保手续，提交已缮制的货物运输保险投保单，随附商业发票。中国人民财产保险股份有限公司上海市分公司经办人受理该保险业务后，向上海立达进出口有限公司收取保险费，由制单人缮制货物运输保险单，经核保人完成审核后签章，并由经办人和授权人签名后向上海立达进出口有限公司发送。

（二）模拟业务资料

销售确认书编号：23091121

信用证编号：XN023625

启运日期：2023 年 10 月 28 日

装载运输工具/承运工具/提单号：COSCO V. 862/海轮/P02365738

赔款付款地点：澳大利亚悉尼

集装箱种类：普通集装箱

单证员：（学生姓名）

（三）模拟业务操作

请你以外贸单证员的身份，根据模拟业务资料的相关内容缮制货物运输保险投保单。货物运输保险投保单样张见"模拟操作 1-6"。

模拟操作 1-6

任务七　出口货物整合申报及代理报关单证填报

一、操作指南

（一）代理报关

代理报关是指出口货物发货人委托国际货运代理公司、国际物流公司、报关公司等具有代理报关服务资质的报关企业，依法在规定的期限、地点，以委托人或被委托人的名义填制出口货物报关单，向海关报告实际出口货物的情况，并且接受海关审核的行为。

（二）整合申报

根据海关总署统一部署，从 2018 年 8 月 1 日起实施进出口货物整合申报，将原报关单和报检单合并为一张报关单。整合后的随附单证避免了原报关单与报检单重复提交的随附单据和相关单证；整合后的参数代码统一了原报关单和报检单共有项目的代码；整合后的报

关单由竖版改为横版,可采用普通打印方式;整合后的申报系统为用户提供了"单一窗口"和"互联网＋海关"申报平台的接口,申报系统按照整合申报内容对原有报关单和报检单的申报数据、参数、随附单据等进行了调整。

(三)出口货物申报形式

出口货物申报分为纸质报关单和电子数据报关单两种申报形式。出口货物纸质报关单申报是指出口货物发货人、受委托的报关企业按照海关的规定缮制纸质出口货物报关单,备齐随附单证,向属地隶属海关报告实际出口货物的情况,并且接受其审核的申报形式。电子数据报关单申报是指出口货物发货人或其代理人通过计算机系统按照《中华人民共和国海关进出口货物报关单填制规范》的要求,向海关传送报关单电子数据并且备齐随附单证的申报形式。

(四)出口货物申报要求

申报企业必须按照下列要求向海关办理出口货物申报。

1. 申报资质

出口货物发货人或其代理人应当依法办理工商登记,并预先在海关依法办理备案。

2. 申报时间

申报时间有三种情形:一是出口货物发货人或其代理人应当在出口货物运抵海关监管区后、装货24小时前向海关申报;二是出口货物发货人或其代理人在出口货物的品名、数量等已确定无误并且取得提(运)单或者载货清单(舱单)数据的情况下,经海关同意在出口货物运抵海关监管区前7日内提前向海关办理申报手续;三是对于依法必须实施检验检疫的出口货物,出口货物发货人或其代理人应当在完成出口货物申报前监管后向海关办理申报手续。

3. 申报单证

出口货物发货人或其代理人应当提交出口货物报关单和授权委托协议,并随附国家实行出口管理的许可证件,以及海关要求的指定单证,包括出口许可证、销售确认书、商业发票、装箱清单、提运单、检验检疫证书等。

4. 申报内容

出口货物发货人或其代理人应当对申报内容的真实性负责,违反海关规定申报的,须承担相应的法律责任。

(五)出口货物整合申报代理报关环节

出口货物整合申报代理报关有四个基本环节:首先,委托人出口商应根据销售确认书的装运期限选择受托人报关企业,委托其办理出口货物报关手续,并提交代理报关授权书;其次,委托人出口商与受托人报关企业签订代理报关委托书/委托报关协议(以下简称"代理报关委托书"),并提交已缮制的商业发票、装箱清单、非木质包装证明,并随附销售确认书、信用证、出口许可证、一般原产地证明书;再次,报关企业根据代理报关委托书规定,在出口货物运抵海关监管区前7天向出口岸海关指定申报窗口提交指定的书面报关材料;最后,出口口岸海关依据相关单证对出口货物实施查验,核准后收讫关税及相关费用,并给予放行。

(六)出口代理报关授权书拟定

出口代理报关授权书是指委托人出口商向受托人报关企业以委托人或受托人的名义办理出口货物代理报关事宜,并保证委托事项真实、单货相符,如有隐瞒愿承担相关法律责任的书面文件。出口代理报关授权书由委托人出口商拟定,经其签章后发送至受托人报关企业,由此产生法律效力。出口代理报关授权书是海关受理代理报关的基本依据,受托人报关企业应在代理报关授权书的有效期限内履行其申报义务。

(七) 代理报关委托书缮制

代理报关委托书/委托报关协议由中国报关协会统一印制,由委托方外贸单证员填写,其内容及缮制方法如下。

1. 编号

编号事先已印制。

2. 委托对象

外贸单证员应在横线上填入受理代理报关业务的报关企业名称。

3. 委托方式

外贸单证员应根据本票报关业务情况选择逐票委托或长期委托,在横线上填入对应委托方式的大写英语字母。

4. 委托内容

外贸单证员应根据本票报关业务情况选择具体的通关事宜,在横线上填入对应具体委托事项的大写英语字母。

5. 委托书有效期

外贸单证员应根据本票报关业务情况填入截止日期。

6. 委托方(签章)

此栏由委托方授权人签章,并注明日期。

7. 委托方

外贸单证员应在此栏填入委托方公司名称。

8. 主要货物名称

外贸单证员应在此栏填入本票出口货物名称,并与商业发票中的货名保持一致。

9. H.S.编码

外贸单证员应在此栏填入出口货物10位数码的商品编号。

10. 进/出口日期

外贸单证员应根据销售确认书或信用证规定填入具体的进口或出口日期。

11. 提(运)单号

外贸单证员应根据运输公司提供的海运提单或空运单等编号填入。

12. 贸易方式

外贸单证员应根据销售确认书或信用证规定的贸易方式填入,此栏通常填"一般贸易"。

13. 数(重)量

外贸单证员应在此栏填入销售确认书或信用证规定的成交数量或重量。

14. 包装情况

外贸单证员应在此栏填入销售确认书或信用证规定的包装方式及数量。

15. 原产地/货源地

外贸单证员应在此栏填入本票货物实际生产地或货源地的名称。

16. 其他要求

外贸单证员如有其他代理报关要求可在此栏说明。

17. 被委托方

外贸单证员应在此栏填入受理代理报关业务的报关企业名称。

18. 报关单编号

此栏留空不填。

19. 收到单证日期

此栏由被委托方填写具体收到单证的日期。

20. 收到单证情况

此栏由被委托方根据收到的单据名称,在对应的"□"内打"√"。

21. 报关收费

此栏由被委托方按约定费用填写。

22. 承诺说明

此栏由被委托方填入保证文句。

23. 委托方签章

外贸单证员应在此栏加盖委托方公司公章,由经办人签名,并注明联系电话和日期。

24. 被委托方签章

此栏由被委托方加盖公司公章,由报关员签名,并注明联系电话和日期。

(八) 整合申报出口货物电子数据报关单填报

整合申报出口货物电子数据报关单的内容和填报要求如下。

1. 申报地海关

此栏必填。报关员应在系统下拉菜单中选择出口商品离境地海关,此时会显示《关区代码表》中的海关名称及其代码,如"新桥机场海关(3311)"。海关代码有4位数码,前2位数码是直属海关代码,后2位数码是隶属海关或海关监管场所的代码。

2. 申报状态

此栏无需录入。系统会显示出口货物报关单的保存、结关、已申报、海关入库成功、退单、审结和放行等申报状态。

3. 统一编号

此栏无需录入。系统在单据暂存后将自动产生流水号,便于查询使用。

4. 预录入编号

此栏无需录入。此栏由系统自动产生18位数码的预录入编号,第1位至第4位数码是接受申报海关代码;第5位至第8位数码是年份;第9位数码是进出口标志,其中"0"为出口,若为集中申报清单则"E"为出口;最后9位数码为顺序编号,由系统自动生成。

系统自动产生的18位数码的预录入编号的数据结构与纸质出口货物报关单的相同。

5. 海关编号

此栏无需录入。海关接受申报时,系统自动产生18位数码的海关编号,第1位至第4位数码为接受申报海关编号,第5位至第8位数码为年份,第9位数码"0"为出口标志,最后9位数码为顺序编号。

6. 出境关别

此栏为必填栏目。报关员应录入货物离境的口岸海关名称及其代码。

7. 备案号

此栏为选填栏目。加工贸易方式下此栏需录入加工贸易手册编号,减免税货物退运出口则录入《中华人民共和国海关进口减免税货物准予退运证明》的编号,减免税货物结转出口则录入《中华人民共和国海关进口减免税货物结转联系函》的编号。一般贸易方式下的出口货物免予填报。

8. 合同协议号

此栏为选填栏目。报关员应录入销售合同书或销售确认书的编号,未发生商业性交易的免予填报。

9. 出口日期

此栏为系统返填栏目。出口日期为承运出口货物运输工具办结出境手续的日期,申报时免于填报,入库后系统自动返填。

10. 申报日期

此栏为系统反填栏目。以电子数据报关单方式申报的,系统将自动返填海关计算机系统接受申报数据日期。人工录入的申报日期,在货物入库后由系统自动返填。

11. 境内发货人

此栏为必填栏目。报关员应录入出口贸易合同中境内法人、其他组织的名称及18位数码的法人和其他组织统一社会信用代码,没有统一社会信用代码的,录入其海关备案代码或检验检疫编码。如果出口货物合同的签订者和执行者非同一企业的,录入执行合同的企业的名称及其代码;外商投资企业委托出口企业出口投资设备、物品的,录入外商投资企业的名称及其代码,在标记唛码及备注栏注明"委托某出口企业出口",并注明被委托企业18位数码的统一社会信用代码;报关企业代理其他出口企业办理出口报关手续的,录入委托方出口企业的名称及其代码或编码;海关特殊监管区域发货人录入该货物的实际经营单位或海关特殊监管区域内经营企业的名称及其代码或编码。

12. 境外收货人

此栏为必填栏目。报关员应录入出口贸易合同中的买方或合同指定的收货人名称。如果无境外收货人的,此栏填报"NO"。如果是AEO互认国家(地区)的企业,此栏填报 AEO 编码。

13. 生产销售单位

此栏为必填栏目。报关员应录入出口货物在境内的生产或销售单位的名称及18位数码的法人和其他组织统一社会信用代码。如果无法人代码和统一社会信用代码的,填报"NO"。属于保税监管场所与境外之间的进出境货物,生产销售单位填报保税监管场所的名称及其代码,保税物流中心(B型)填报中心内企业名称及其代码。如果是海关特殊监管区域的生产销售单位,填报区域内经营企业加工单位或仓库的名称及其代码。

14. 申报单位

此栏为系统返填栏目。系统将自动返填境内出口企业或其代理报关企业的名称及其18位数码的法人和其他组织统一社会信用代码。

15. 运输方式

此栏为必填栏目。报关员应录入出口货物运输方式及其在《运输方式代码表》的对应代码。属于出口转关运输货物的,则录入载运货物驶离出境地的运输工具名称。

16. 运输工具名称

此栏为必填栏目。报关员应录入载运货物出境的运输工具名称或编号。水路运输录入船舶编号或船舶英文名称；公路运输录入跨境运输车辆的国内行驶车牌号；铁路运输录入车厢编号或交接单号；航空运输录入航班号。

17. 航次号

此栏为必填栏目。报关员应录入载运货物出境的运输工具航次号。公路运输填报运输车辆的进境日期；铁路运输填报列车的进境日期；中转货物填报驳船航次号，铁路方式下填报启运日期，公路运输方式下填报启运日期。航空运输和水路运输方式下非中转货物以及无实际出境货物的，免予填报。

18. 提运单号

此栏为必填栏目。报关员应录入运输部门提供的海运提单或空运单等运输单据的一个编号。一票货物对应多个海运提单或空运单时，应分单录入。无实际出境货物的，免予填报。

19. 监管方式

此栏为必填栏目。报关员应录入出口货物监管方式的简称及其在《监管方式代码表》中对应的代码。一份报关单只允许填报一种监管方式。

20. 征免性质

此栏为选填栏目。报关员应录入出口货物征免性质的简称及其在《征免性质代码表》中对应的代码。持有海关核发《征免税证明》的，录入批注的征免性质，可通过系统下拉菜单选择。一份报关单只允许填报一种征免性质。

21. 许可证号

此栏为选填栏目。报关员应录入出口货物申领的出口许可证、两用物项和技术出口许可证、两用物项和技术出口许可证(定向)、纺织品临时出口许可证、出口许可证(加工贸易)、出口许可证(边境小额贸易)的编号。一份报关单只允许填报一个许可证号。

22. 运抵国(地区)

此栏为必填栏目。报关员应录入出口货物目的地的国家(地区)的名称及其在《国别(地区)代码表》中对应的代码，可在系统下拉菜单中选择。如果在中转地发生商业性交易的，填报中转地国家(地区)的名称及代码。

23. 指运港

此栏为必填栏目。报关员应录入出口货物运往境外最终目的港的名称及其在《港口代码表》中对应的代码。出口货物最终目的港不可预知的，填报尽可能预知的目的港。如果出口货物最终目的港在《港口代码表》中没有，可选择填报其国家名称或代码。

24. 成交方式

此栏为必填栏目。报关员应录入出口货物实际成交方式在《成交方式代码表》中对应的代码。属于无实际出境的货物的，填报"FOB"，可在下拉菜单选择。

25. 运费

此栏为系统选填栏目。报关员应录入出口货物从境内输出地至装卸后的运费和其在《货币代码表》中对应的币种代码，可选择运费单价、总价或运费率中的一种方式填报，并注明运费标记("1"表示运费率，"2"表示每吨货物的运费单价，"3"表示运费总价)。

26. 保险费

此栏为选填栏目。报关员应录入出口货物从境内输出地至装卸后的保险费用和币种代码,可选择保险费总价或保险费率,并注明保险费标记("1"表示保险费率,"3"表示保险费总价)。

27. 杂费

此栏为选填栏目。报关员应录入出口货物成交价格以外的,须按照《中华人民共和国进出口关税条例》(以下简称《进出口关税条例》)相关规定应计入完税价格的费用和币种代码,可选择杂费总价或杂费率,并注明杂费标记("1"表示杂费率,"3"表示杂费总价)。

28. 件数

此栏为必填栏目。报关员应录入出口货物运输包装的件数,即提单或运单中所列的货物件数及计量单位。属于裸装货物的,则录入"1"。舱单件数为集装箱和托盘的,应录入集装箱个数和托盘数。

29. 包装种类(其他包装)

此栏为必填栏目。报关员应录入出口货物的运输包装或其他包装的名称及其在《包装种类代码表》中的对应代码。其他包装可选勾《包装种类代码表》中的对应的包装材料。

30. 毛重

此栏为必填栏目。报关员应录入出口货物加上包装材料的重量和计量单位。如果不足1千克,填报"1"。

31. 净重

此栏为必填栏目。报关员应录入出口货物毛重减去外包装材料后的重量和计量单位。如果不足1千克,填报"1"。

32. 贸易国别(地区)

此栏为必填栏目。报关员应录入出口贸易合同或销售确认书中进口商所在国家或地区的中文名称及其在《国别(地区)代码表》中对应的国别或地区代码。

33. 集装箱数

此栏为系统返填栏目。报关员在录入出口货物集装箱相关信息后,系统将自动返填。

34. 随附单证

此栏为系统返填栏目。报关员在录入出口报关随附单证相关信息后,系统将自动返填。

35. 货物存放地点

此栏为必填栏目。报关员应录入出口货物存放的场所或地点,如海关监管作业场所、分拨仓库、定点加工厂、隔离检疫场、企业自有仓库等。

36. 离境口岸

此栏为必填栏目。报关员应录入承运出口货物运输工具离境的第一个境内口岸名称及其在《国内口岸编码表》中的对应代码。多式联运跨境运输填报多式联运货物最初离境的境内口岸名称及其代码;过境货物填报货物离境的第一个境内口岸名称及其代码;海关特殊区域或保税监管场所出境货物填报海关特殊区域或保税监管场所名称及其代码;无实际出境货物填报货物所在地的城市名称及其代码。

37. 报关单类型

此栏为必填栏目。报关单类型有四种:一是有纸报关,用于未与海关签订通关无纸化协议企业的报关单填报,报关单不传输随附单据,报关员应在系统下拉菜单中选择"0-有纸报关";二是有纸带清单报关,用于未与海关签订通关无纸化协议企业带有清单的集中申报报关单填报,报关单不传输随附单据,报关员应在系统下拉菜单中选择"L-有纸带清单报关";三是无纸带清单报关,用于未与海关签订通关无纸化协议企业带有清单的集中申报报关单填报,报关单传输随附单据,报关员应在系统下拉菜单中选择"D-无纸带清单报";四是通关无纸化,用于与海关签订通关无纸化协议企业的报关单填报,报关单传输随附单据,报关员应在系统下拉菜单中选择"M-通关无纸化"。

38. 备注

此栏为系统返填栏目。报关员录入方法有三种:属于发货人或其代理人申报复运出境货物的,录入《货物暂时进/出境延期办理单》的海关回执编号;属于跨境电子商务出口货物的,录入"跨境电子商务";属于出口企业提供ATA单证册的货物的,录入"ATA单证册"。

39. 标记唛码

此栏为必填栏目。报关员应录入出口货物包装上标记唛码中除图形以外的文字和数字,无标记唛码的填报"N/M"。

40. 受理海关

此栏为必填栏目。报关员应录入提交出口货物报关单与随附单据的海关名称及其在《关区代码表》中对应的代码,可在系统下拉菜单中选择。

41. 企业资质

此栏为必填栏目。企业资质有九种类别,填报方法分别为:①《实施检验检疫的进出境商品目录》内出口货物填报出口商及代理商必须取得的资质类别及其在《企业资质类别代码》中对应的代码;②出口食品和食品原料类填报出口食品境外进口商代理商备案号、出口食品出口商备案号;③出口水产品填报出口食品境外进口商代理商备案号、出口食品出口商备案号、出口水产品储存冷库备案号;④出口肉类填报出口肉类储存冷库备案号、出口食品境外进口商代理商备案号、出口食品出口商备案号、出口肉类收货人备案号;⑤出口化妆品填报出口化妆品收货人备案号;⑥出口水果填报出境水果境外果园/包装厂注册登记号;⑦出口非食用动物产品填报出境非食用动物产品生产、加工、存放企业注册登记号;⑧出口饲料及饲料添加剂填报出口饲料企业备案号、出口饲料和饲料添加剂生产企业注册登记号;⑨出口可用作废料的固体废物填报出口可用做原料的固体废物国内收货人注册登记号、国外供货商注册登记号及名称。

42. 领证机关

此栏为必填栏目。此栏填报领取证单的海关名称及其在《关区代码表》中对应的代码。

43. 口岸海关

此栏为必填栏目。《实施检验检疫的进出境商品目录》内和其他法律法规规定必须实施检验检疫的出口货物,填报离境口岸海关名称及其在《关区代码表》中对应的代码。

44. 关联号码

此栏为选填栏目。不涉及检验检疫的出口货物,免予填报。

45. 关联理由

此栏为选填栏目。不涉及检验检疫的出口货物,免予填报。

46. 特殊业务标识

此栏为选填栏目。不涉及特殊业务标识的出口货物,免予填报。

47. 检验检疫签证申报要素

此栏为选填栏目。根据申请出具检验检疫证单要求,在"所需单证"项下的"检验检疫签证申报要素"中录入境外收货人名称(中文)、境外收货人地址和商品英文名称等信息。

48. 项号

此栏为必填栏目。报关员应在第一行录入出口货物报关单中的商品顺序编号。

49. 商品编码

此栏为必填栏目。报关员应录入出口货物10位数码的商品编码,前8位数码为《进出口税则》《中华人民共和国海关统计商品目录》(以下简称《海关统计商品目录》)确定的编码,第9位、第10位数码是监管附加编号,不同货物应分别列明。

50. 备案序号

此栏为系统反填栏目。系统接受项号的数据后,将自动返填。

51. 商品名称

此栏为必填栏目。报关员应录入出口货物的名称,并能满足海关归类、审价及许可证件管理要求。

52. 规格型号

此项栏选填栏目。报关员应录入出口货物的规格型号,并与相关单证同项内容一致。品牌类型可在系统下拉菜单中选择"无品牌"或"境内自主品牌"或"境内收购品牌"。境内自主品牌是指由境内企业自主开发、拥有自主知识产权的品牌;境内收购品牌是指境内企业收购的原境外品牌。

53. 成交数量

此栏为必填栏目。报关员应录入出口货物实际成交的数量,并与相关单证同项内容一致。

54. 成交计量单位

此栏为必填栏目。报关员应录入出口货物成交计量单位及其在《计量单位代码表》中对应的代码,并与相关单证同项内容一致,可在系统下拉菜单中选择。

55. 单价

此栏为必填栏目。报关员应录入同一项号下出口货物实际成交的商品单位价格,录入成交数量、成交单位、总价后系统会自动生成。属于无实际成交价格的,填报单位货值金额。

56. 总价

此栏为必填栏目。报关员应录入同一项号下出口货物实际成交的商品总价格,录入成交数量、成交单位和单价后系统会自动生成。属于无实际成交价格的,填报货值金额。

57. 币制

此栏为必填栏目。报关员应录入出口贸易合同和商业发票中的币种及其在《货币代码表》中对应的代码。如《货币代码表》中没有实际成交的币种,需将实际成交货币按申报日外汇折算率折算成《货币代码表》中列明的币种。

58. 法定第一数量

此栏为必填栏目。报关员应录入《海关统计商品目录》中的法定第一数量。该栏有五种填报方法:①法定计量单位为"千克"的,按数量录入;②货物装入可重复使用的包装容器的,按货物扣除包装容器后的重量录入;③货物使用不可分割包装材料和包装容器的,按净重录入;④商品以公量重计价的,按公量重录入;⑤货物以毛重作为净重计价的,按毛重录入。

59. 法定第一计量单位

此栏为系统返填栏目。系统接受法定第一数量信息后,将自动返填。

60. 加工产品单耗版本号

此栏为选填栏目。属于加工贸易方式的,报关员应录入加工贸易手册中的成品单耗版本号。

61. 货号

此栏为选填栏目。属于加工贸易方式的,报关员应录入加工贸易手册中的成品货号。

62. 最终目的国(地区)

此栏为必填栏目。报关员应录入出口货物最终实际消费、使用或进一步加工制造国家或地区的名称及其在《国别(地区)代码表》中对应代码。同一批出口货物最终目的国家或地区不同的,则分别填报国家或地区的名称及代码;出口货物不能确定最终目的国家或地区的,填报尽可能预知国家或地区的名称及代码。

63. 法定第二数量

此栏为必填栏目。报关员应录入出口货物有法定的第二计量单位的对应数量。

64. 法定第二计量单位

此栏为系统返填栏目。系统接受法定第二数量信息后,将自动返填计量单位。

65. 原产国(地区)

此栏为必填栏目。报关员应根据《进出口货物原产地条例》《关于执行〈非优惠原产地规则中实质性改变标准〉的规定》以及海关总署关于各项优惠贸易协定原产地管理规章规定的原产地确定标准录入出口货物原产国或地区名称及其在《国别(地区)代码表》中对应的代码。同一批出口货物的原产地不同的,分别填报原产国(地区)的名称及代码。出口货物原产国(地区)无法确定的,填报"ZZZ国(地)别不详"。

66. 境内货源地和产地代码

此栏为必填栏目。报关员应录入出口货物在国内的产地或原始发货地的名称及其在《国内地区代码表》中对应的代码。如果出口货物产地难以确定的,则填报最早发运该出口货物单位所在地的名称及代码。

67. 检验检疫货物规格

此栏为选填栏目。"成分/原料/组分"栏,报关员应录入出口货物含有的成分、货物原料或化学品组分;"货物规格"栏,报关员应录入货物的规格;"货物型号"栏,报关员应录入货物的所有型号,多个型号用";"进行分隔。

68. 产品资质

此栏为选填栏目。报关员应录入出口货物在"产品资质"项下的"许可证类别"中对应的许可、审批或备案证件类别和名称,并在"许可证编号"栏中录入对应的许可、审批或备案证件编号。

69. 货物属性

此栏为选填栏目。属于含转基因成分的出口商品,报关员在转基因(转基因产品、非转基因产品)中勾选对应项;属于出口木材(含原木)板材,报关员在是否带皮木材(带皮木材/板材、不带皮木材/板材)中勾选对应项。

70. 用途

此栏为必填栏目。属于法定检验检疫货物的,在用途栏下拉菜单中填报《货物用途代码表》中用途及代码。

71. 危险货物信息

此栏为必填栏目。不属于《危险化学品目录》和危险货物的出口商品,在"非危险化学品"栏中选择"是"。属于危险出口商品的,在"UN 编码"栏中录入对应的 UN 编码,在"危险货物名称"栏中录入出口商品名称,在"危包类别"中勾选危险货物的包装类别,还要在"危包规格"栏中填录入危险货物的包装规格。

72. 集装箱号

此栏为必填栏目。属于集装箱装载货物的,报关员应根据集装箱体上标示的全球唯一编号进行录入。一份报关单有多个集装箱的,则在本栏分别录入集装箱号。

73. 集装箱规格

此栏为选填栏目,填报进口货物集装箱的规格。

74. 拼箱标识

此栏为必填栏目。报关员根据出口货物是否采用拼箱,在系统下拉菜单中选择"是"或"否"。

75. 商品项号关系

此栏为必填栏目。报关员应从集装箱信息商品项号关系栏下拉菜单中选择单个集装箱对应的商品项号,同一个集装箱对应多个商品项号的,应根据实际情况进行多选,并用逗号分隔。

76. 集装箱货重

此栏为选填栏目。报关员应录入承载货物集装箱的重量。

77. 随附单证代码

此栏为必填栏目。报关员应录入出口货物报关随附单证在《监管证件代码表》《随附单据代码表》中对应的证件代码。

78. 随附单证编号

此栏为必填栏目。报关员应录入出口货物报关随附单证编号。

79. 关联报关单

此栏为选填栏目。报关员应录入与本报关单有关联关系的,又在业务管理规范方面有要求的报关单号。

80. 关联备案

此栏为选填栏目。报关员应录入与本报关单有关联关系的,又在业务管理规范方面要求填报的备案号。

81. 保税/监管场地

此栏为选填栏目。属于保税监管场所进出货物,报关员应录入本保税监管场所名称,其中涉及货物在保税监管场所间流转的,录入对方保税监管场所名称。

82. 场地代码

此栏为选填栏目。报关员根据出口货物海关实际监管点录入《海关货场代码表》中对应的海关货场代码。

（九）整合申报出口货物纸质报关单填报

出口货物纸质报关单是指出口商或其代理人按照海关指定格式对出口货物的实际情况作出书面申明，以此要求海关对其货物按适用的海关制度办理通关手续的法律文书。出口货物纸质报关单有47项内容，除了与出口货物电子数据报关单相同的内容，其填报方法如下。

1. 预录入编号

此栏由系统自动产生18位数码的预录入编号。

2. 出口日期

报关员应在此栏填入出口货物运输工具办结出境手续的日期。

3. 申报日期

报关员应在此栏填入海关接受申报的日期。通常申报日期应在出口货物运抵海关监管区前7日内。需隔离检疫的出境动物应在出境前60天预报，隔离前7天申报检疫。

4. 商品名称及规格型号

报关员应在此栏分两行填入：第一行填报出口货物名称，并能满足海关归类、审价及许可证件管理要求；第二行填报出口货物规格或型号。

5. 数量及单位

报关员应在此栏分三行填入：第一行填报出口货物的数量及其在《中华人民共和国海关统计商品目录》（以下简称为《海关统计商品目录》）中法定第一计量单位；第二行填报出口货物的数量及法定第二计量单位，如果没有则为空；第三行填报成交计量数量及单位。

6. 单价/总价/币制

报关员应在此栏填入同一项号下出口货物实际成交单价/总价/币制。无实际成交价格的，则填报单位货值金额。

7. 征免

报关员应在此栏填入出口货物征减免税方式及其在《征减免税方式代码表》中对应的征减免税代码。

8. 特殊关系确认

属于出口货物的，报关员免予填报。属于加工贸易及保税监管货物（内销保税货物除外）的，报关员免予填报。

9. 价格影响确认

属于出口货物的，报关员免予填报。属于加工贸易及保税监管货物（内销保税货物除外）的，报关员免予填报。

10. 支付特许权使用费

属于出口货物的，报关员免予填报。属于加工贸易及保税监管货物（内销保税货物除外）的，报关员免予填报。

11. 自报自缴

报关员根据出口货物是否采用"自主申报、自行缴税"方式向海关申报，肯定填入"是"，否定填入"否"。

12. 申报单位

自理报关的,报关员应在此栏填入出口企业的名称及其13位数码的海关备案代码;委托代理报关的,报关员应在此栏填入报关企业名称及其13位数码的海关备案代码。报关人员填报报关员在海关备案的姓名、编号、电话,并加盖申报单位印章。

13. 海关批注及签章

此栏由海关作业时签注。

(十) 报关企业法律责任

《中华人民共和国海关报关单位备案管理规定》规定,报关单位有以下三种情形之一的,海关责令其改正,拒不改正的,处1万元以下罚款。这三种情形分别是:①报关单位名称、市场主体类型、住所(主要经营场所)、法定代表人(负责人)、报关人员等发生变更,未按照规定向海关办理变更的;②向海关提交的备案信息隐瞒真实情况、弄虚作假的;③拒不配合海关监督和实地检查的。

《进出口货物申报管理规定》规定,进出口货物收发货人、受委托的报关企业报关员违反本规定的,依照《中华人民共和国海关法》(以下简称《海关法》)及《中华人民共和国海关行政处罚实施条例》(以下简称《海关行政处罚实施条例》)等有关规定处罚。如走私属于国家禁止出口货物的,海关没收走私货物及违法所得,并处100万元以下罚款;走私属于国家禁止出境物品的,海关没收走私物品及违法所得,并处10万元以下罚款;走私属于国家限制出境货物或物品的,海关没收走私货物或物品及违法所得,并处走私货物或物品等值金额以下罚款;走私依法应当缴纳税款的货物或物品的,海关没收走私货物或物品及违法所得,并处偷逃应纳税款3倍以下罚款;如果属于重大违法行为的,将依法承担刑事法律责任,并处以刑罚。

二、出口货物整合申报及代理报关单证填报实例展示

上海贤达进出口有限公司外贸单证员丁艳根据《进出口货物申报管理规定》的要求,委托上海金发国际货运代理有限公司办理出口货物锡管及管子附件(接头、肘管、管套)的报关手续,出具出口代理报关授权委托书(图1-19),提交已缮制的代理报关委托书(图1-20)、非木质包装证明(图1-21),并随附出口许可证、一般原产地证书、商业发票、装箱单、销售确认书、信用证。上海金发国际货运代理有限公司受理该代理报关业务后,由报关员李景发在代理报关委托书上签章。

2023年12月20日,李景发登入"单一窗口"平台,选择"货物申报"服务模块,进入"出口报关单"界面,根据上海贤达进出口有限公司提供的报关材料录入相关数据,向上海吴淞海关进行出口货物电子数据报关单申报,如图1-22所示。李景发在收到上海吴淞海关"现场交单通知"后,根据报关材料缮制出口货物纸质报关单,如图1-23所示,并备齐出口代理报关授权委托书、代理报关委托书、商业发票、装箱单、非木质包装证明、纸质出口货物报关单、销售确认书、信用证到指定查验部门窗口递交书面单证。上海吴淞海关在锡管及管子附件(接头、肘管、管套)运抵海关监管区后根据书面单证进行查验,要求李景发配合协助,核准后收讫出口关税及费用,并在出口货物报关单上加盖"放行章"。上海金发国际货运代理有限公司在锡管及管子附件(接头、肘管、管套)通关后安排装船,并向上海贤达进出口有限公司签发海运提单。上海贤达进出口有限公司丁艳缮制装运通知,如图1-24所示,并向进口商OSLO TRADING COMPANY LTD. 发送。

出口代理报关授权委托书

No.：02325342

致：上海金发国际货运代理有限公司

兹有委托人上海贤达进出口有限公司(社会统一信用代码 913100125468934521)授权受托人上海金发国际货运代理有限公司(海关备案代码 3102348764562)用贵司抬头为我司向上海海关办理出口货物锡管及管子附件(接头、肘管、管套)申报业务。我司保证遵守国家有关法律、法规的规定，保证所提供的委托报关事项真实、单货相符、无侵权行为，否则愿承担相关法律责任。

有效期从 2023 年 12 月 10 日至 2023 年 12 月 31 日。

委托人公章：上海贤达进出口有限公司公章 SHANGHAI XIANDA IMP. & EXP. CO., LTD.

经办人：丁艳
日　期：2023 年 12 月 10 日

图 1-19　出口代理报关授权委托书

代理报关委托书

编号：0234536821

上海金发国际货运代理有限公司：

我单位现　A　(A，逐票 B，长期)委托贵公司代理　A、B、D、G　等通关事宜。(A，填写申报　B，申请、联系和配合实施检验检疫　C，辅助税款　D，代缴税款　E，设立手册(账册)　F，申办减免税手续核销手册(账册)　G，领取相关单证　H，其他)，详见《委托报关协议》。

我单位保证遵守海关法有关法律、法规、规章，保证所提供的情况真实、完整、单货相符。无侵犯他人知识产权的行为。否则，愿承担相关法律责任。

本委托书有效期自签字之日起至 2023 年 12 月 31 日止。

委托方(签章)：上海贤达进出口有限公司公章 SHANGHAI XIANDA IMP. & EXP. CO., LTD.

法定代表人或其授权签署《代理报关委托书》的人(签字)：丁艳

2023 年 12 月 10 日

委托报关协议

为明确委托报关具体事项和各自责任，双方经平等协议商定协议如下：

委托方	上海贤达进出口有限公司	被委托方	上海金发国际货运代理有限公司
主要货物名称	接头、肘管、管套	*报关单编号	NO.
H.S.编码	8007004000	收到单证日期	2023 年 12 月 12 日
进/出口日期	2023 年 12 月 28 日	收到单证情况	合同☑　发票☑ 装箱清单☑　提(运)单□ 加工贸易手册□　许可证件☑ 其他
提(运)单号	P02312348		
贸易方式	一般贸易		
数(重)量	300 000 KGS		
包装情况	20 条装 1 纸箱		
原产地/货源地	宁波	报关收费	人民币：　　　元
其他要求：		承诺说明：	
背面所列通用条款是本协议不可分割的一部分，对本协议的签署构成了对背面条款的同意。		背面所列通用条款是本协议不可分割的一部分，对本协议的签署构成了对背面条款的同意。	
委托方签章：	上海贤达进出口有限公司公章 SHANGHAI XIANDA IMP. & EXP. CO., LTD.	被委方签章：	上海金发国际货运代理有限公司业务专用章
经办人签字：丁艳		报关员人员签名：李景发	
联系电话：65766688	2023 年 12 月 10 日	联系电话：56987452	2023 年 12 月 10 日

中国报关协会监制

(续图)

委托报关协议背面：

委托报关协议通用条款

委托方责任

委托方应及时提供报关所须的全部单证，并对单证的真实性、准确性和完整性负责，并保证没有侵犯他人知识产权的行为。

委托方负责在报关企业办结海关手续后，及时、履约支付代理报关费用，支付垫支费用，以及因委托方责任产生的滞报金、滞纳金和海关等执法单位依法处以的各种罚款。

负责按照海关要求将货物运抵指定场所。

负责与被委托方报关员一同协助海关进行查验，回答海关的询问，配合相关调查，并承担产生的相关费用。

在被委托方无法做到报关前提取货样的情况下，承担单货相符的责任。

被委托方责任

负责解答委托方有关向海关申报的疑问。

负责对委托方提供的货物情况和单证的真实性、完整性进行"合理审查"。审查内容包括：（一）证明进出口货物实际情况的资料，包括进出口货物的品名、规格、数（重）量、包装情况、用途、产地、贸易方式等；（二）有关进出口货物的合同、发票、运输单据、尺码单等商业单据；（三）进出口所需的许可证件及随附单证；（四）海关要求的加工贸易（纸质或电子数据的）及其他进出口单证。

因确定货物的品名、归类等原因，经海关批准，可以看货或提取货样。

在接到委托方交付齐备的随附单证后，负责依据委托方提供的单证，按照《中华人民共和国海关进出口报关单填制规范》认真填制报关单，承担"单单相符"的责任，在海关规定和本委托报关协议中约定的时间内报关，办理海关手续。

负责及时通知委托方共同协助海关进行查验，并配合海关开展相关调查。

负责支付因报关企业的责任给委托方造成的直接经济损失，所产生的滞报金、滞纳金和海关等执法单位依法处以的各种罚款。

负责在本委托书约定的时间内将办结海关手续的有关委托内容的单证、文件交还委托方或其指定的人员（详见《委托报关协议》"其他要求"栏），并如实告知委托方一个货物的后续检验检疫及监管要求。

赔偿原则 被委托方不承担因不可抗力给委托方造成损失的责任。因其他过失造成的损失，由双方自行约定或按国家有关法律、法规、规章的规定办理。由此造成的风险，委托方可以投保方式自行规避。

不承担的责任 签约双方各自不承担因另外一方原因造成的直接经济损失，以及滞报金、滞纳金和相关罚款。

法律强制 本《委托报关协议》的任一条款与《海关法》及有关法律、法规不一致时，应以法律、法规、规章为准。但不影响《委托报关协议》其他条款的有效。

协商解决事项 变更、中止本协议或双方发生争议时，按照《中华人民共和国合同法》有关规定及程序处理。因签约双方以外的原因产生的问题或报关业务需要修改协议条款，应协商订立补充协议。双方可以在法律、法规、规章准许范围内另行签署补充条款，但补充条款不得与本协议的内容相抵触。

图 1-20 代理报关委托书

SHANGHAI XIANDA IMP. & EXP. CO., LTD.
8 YANGGAO ROAD, SHANGHAI, CHINA

TEL: 021-65788811　　　　　　　　　　　　　　　NO.: 02324634
FAX: 021-65766687　　**DECLARATION OF NO-WOODEN**　　DATE: DEC. 10, 2023
　　　　　　　　　　　　　　　　　　　　　　　　S/C NO.: 0235466
　　　　　　　　　　　　　　　　　　　　　　　　L/C NO.: OB230212

TO: NORWAY ENTRY-EXIT INSPECTION AND QUARANTINE BUREAU
IT IS DECLARED THAT THIS SHIPMENT DOES NOT CONTAIN WOOD PACKING MATERIALS.
COMMODITY: TIN PIPE AND PIPE ACCESSORIES (COUPLINGS, ELBOWS, SLEEVES)
QUANTITY/WEIGHT: 1 875 CTNS/37 500 KGS
INVOICE NOMBER: XD2307126

上海贤达进出口有限公司公章
SHANGHAI XIANDA IMP. & EXP. CO., LTD.
丁艳

图 1-21 非木质包装证明

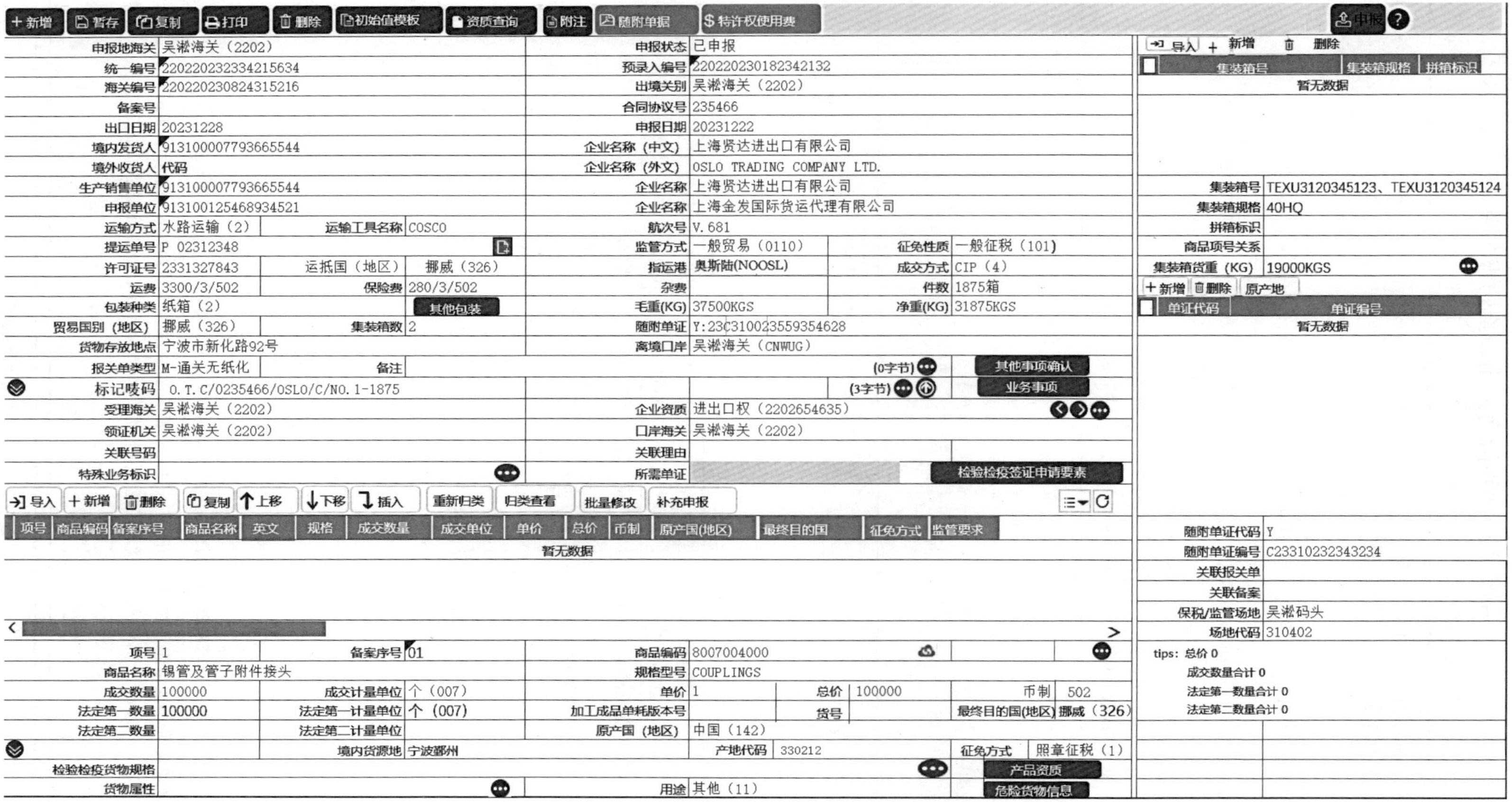

图 1-22 出口货物电子数据报关单

中华人民共和国海关出口货物报关单

预录入编号:220220230182342132　　海关编号:22022023082431521　　页码/页数:1/1

境内发货人(913100007793665544) 上海贤达进出口有限公司	出境关别(2202) 吴淞海关	出口日期	申报日期 20231222	备案号
境外收货人 OSLO TRADING COMPANY LTD.	运输方式(2) 水路运输	运输工具名称及航次号 COSCO V. 681	提运单号 P02312348	
生产销售单位(913100007793665544) 上海贤达进出口有限公司	监管方式(0110) 一般贸易	征免性质(101) 一般征税	许可证号 2331327843	
合同协议号 0235466	贸易国(地区) 挪威(NOR)	运抵国(地区) 挪威(326)	指运港(NOOSL) OSLO	离境口岸(CNWUG) 吴淞港
包装种类(22) 纸箱	件数 1 875	毛重(千克) 37 500	净重(千克) 31 875	成交方式 CIF(1)	运费 3 300/3/502	保费 280/3/502	杂费

随附单据及编号
Y:23C310023559354628

标记唛码及备注　O.T.C
0235466
OSLO
C/NO.1-1875

项号	商品编号	商品名称及规格型号	数量及单位	单价/总价/币制	原产国(地区)	最终目的国(地区)	境内货源地	征免
1	8007004000	锡管及管子附件接头	100 000 个 10 625 千克 100 000 个	1.00/100 000 美元 (502)	中国 (142)	挪威 (326)	鄞州 (330212)	照章 (1)
2	8007004000	锡管及管子附件肘管	100 000 个 10 625 千克 100 000 个	1.20/100 000 美元 (USD)	中国 (CHN)	挪威 (NOR)	鄞州 (330212)	照章 (1)
3	8007004000	锡管及管子附件管套	100 000 个 10 625 千克 100 000 个	1.40/100 000 美元 (USD)	中国 (CHN)	挪威 (NOR)	鄞州 (330212)	照章 (1)

特殊关系确认:　　价格影响确认:　　支付特许权使用费:　　自报自缴:否

报关人员 李景发 报关人员证号 22010190E987653421 电话 58403212 兹声明对以上内容承担如实申报、依法纳税之法律责任
申报单位 3102348764562 上海金发国际货运代理有限公司
申报单位(签章): 上海金发国际货运代理有限公司 业务专用章

海关批注及签章

图1-23　出口货物纸质报关单

```
            SHANGHAI XIANDA IMP. & EXP. CO., LTD.
TEL: 021-65766688      8 YANGGAO ROAD, SHANGHAI, CHINA      INVOICE NO.: XD2307126
FAX: 021-65766687                                            DATE: AUG. 01, 2023
                         SHIPPING ADVICE                    S/C NO.: 0235466
                                                            L/C NO.: OB230212

TO: OSLO TRADING COMPANY LTD.
    16 STORTINGSGATE, OSLO, NORWAY

DEAR SIRS:
WE HEREBY INFORM YOU THAT THE GOODS UNDER THE ABOVE MENTIONED CREDIT HAVE BEEN
SHIPPED. THE DETAILS OF THE SHIPMENT ARE STATED BELOW.
COMMODITY: TIN PIPE AND PIPE ACCESSORIES (COUPLINGS, ELBOWS, SLEEVES)
NUMBER OF CTNS: ONE THOUSAND EIGHT HUNDRED AND SEVENTY-FIVE CARTONS
TOTAL GROSS WEIGHT: 37 500 KGS
PORT OF LOADING: SHANGHAI PORT                      SHIPPING MARKS
PORT OF DESTINATION: OSLO PORT                           O.T.C
DATE OF DEPARTURE: NOV. 28, 2023                        0235466
OCEAN VESSEL: COSCO V. 681                               OSLO
BILL OF LADING NO.: P02312348                         C/NO. 1-1875

                                          上海贤达进出口有限公司公章
                                          SHANGHAI XIANDA IMP. & EXP. CO., LTD.
                                                       丁艳
```

图 1-24　装运通知

三、出口货物"整合申报"及代理报关单证填报模拟操作

(一) 模拟业务背景

上海立达进出口有限公司外贸单证员根据《进出口货物申报管理规定》的要求，委托上海金发国际货运代理有限公司办理出口货物摩托车的报关手续，提交出口代理报关授权委托书和已缮制的代理报关委托书、非木质包装证明并随附指定单证。上海金发国际货运代理有限公司报关员受理该票代理报关业务后通过"单一窗口"的"出口报关单"服务功能向上海吴淞海关进行电子数据报关单申报，在收到上海吴淞海关"现场交单通知"后到指定查验部门窗口递交书面单证。上海吴淞海关在出口货物摩托车运抵海关监管区后根据书面单证进行查验，核准后收讫出口关税及费用，并在出口货物报关单上加盖"放行章"。上海金发国际货运代理有限公司在摩托车通关后安排装船，并向上海立达进出口有限公司签发海运提单。上海立达进出口有限公司外贸单证员收到海运提单后缮制装运通知，并向进口商发送。

(二) 模拟业务资料

销售确认书编号：23091121
信用证编号：XN023625
出口代理报关授权委托书的编号/有效期：02328325/至 2023 年 10 月 31 日
受托人/海关备案代码：上海金发国际货运代理有限公司/3102348764562

代理报关委托书编号/被委托方:0231453216/上海金发国际货运代理有限公司
代理报关委托方式/事宜:逐票/填写申报,申请、联系和配合实施检验检疫,代缴税款
非木质包装证明至:澳大利亚出入境检验检疫局
设备状态:已申报
统一编号/预录入编号:220220232332464328/220220233234013213
海关编号:22022023656412351
申报地海关/出境关别/领证海关/口岸海关:(均为吴淞海关)
申报日期:2023年10月23日
上海金发国际货运代理公司统一社会信用代码:913100016824356714
常州摩托车制造有限公司统一社会信用代码:913100007134254321
监管方式/征免性质/征免方式:一般贸易/一般征税/照章征税
出口许可证号:2331354535
一般原产地证书号:23C310023678354123
运费/保费:3 000美元/200美元
集装箱种类/集装箱数/集装箱规格:普通型/2个/20英尺高箱
集装箱号/货重:TEXU3120345/7 500 KGS,TEXU3120346/7 500 KGS
货物存放地点:上海市人民路1号
监管场地:吴淞码头
报关单类型:M-通关无纸化
离境口岸:吴淞港
企业资质类别/代码:进出口权/2202653452
备案序号:01
其他报关代码:(代码自查)
报关员证号/电话号码:310101902987653421/58403212
启运日期:2023年10月28日
毛重/包装方式:每箱20 KGS/每辆装一出口纸箱
船名/航次号/提单号:COSCO/V.862/P02365738

(三)模拟业务操作

请你以经办人、申请人或报关员的身份,根据模拟业务资料的相关内容缮制出口代理报关授权委托书、代理报关委托书、非木质包装证明,填报整合申报电子数据出口货物报关单和纸质出口货物报关单,缮制装运通知。出口代理报关授权委托书、代理报关委托书、非木质包装证明、出口货物电子数据报关单、出口货物纸质报关单、装运通知的样张分别见"模拟操作1-7"。

模拟操作1-7

任务八　出口结汇及结汇单证缮制

一、操作指南

出口企业应当在信用证规定的交单期限内提交商业汇票和出口信用证交单委托书,随附销售确认书和信用证规定的议付单证,向议付银行办理出口结汇手续。

(一)出口结汇要求

国家外汇管理局发布的《货物贸易外汇管理指引》第14条规定了"谁出口谁收汇、谁进口谁付汇"的原则;第10条规定了金融机构不得为不在"贸易外汇收支企业名录"内的企业直接办理贸易外汇收支业务。办理出口结汇的出口企业应当在海关办理备案后,持有关材料到国家外汇管理局及其发证机构办理"贸易外汇收支企业名录"登记。

(二)出口结汇方法

出口结汇有收妥结汇、定期结汇、买单结汇三种方法,出口企业可根据需求进行选择。

1. 收妥结汇

收妥结汇是指议付银行根据信用证条款规定对出口企业提交的单证进行核准,确认无误后将单证寄送至国外付款行索偿货款,待收到付款行将货款拨入议付行账户通知书后拨入出口企业外币账户,或者按照当日外汇牌价买入价购入,并将其拨入出口企业人民币账户的出口结汇方法。

2. 定期结汇

定期结汇是指议付行根据向国外付款行索偿所需的时间,预先确定一个固定的结汇期限,到期后将货款拨入出口企业外币账户,或者按照当日外汇牌价买入价购入,并将其拨入出口企业人民币账户的出口结汇方法。

3. 买单结汇

买单结汇是指议付银行根据信用证条款规定对出口企业提交的单证进行核准,确认无误后买入汇票,获取信用证规定的全部单证,并根据汇票金额扣除从议付日至收款日的利息,将余款拨入出口企业外币账户,或者按照当日外汇牌价买入价购入,并将其拨入出口企业人民币账户的出口结汇方法。

(三)出口结汇步骤

出口结汇有四个步骤:一是缮制商业汇票,出口商应当根据销售确认书和信用证的有关内容正确填写商业汇票的金额、付款期限、收款人和出票条款,出票的日期、地点、签章要规范;二是审核议付单证,出口商应当确认议付单证的名称、内容、份数是否与销售确认书和信用证的有关规定相符,议付单证签章是否完整、签发日期是否合理,并要达到"四个一致"的要求,即单同一致、单证一致、单单一致、单货一致;三是办理议付手续,出口商应当在信用证规定的交单期限内向议付银行提交商业发票、一般原产地证明书、装箱单、海运提单、货物运输保险单、非木质包装证明、装运通知、商业汇票、出口信用证交单委托书,随附销售确认书和信用证,议付单证种类及其份数必须齐全;四是拨入货款,议付行对出口收汇进行联网核查,对议付单证进行核对,确认无误后买入汇票,获取信用证规定的全部单证,并根据汇票金额扣除从议付日至收款日的利息,将余款拨入出口企业外币账户,或者按照当日外汇牌价买入价购入,将余款拨入出口企业人民币账户。

(四) 商业汇票缮制

商业汇票是出票人签发的,委托付款人在见票时或在指定日期无条件支付确定金额给收款人或持票人的票据。商业汇票是一种代替现金的支付工具,有两张正本,二者具有同等效力,付款人付一不付二,付二不付一,先到先付,后到无效。信用证项下商业汇票内容和缮制方法如下。

1. Drawn Under

外贸财会员在此处填入开证行名称。

2. Irrevocable L/C No.

外贸财会员在此处填入信用证号。

3. Date

外贸财会员在此处填入开证日期。

4. Payable With Interest @ _____ %

此处留空,由银行填写。

5. No.

外贸财会员在此处填入议付单证的商业发票号码。

6. Exchange for

外贸财会员在此处填入商业汇票小写金额,可保留 2 位小数,它由货币名称缩写和阿拉伯数字组成,如"USD 1 450.80"。

7. Date and Place of Issue

出票日期是议付日期,由议付行在办理出口结汇时填入,此处留空。出票地点是议付地,事先已印就,如"SHANG HAI"。

8. At … Sight

外贸财会员在此处填入信用证规定的付款期限。即期付款可在"At"与"sight"之间填入多个"＊"符号,表示见票即付。远期付款主要有见票后若干天付款、出票日后若干天付款、提单日后若干天付款和定日付款。例如:信用证规定见票后 90 天付款,则在"At"与"sight"之间填入"90 days after",意为从承兑日后第 90 天为付款期;信用证规定出票日后 80 天付款,则在 At 后填入"80 days after date",将汇票上印就的"sight"划掉;信用证规定提单日后 70 天付款,在 At 后填入"70 days after date of B/L",将汇票上印就的"sight"划掉。

9. Pay to the Order of

外贸财会员在此处填入收款人名称,通常为议付行,并在"The Sum of"后填入汇票大写金额,如"SAY US DOLLARS ONE THOUSAND FOUR HUNDRED AND FIFTY POINT EIGHT ONLY"。

10. Value Received

此栏留空。

11. To

外贸财会员在此处填入信用证中付款人的名称和地址,付款人通常为开证行。

12. Signature

外贸财会员在此处签名,如果信用证规定汇票必须手签,应按要求照办。

(五)出口信用证交单委托书缮制

出口信用证交单委托书是出口商在信用证规定的交单期限内委托议付银行交单的书面文件,没有统一格式,由各银行印制。中国银行出口信用证交单委托书为一式三份,银行接受交单并签收后,退出口商1份,结汇时作回单退出口商1份,自留底1份。中国银行出口信用证交单委托书的内容和缮制方法如下。

1. 致

此栏应填入中国银行某分行名称,事先已印就。

2. 开证行

外贸财会员在此栏填入开证银行的名称。

3. 信用证号

外贸财会员在此栏填入信用证的编号。

4. 通知编号

通知编号是信用证封面上由通知银行工作人员手写的编号。此栏留空,由议付银行填写。

5. 发票号码

外贸财会员在此栏填入商业发票的号码。

6. 发票金额

外贸财会员在此栏填入商业发票小写金额,可保留2位小数。

7. 单据名称/份数

外贸财会员选择或补充提交的议付单据,并在份数中注明其数量。

8. 付款指示

外贸财会员根据公司收汇要求选择原币或人民币,在其后括号内打"√",并填入开户行名称和账号。

9. 特别指示

外贸财会员根据公司收汇要求选择邮寄的方式、处理单据不符点的方法、申请结汇的方法,并在对应的括号内打"√"。

10. 公司联系人/签章

外贸财会员在此处填入公司联系人名称、公司电话,加盖公司公章,并注明日期。

11. 银行签收人/签收日期

此栏留空,由议付银行签收人签名,并注明日期。

二、出口结汇及结汇单证缮制实例展示

上海贤达进出口有限公司外贸财会员李琳选择收妥结汇方法,根据销售确认书和信用证的有关内容缮制商业汇票和出口信用证交单委托书,分别见图1-25和图1-26,并备齐一般原产地证明书、商业发票、装箱单、海运提单、货物运输保险单、非木质包装证明、装运通知,向中国银行上海分行办理出口结汇手续。中国银行上海分行对上海贤达进出口有限公司出口收汇进行联网核查,对提交议付单证进行核对,确认无误后买入汇票,将信用证规定的全部单证寄送至付款行奥斯陆银行,待收到奥斯陆银行将货款拨入议付行中国银行上海分行账户通知书后,再划拨到上海贤达进出口有限公司外币账户。

商业汇票
BILL OF EXCHANGE

凭 Drawn under: BANK OF OSLO
不可撤销信用证 Irrevocable L/C No.: OB230212
日期 Date: 230820
支取按息付款 Payable with interest @ _____ %
号码 No.: XD2307126
汇票金额 Exchange for: USD 360 000.00
上海 Shanghai: DEC. 30, 2023
见票 At: ********** 日后（本汇票之副本未付）sight of this **FIRST** of Exchange (Second of Exchange being unpaid)
收款 Pay to the order of: BANK OF CHINA SHANGHAI BRANCH
付交金额 The sum of: SAY US DOLLARS THREE HUNDRED AND SIXTY THOUSAND ONLY.
款已收讫 Value received
此致 To: OSLO NORWAY
18 GAPUNE STREET, OSLO, NORWAY

上海贤达进出口有限公司公章
SHANGHAI XIANDA IMP. & EXP. CO., LTD.
李琳
(Signature)

图 1-25 商业汇票

中国银行 BANK OF CHINA
出口信用证交单委托书

致：中国银行上海市分行

兹随附下列银行正本信用证及所属出口单据，请贵行根据国际商会《跟单信用证统一惯例600》予以审核并办理寄单索汇。

开证行：BANK OF OSLO	信用证号：OB230212
	通知编号：
发票号码：XD2307126	发票金额：USD 360 000.00

单据名称	商业汇票	商业发票	海运提单	航空货运单	货物运输保险单	装箱单	重量单	一般原产地证书	普惠制产地证书	检验检疫证书	非木质包装证明	装船通知	
份数	1	4	3	/	2	4	/	1	/	/	2	2	

付款指示：
请将收汇款以原币(√)/人民币( )划入我司下列账户：
开户行：中国银行上海分行　　账号：U00856668894

特别指示：
1. 邮寄方式：☑ 快邮　□ 普邮　□ 指定快邮
2. 本次提交的正本信用证含 ____ 份正本修改书
3. 单据中有下列不符点：
   a. _____ b. _____ c. _____
   ☑ 请向开证行寄单，我公司承担一切责任
   □ 请电询开证行同意后寄单
4. 本次提交单据申请：□ 即期押汇　□ 远期押汇　□ 福费廷
5. 其他：

公司联系人：李琳
电话：021-65766688
银行签收人：
改单/退单记录：

盖章：上海贤达进出口有限公司公章
SHANGHAI XIANDA IMP. & EXP. CO., LTD.
日期：2023 年 12 月 30 日
签收日期：

图 1-26 出口信用证交单委托书

三、出口结汇及结汇单证缮制模拟操作

（一）模拟业务背景

上海立达进出口有限公司外贸财会员向议付银行中国银行上海分行提交一般原产地证明书、商业发票、装箱单、海运提单、货物运输保险单、非木质包装证明、装运通知、商业汇票、出口信用证交单委托书办理出口结汇手续。中国银行上海分行对上海立达进出口有限公司出口收汇进行联网核查，对提交议付单证进行核对，确认无误后买入汇票，并将信用证规定的全部单证寄送至付款行悉尼银行，待收到悉尼银行将货款拨入中国银行上海分行账户通知书后，再划拨到上海立达进出口有限公司外币账户。

（二）模拟业务资料

销售确认书编号：23091121

信用证编号：XN023625

收汇款货币：原币

特别指示：快邮；请向开证行寄单，我公司承担一切责任

（三）模拟业务操作

请你以外贸财会员的身份，根据模拟业务资料的相关内容缮制商业汇票、出口信用证交单委托书。商业汇票、出口信用证交单委托书的样张见"模拟操作1-8"。

模拟操作参考答案见"项目一模拟操作参考答案"。

模拟操作1-8

项目一模拟操作参考答案

综合模拟业务操作

一、综合模拟业务背景

上海在野岛进出口有限公司是一家外商投资企业，在企业网站上发布了全地形摩托车销售信息，外贸业务员与新西兰MH国际贸易公司马萨丽经理围绕全地形摩托车交易条件进行在线交易磋商，达成一致意见后拟定销售确认书。上海在野岛进出口有限公司外贸单证员在销售确认书生效后编制销售确认书分析单，审核信用证，申领出口许可证与一般原产

地证明书,办理海洋货物运输托运与保险,并委托上海金发国际货运代理有限公司报关员办理出口货物报关手续。上海在野岛进出口有限公司外贸财会员在信用证规定的交单期限向议付银行中国银行上海分行办理出口结汇。

二、综合模拟业务资料

(一) 销售确认书相关资料

销售确认书编号:02318123

日期:2023年10月1日

进口商名称:MH. INTERNATIONAL TRADE COMPANY

进口商地址/电话:22 RACHADAPISEK RD.,AUCKLAND, NEW ZEALAND/64-4176-146823

商品名称/规格:全地形摩托车/125 CC、200 CC、250 CC

商品编码/贸易术语:8703101100/CIF AUCKLAND

数量/单价:200辆(125 CC)/300美元、200辆(200 CC)/500美元、200辆(250 CC)/700美元

包装方式:每辆装一只出口纸箱

运输标志:包括MH、销售确认书号、目的地名称和件数

运输方式/起运港/目的港:海运/中国上海/新西兰奥克兰

装运期限/分批装运/转运:2023年12月31日前/不允许/不允许

货运保险:根据2009年1月1日《PICC海洋货物运输保险条款》投保一切险和战争险

出口商开户银行名称/外币账号:BANK OF CHINA SHANGHAI BRANCH/9005812345678

进口商开户银行名称/账号:BANK OF NEW ZEALAND/SB200932198745

支付方式/开证日期:即期付款信用证/不迟于2023年10月25日

单据条款:由卖方签字的商业发票一式四份;由卖方提供的装箱单一式四份;由商务部签发的出口许可证一份;由中国贸促会签发的一般原产地证明书一份;由承运人签发全套已装船提单,显示凭托运人指示、运费付费;由中国人民财产保险股份有限公司签发的保险单两份;由卖方提供的非木质包装证明一式两份;由卖方提供的装运通知一式两份

销售确认书分析单日期/编号:2023年8月2日/XD0231231

(二) 信用证相关资料

信用证如图1-27所示。

	IRREVOCABLE DOCUMENTARY CREDIT	
SEQUENCE OF TOTAL	*27:	1/1
FORM OF DOC. CREDIT	*40A:	IRREVOCABLE
DOC. CREDIT NUMBER	*20:	FJ023408
DATE OF ISSUE	31C:	231025
APPLICABLE RULES	40E:	UCP LATEST VERSION
DATE AND PLACE OF EXPIRY	*31D:	DATE 231231 AT BENEFICIARY'S COUNTRY
APPLICANT	*50:	MH. INTERNATIONAL TRADE COMPANY
		22 RACHADAPISEK RD., NEW ZEALAND
ISSUING BANK	52A:	BANK OF NEW ZEALAND
		88 QUEEN STREET, AUCKLAND, NEW ZEALAND
BENEFICIARY	*59:	SHANGHAI ZYD IMP. & EXP. CO., LTD.
		5 HUANPU ROAD, SHANGHAI, CHINA
AMOUNT	*32B:	CURRENCY USD AMOUNT 30 000.00
AVAILABLE WITH/BY	*41D:	BANK OF CHINA SHANGHAI BRANCH BY NEGOTIATION
DRAFTS AT …	42C:	DRAFTS AT SIGHT FOR FULL INVOICE COST
DRAWEE	42A:	BANK OF NEW ZEALAND
PARTIAL SHIPMENTS	43P:	ALLOWED
TRANSSHIPMENT	43T:	NOT ALLOWED
PLACE OF TAKING IN CHARGE AT	44A:	SHANGHAI CHINA
FOR TRANSPORTATION TO …	44B:	AUCKLAND NEW ZEALAND
LATEST DATE OF SHIPMENT	44C:	231231
DESCRIPT OF GOODS	45A:	MOTORCYCLE
DOCUMENTS REQUIRED	46A:	

+4 COPIES COMMERCIAL INVOICES PROVIDED BY THE SELLER.

+4 COPIES PACKING LISTS PROVIDED BY THE SELLER.

+1 COPY CERTIFICATE OF ORIGIN OF THE PEOPLE'S REPUBLIC OF CHINA, ISSUED BY CCPIT.

+3 COPIES B/L CLEAN ON BOARD, MADE OUT TO ORDER OF AND BLANK ENDORSED AND MARKED "FREIGHT PREPAID" AND NOTIFY APPLICANT.

+2 COPIES INSURANCE POLICIES ISSUED BY THE PICC PROPERTY AND CASUALTY COMPANY LIMITED.

+2 COPIES CERTIFICATES OF NON-WOOD PACKAGING PROVIDED BY THE SELLER.

+2 COPIES SHIPMENT NOTICES PROVIDED BY THE SELLER.

PERIOD FOR PRESENTATION	48:	DOCUMENTS MUST BE PRESENTED WITHIN 15 DAYS AFTER THE DATE OF SHIPMENT.
CHARGES	71B:	ALL BANKING CHARGES OUTSIDE NEW ZEALAND ARE FOR ACCOUNT OF BENEFICIARY.

图 1-27 信用证

(三) 海运提单相关资料

海运提单如图 1-28 所示。

Shipper SHANGHAI ZYD IMP. & EXP. CO., LTD. 5 HUANPU ROAD, SHANGHAI, CHINA	B/L NO.: P02316573　　　　　　　　　确认件 **PIL** PACIFIC INTERNATIONAL LINES (PTE) LTD. (Incorporated in Singapore) Co. Reg. No. 196700080N
Consignee TO ORDER OF SHIPPER	PORT-TO-PORT OR COMBINED TRANSPORT BILL OF LADING Received in apparent good order and condition except as otherwise noted the total number of containers or other packages or units enumerated below for transportation from the place of receipt to the place of delivery subject to the terms hereof. One of the signed Bill of Loading must be surrendered duly endorsed in exchange for the Goods or delivery order. On presentation of this document (duly endorsed) to the Carrier by or on behalf of the Holder, the rights and liabilities arising in accordance with the terms hereof shall (without prejudice to any rule of common law or statute rendering them binding on the Merchant) become binding in all respects between the Carrier and the Holder as though the contract evidenced hereby had been made between them.
Notify Party MH. INTERNATIONAL TRADE COMPANY 22 RACHADAPISEK RD., AUCKLAND, NEW ZEALAND(64-4176-146823)	

Vessel and Voyage Number COSCO V. 486	Port of Loading SHANGHAI CHINA	Port of Discharge AUCKLAND NEW ZEALAND	
Place of Receipt	Place of Deliver	Number of Original Bs/L THREE(3)	

PARTICULARS AS DECLARED BY SHIPPER-CARRIER NOT RESPONSIBLE

Container Nos/Seal Nos. Marks and/Numbers	No. of Container/Packages/Description of Goods	Gross Weight (kilos)	Measurement (cu-metres)
TEXU3120345/75274 MH 02318123 AUCKLAND C/NO. 1-600	TOTAL ONE 40HQ CONTAINER ONLY 600 CARTONS ALL-TERRAIN MOTORCYCLE (125 CC、200 CC、250 CC) CY TO CY	21 600	240 CBM

Freight & Charge FREIGHT PREPAID	Total Number of Containers or Packages Received By the Carrier (in words) SAY SIX HUNDRED CARTONS ONLY
	Shipped on Board Date: DEC. 26, 2023　　　　**ON BOARD**
	Place and Date of Issue: SHANGHAI　DEC. 28, 2023
AGENT AT DESTINATION:	In Witness Whereof This Number of Original Bills of Lading Stated Above All of The Tenor and Date One of Which Being Accomplished The Others to Stand Void. For PACIFIC INTERNATIONAL LINES (PTE) LTD. as Carrier

图 1-28　海运提单

(四)出口单证相关资料

启运日期:2023 年 12 月 28 日
出口商统一社会信用代码:913100007442354325
监管方式/征免性质/征免方式:一般贸易/一般征税/照章征税
申请单位注册号:3100235598
出口货物成分:全部国产
发票编号/日期:Z231116/2023 年 10 月 28 日
生产单位/地点:宁波摩托车制造有限公司/宁波市中山路 826 号
运费/保险费:2 700 美元/265 美元
集装箱毛重/净重/体积:36 KGS/32 KGS/0.4 M^3
订舱委托书编号:0023019132
集装箱类型/规格/数量/编号/货重:普通集装箱/40 英尺高箱/1 个/TEXU3120468/21 600 KGS
门对门装箱地址:上海市化成路 1628 号
人民币账号:R00987458637
装载运输工具/提单号:COSCO V.486/P02316573
出口代理报关授权委托书的编号/有效期:02324526/至 2023 年 12 月 31 日
受托人/海关备案代码:上海金发国际货运代理有限公司/3102348764562
代理报关委托书编号/被委托方:0234535342/上海金发国际货运代理有限公司
代理报关委托方式/事宜:逐票/填写申报,申请、联系和配合实施检验检疫,代缴税款
非木质包装证明至:新西兰出入境检验检疫局
设备状态:已申报
统一编号:220220230187143256
预录入编号:220220230123456789
海关编号:22022023066554488
申报日期:2023 年 9 月 23 日
申报地海关/出境关别/领证机关/口岸海关:(均为吴淞海关)
离境口岸:吴淞港
申报日期:2023 年 12 月 23 日
出口许可证号:2331324543
货物存放地:上海市南汇公路 1680 号
监管场地:吴淞码头
报关单类型:M-通关无纸化
企业资质类别/代码:进出口权/2202691832
商品名称/规格型号:全地形摩托车/125 CC、200 CC、250 CC
成交计量单位/法定第一计量单位/法定第二计量单位:辆/辆/千克
用途/代码:其他/11
备案序号:01
其他代码:(代码自查)

报关员证号/电话号码:310101902987653421/58403212
收汇款货币:原币
特别指示:快邮;请向开证行寄单,我公司承担一切责任

三、综合模拟操作要求

根据CIF出口业务模拟操作流程,请同学们结合自愿原则组成上海在野岛进出口有限公司业务一部,分别扮演外贸业务员、外贸单证员、一般原产地证明书申领员、报关员、外贸财会员,根据工作岗位职责分别拟定销售确认书,编制销售确认书分析单和信用证修改列表,缮制出口许可证申请表、一般原产地证明书/加工装配证明书申请书、一般原产地证明书、商业发票、订舱委托书、装箱单、确认提单,缮制货物运输保险投保单,出具代理报关委托书、非木质包装证明、代理报关委托书,录入整合申报出口货物电子数据报关单信息,缮制纸质出口货物报关单、装运通知、商业汇票、出口信用证交单委托书。这些单据的样张分别见"项目一综合模拟业务"。

项目一综合模拟业务

项目二　FCA进口贸易业务模拟操作

操作目标

- ◆ 了解FCA贸易术语条件下进口贸易业务中买方（进口商）履行的义务及其相关规定。
- ◆ 熟悉购货确认书及其分析单、进口许可证申请表、航空货物运输委托书的缮制方法。
- ◆ 掌握"两步申报"进口货物电子数据报关单的填报方法。
- ◆ 明确进口许可证和进口货物预约保险合同的作用。
- ◆ 增强进口业务工作中的法律意识、诚信意识和社会责任意识。

模拟操作概要

在FCA贸易术语条件下，进口贸易业务模拟操作分为六个步骤：步骤一为开展交易磋商，进口商与出口商订立购货确认书，并缮制购货确认书分析单；步骤二为申领进口许可证，缮制申请表；步骤三为付汇与开立信用证，进口商根据购货确认书支付条款规定办理付汇与开立信用证手续；步骤四为办理进口货物托运，进口商根据购货确认书运输条款规定办理货物托运手续，并缮制委托书，本项目主要介绍航空货物运输；步骤五为办理进口货物运输投保，进口商根据购货确认书保险条款规定获取保险单，并填写预约保险合同；步骤六为进口货物"两步申报"，进口商根据《进出口货物申报管理规定》办理进口货物报关手续，填报报关单。本项目模拟操作内容依据上述流程，依次设置六个工作任务。

任务一　购货确认书订立及分析单缮制

一、操作指南

（一）进口交易磋商

进口交易磋商是指进口商与出口商通过线下或线上的形式，围绕进口货物各项交易条件进行洽谈，以求达成一致意见的过程。进出口贸易双方当事人就交易条件达成一致意见后，签订进口贸易合同。

（二）进口贸易合同形式

进出口贸易合同分为购货合同书和购货确认书两种书面形式，购货确认书是一种简式的购货合同书，二者具有同等法律效力。

（三）购货确认书结构

购货确认书由约首、正文和约尾三部分组成。约首是购货确认书的首部，包括购货确认书的名称及编号、订约日期、行约地点、进出口双方名称与地址、序言等内容；正文是购货确认书的主体部分，主要列明各项交易条款，明确买卖双方责任，规定买卖双方义务；约尾是购货确认书的尾部，包括购货确认书的生效时间、份数、法律效力，以及双方授权代表签字盖章等。

（四）FCA 国际贸易术语中进口商义务

FCA 是 free carrier(… named place)的缩写，译为货交承运人(……指定地点)，是指出口商在进出口贸易合同规定的时间与地点将货物交给指定的承运人，办理出口货物清关手续后就履行了交货义务。《国际贸易术语解释通则 2020》规定，FCA 国际贸易术语适用于航空、公路、铁路、多式联运等运输方式。

《国际贸易术语解释通则 2020》规定进口商在 FCA 国际贸易术语中有六个方面的义务：一是进口商按照进出口贸易合同支付条款规定支付货款；二是进口商办理进口货物托运手续，并支付运费；三是进口商办理进口货物运输投保手续，并支付保险费；四是进口商办理进口货物报关手续，并支付关税和费用；五是进口商接受出口商提交的商业发票、证书、装箱单等单证或其电子扫描文件或电子数据；六是进口商承担货物交给指定承运人后的一切与货物有关的费用以及货物灭失或损坏的风险。

（五）购货确认书分析单

购货确认书分析单是指外贸单证员在购货确认书生效后，基于制单工作需要汇集购货确认书中相关信息和制单要求的一份工作单。购货确认书分析单格式没有统一规定，主要内容包括：购货确认书编号与日期；出口商的名称、通信信息和开户行相关信息；进口货物的名称与规格、商品编码；包装条款与运输标志；价格条款、支付方式与开证期限；运输方式及相关信息；货物运输与货运保险的相关信息；所需单证及份数等。

二、购货确认书订立及分析单编制实例展示

上海贤达进出口有限公司进口部沈津经理与日本客商大航商社菊池经理就柯尼卡美能达硒鼓进口交易条件进行在线磋商，达成一致交易条件后订立了购货确认书（编号23062321），如图 2-1 所示。

SHANGHAI XIANDA IMP. & EXP. CO., LTD.
8 YANGGAO ROAD, SHANGHAI, CHINA

TEL: 021-65766688
FAX: 021-65766687

PURCHASE CONFIRMATION

P/C NO.: 23062321
DATE: SEP. 01, 2023

TO MESSRS:
DAHANG TRADE CORPORATION
6 OYAM MACHI, UTSUNOMIYA, JAPAN
TEL: 86-28-6454353 FAX: 86-28-6454358

THE UNDERSIGNED BUYERS AND SELLERS HAVE AGREED TO CLOSE THE FOLLOWING TRANSACTION AS PER TERMS AND CONDITIONS STIPULATED BELOW:

COMMODITY AND SPECIFICATION	QUANTITY	UNIT PRICE	AMOUNT
KONICA MINOLTATONER CARTRIDGE DR512K	6 000 PCS	FCA TOKYO USD 80.00	USD 480 000.00

COUNTRY OF ORIGIN: JAPAN
PACKING: EACH PC IN A BOX, 50 PCS INTO AN EXPORT CARTON
SHIPPING MARK: INCLUDES D.T.C S/C NO., AIRPORT OF DEPARTURE AND CARTON NUMBER
AIRPORT OF DEPARTURE: NARITA INTERNATIONAL AIRPORT
AIRPORT OF DESTINATION: SHANGHAI HONGQIAO INTERNATIONAL AIRPORT
TIME OF SHIPMENT: NOT LATER THAN DEC. 10, 2023
PARTIAL SHIPMENT: NOT ALLOWED
TRANSSHIPMENT: NOT ALLOWED
INSURANCE: THE BUYER FOR 110% OF THE INVOICE VALUE COVERING AIR TRANSPORT ALL RISKS AND WAR RISKS AS PER AIR CARGO CLAUSE OF THE PICC DATED 1/1, 2009
TERMS OF PAYMENT: L/C AT SIGHT
BANK INFORMATION IS AS BELOW:
BUYER'S BANK OF DEPOSIT: BANK OF CHINA SHANGHAI BRANCH
ACCOUNT NO.: U00856668894
SELLER'S BANK OF DEPOSIT: BANK OF TOKYO
ACCOUNT NO.: DJ01324521
DOCUMENTS: THE SELLER SHALL PRESENT THE FOLLOWING DOCUMENTS:
TWO COPIES OF PROFORMA INVOICES PROVIDED BY THE SELLER
FOUR COPIES OF SIGNED COMMERCIAL INVOICES PROVIDED BY THE SELLER.
FOUR COPIES OF PACKING LISTS PROVIDED BY THE SELLER.
TWO COPIES OF CERTIFICATE OF QUALITY ISSUED BY MANUFACTURER.
TWO COPIES OF NON-WOOD PACKAGING PROVIDED BY THE SELLER.
GENERAL TERMS:
THE BUYER SHALL ESTABLISH THE COVERING LETTER OF CREDIT BEFORE SEP. 25, 2023.
BOTH PARTIES AGREE THAT THE BUYER HAS THE RIGHT TO REINSPECT THE QUALITY OF THE GOODS AT THE BUYER'S EXPENSE. IF THE QUALITY IS FOUND TO BE INCONSISTENT WITH THE CONTRACT, THE BUYER SHALL LODGE A CLAIM WITH THE SELLER WITHIN 30 DAYS AFTER THE ARRIVAL OF THE GOODS.
THE SELLER SHALL NOT BE RESPONSIBLE FOR ALL OR PART OF THE SHIPMENT OF THE CONTRACT GOODS BEING OBSTRUCTED OR DELAYED DUE TO WAR, EARTHQUAKE OR OTHER FORCE MAJEURE. HOWEVER, THE SELLER SHALL PROVIDE A CERTIFICATE ISSUED BY THE CHAMBER OF COMMERCE OF HIS COUNTRY FOR SUCH INCIDENTS AND NOTIFY THE BUYER OF SUCH INCIDENTS.

(续图)

ALL DISPUTES IN CONNECTION WITH THIS CONTRACT OR ARISING FROM THE EXECUTION THEREOF, SHALL BE AMICABLY SETTLED THROUGH NEGOTIATION IN CASE NO SETTLEMENT CAN BE REACHED BETWEEN THE TWO PARTIES, THE CASE UNDER DISPUTES SHALL BE SUBMITTED TO SHANGHAI INTERNATIONAL ECONOMIC AND TRADE ARBITRATION COMMISSION FOR ARBITRATION IN ACCORDANCE WITH ITS RULES OF ARBITRATION. THE ARBITRAL AWARD SHALL BE FINAL AND BINDING UPON BOTH PARTIES. THE ARBITRATION FEE SHALL BE BORNE BY THE LOSING PARTY UNLESS OTHERWISE AWARDED BY THE ARBITRATION COURT.

THIS CONTRACT IS TAKEN INTO EFFECT AFTER THE SIGNING OF THE PARTIES TO PARTY A AND B, WITH TWO COPIES AND ONE SHARE OF EACH PARTY.

上海贤达进出口有限公司公章
SHANGHAI XIANDA IMP. & EXP. CO., LTD.

THE BUYER: 沈津

DAHANG TRADE CORPORATION

THE SELLER: 菊池

图 2-1　购货确认书

上海贤达进出口有限公司外贸单证员丁艳根据购货确认书的内容编制购货确认书分析单，如图 2-2 所示。

购货确认书分析单													
制单人：丁艳						日期：2023 年 9 月 2 日					编号：XD2301421		
确认书号		23062321				签约日期			SEP. 01, 2023				
出口商名称		DAHANG TRADE CORPORATION				地址/电话			6 OYAM MACHI, UTSUNOMIYA, JAPAN 86-28-6454353				
开户行名称		BANK OF TOKYO				银行账号			DJ01324521				
商品描述		KONICA MINOLTATONER CARTRIDGE				商品编码			8443999010				
价格条款		FCA TOKYO USD 80.00				合同金额			USD 480 000.00				
支付方式		L/C AT SIGHT				开证期限			BEFORE SEP. 25, 2023				
运输方式		BY AIR				装运期限			NOT LATER THAN DEC. 10, 2023				
始发机场		NARITA INTERNATIONAL AIRPORT				到达机场			SHANGHAI HONGQIAO INTERNATIONAL AIRPORT				
分批装运		NOT ALLOWED				转运			NOT ALLOWED				
包装条款		EACH PC IN A BOX, 50 PCS INTO AN EXPORT CARTON								运输标志	D.T.C 23062321 SHANGHAI C/NO. 1-120			
货物运输		AIR TRANSPORT BY THE BUYER								^			
货运保险		INSURANCE BY THE BUYER								^			
提供单据	形式发票	商业发票	装箱单	尺码单	厂商质量证明	原产地证书	航空货运单	货物运输保险单	非木质包装证明	熏蒸证书	品质证书	重量证书	装运通知	商业汇票
份数	2	4	4	/	2	/	/	2	/	/	/	/	/	2
备注													

图 2-2　购货确认书分析单

三、购货确认书订立及分析单编制模拟操作

(一)模拟业务背景

上海立达进出口有限公司进口部业务经理与日本客商横滨商社(YOKOHAMA TRADE COMPANY)经理围绕进口东芝硒鼓 P-8(TOSHIBA TONER CARTRIDGE P-8)交易条件进行在线磋商,达成一致交易条件后于 2023 年 9 月 2 日订立了购货确认书(编号 23062312)。购货确认书生效后,上海立达进出口有限公司外贸单证员根据工作要求编制购货确认书分析单。

(二)模拟业务资料

进口商地址:52 XIBUYA MACHI, YOKOHAMA, JAPAN

进口商电话/传真:81-45-6498234/81-45-6498235

商品名称/规格/原产国/商品编码:东芝硒鼓/P-8/日本/(编码自查)

交易数量/单价:10 000 个/FCA TOKYO USD 50.00

包装方式:每个硒鼓装一纸盒,50 个硒鼓装一出口纸箱

运输标志:包括 Y.T.C、购货确认书号、目的地名称和箱数

始发机场/到达机场:成田国际机场/上海浦东国际机场

装运期限/分批装运/转运:2023 年 12 月 31 日前/不允许/不允许

货运保险:根据 2009 年 1 月 1 日《PICC 航空货物运输保险条款》,按发票金额 100% 投保航空运输一切险和战争险

支付方式/开证日期:即期付款信用证/不迟于 2023 年 9 月 30 日

进口商开户银行名称/账号:中国银行上海分行/U00856668894

出口商开户银行名称/账号:BANK OF TOKYO/DJ01324521

单据条款:由卖方签发的形式发票一式两份;由卖方签字的商业发票一式四份;由卖方签发的装箱单一式四份;由厂商签发的质量证书两份;由卖方提供的非木质包装证明一式两份

购货确认书分析单日期/编号:(根据购货确认书日期合理拟定)/L2302612

买方授权人/制单人:(学生姓名)/(学生姓名)

(三)模拟业务操作

请你以外贸业务员或单证员的身份,根据模拟业务资料拟定购货确认书,并编制购货确认书分析单。购货确认书和购货确认书分析单的样张分别见"模拟操作 2-1"。

模拟操作 2-1

任务二　进口许可证申领及申请表缮制

一、操作指南

（一）进口许可证发证机构

进口商进口《2023年进口许可证管理货物目录》内的货物，应向商务部配额许可证事务局或受商务部委托的省级地方商务主管部门申领进口许可证。商务部配额许可证事务局负责受理旧机电产品类的进口许可证签发工作，省级地方商务主管部门负责受理消耗臭氧层物质的进口许可证签发工作。

（二）进口许可证申请条件

进口许可证申请企业应当具备两个条件：一是申请人是依法设立的，并在海关办理备案注册登记的企业法人组织；二是申请人具有依法订立的购货合同书或购货确认书，并且这些单据以《2023年进口许可证管理货物目录》内货物为标的。

（三）进口许可证申请方式

进口许可证申请企业可通过书面申请方式直接向发证机构申请，也可通过网上申请方式申请进口许可证。采用网上申请方式的，申请企业应先到省级商务主管部门申领用于企业身份认证的电子认证证书和电子钥匙，然后登录相关网站，再进入相关申领系统进行申报，并上传指定材料的电子书面文件。

（四）进口许可证申请材料

进口许可证申请材料主要包括：①加盖申请企业公章（含进口许可证发证系统中绑定的电子印章）的中华人民共和国进口许可证申请表（以下简称"进口许可证申请表"）；②主管机关签发的进口批准文件（网上办理时无需提交）；③购货合同书或购货确认书；④进口商与收货人不一致时，应当提交的委托代理协议。

（五）进口许可证申领流程

通过"单一窗口"网站申领进口许可证的流程有以下四个环节。首先，申请企业外贸单证员应在购货合同书或购货确认书生效后，将商务部电子钥匙插入电脑主机，登入"单一窗口"网站，点击"业务应用"页签，选择"标准版应用"，在该界面中点击"监管证件"，再选择"进口许可证"菜单，并在该菜单中选择进口许可证申请表。其次，申请企业外贸单证员在进口许可证申请表申报界面中输入进口商名称及代码、收货人、贸易方式、出口国（地区）、外汇来源、原产地国（地区）、报关口岸、商品用途、商品名称及编码、规格与型号、单位、数量、单价、总值等信息，输入完毕后点击"暂存"按钮，并对输入内容进行核查。再次，核查无误后，外贸单证员点击界面中"申报"按钮，系统自动将进口许可证申报数据发送至商务部进口许可证申领系统审批端进行审核，等待其审批。最后，外贸单证员点击界面左侧的"综合查询"按钮，在该界面中输入相关查询条件，点击"查询"按钮，如果界面显示"复审通过"，可打印本企业申请签发的进口许可证。

进口许可证有纸质证书和电子证书两种形式，二者具有同等法律效力。

（六）进口许可证管理

进口许可证有效期为自发证之日起至当年12月31日止，进口商应在有效期内使用进口许可证,该证逾期自行失效。进口许可证实行"一批一证"和"非一批一证"管理,其中消耗臭氧层物质进口许可证实行"一批一证"制,旧机电产品进口许可证实行"非一批一证"制。

(七)进口许可证申请表缮制

进口许可证申请表是由商务部统一印制的,其内容与缮制方法如下。

1. 进口商、代码

外贸单证员应在此栏填报购货合同书或购货销售确认书中的买方名称,代码为买方的18位数码的统一社会信用代码。

2. 收货人

外贸单证员应在此栏填报使用或销售进口货物的单位全称。不属于代理进口业务的,收货人应为进口商。

3. 进口许可证号

此栏留空,由发证机构系统自动生成。

4. 进口许可证有效截止日期

此栏留空,由发证机构系统自动生成。

5. 贸易方式

外贸单证员应在此栏填报进口货物的贸易性质,如一般贸易、加工贸易等。

6. 外汇来源

外贸单证员应在此栏填报支付进口货物货款的外汇来源,如银行购汇、贷款等。

7. 报关口岸

外贸单证员应在此栏填报进口货物入境口岸的名称。

8. 出口国(地区)

外贸单证员应在此栏填报输出货物国家或地区的名称。

9. 原产地国(地区)

外贸单证员应在此栏填报进口货物原产地国家或地区的名称。

10. 商品用途

外贸单证员应在此栏填报进口货物的具体用途,如自用、生产用、内销、外销等。

11. 商品名称、商品编码

外贸单证员应在此栏填报进口货物的名称及其10位数码的商品编码。

12. 规格、型号

外贸单证员应在此栏填报同一商品编码下的不同规格和型号,并分行显示,超过4种需要分证办理。

13. 单位

外贸单证员应在此栏填报进口货物在《2023年进口许可管理货物目录》的计量单位。

14. 数量

外贸单证员应在此栏填报购货合同书或购货确认书中规定的货物的不同规格、型号和数量。

15. 单价

外贸单证员应在此栏填报购货合同书或购货确认书中规定的金额及货币名称,不同规格或等级的金额及货币名称应分行显示。

16. 总值

外贸单证员应在此栏填报购货合同书或购货确认书中规定的进口货物总额及货币名称,不同规格或等级的总额及货币名称应分行显示。

17. 总值折美元

外贸单证员应根据购货合同书或购货确认书中规定的进口货物总额按当日美元汇率计入此栏,不同规格或等级的总值折美元应分行显示。

18. 总计

外贸单证员应在此栏分别填报计量单位以及不同规格或等级的数量、总值和总值折美元的总计数。

19. 领证人姓名、联系电话、申请日期、下次联系日期

外贸单证员应在此栏分别填报领证人的姓名、联系电话、申请日期和下次联系日期。

20. 签证机构审批

此栏留空,由发证机构经办人填报初审意见,负责人填报终审意见。如果不予签发进口许可证的,须在此注明其原因。

(八) 企业法律责任

《进口许可证申请签发使用工作规范》第9条规定,经营者应如实提交申请材料,反映真实情况,并对其申请材料实质内容的真实性负责,其有关经营活动应遵守国家法律法规的规定。

二、进口许可证申领及申请表缮制实例展示

上海贤达进出口有限公司从日本进口的柯尼卡美能达硒鼓属于《2023年进口许可证管理货物目录》内的货物,外贸单证员丁艳根据《进口许可证申请签发使用工作规范》的相关要求,缮制进口许可证申请表,随附购货确认书等指定材料向上海商务委员会许可证签证机构申请进口许可证。与此同时,丁艳登入"单一窗口"网站,在"进口许可证申请表"界面中录入相关信息。上海商务委员会许可证签证机构对申请材料分别进行初审和终审,确认申请企业经营资质与进口批准文件有效、申请材料齐全、内容真实后,填写初审和终审意见,并向上海贤达进出口有限公司签发进口许可证。进口许可证申请表、进口许可证的签发分别见表2-1、图2-3。

表2-1 　　　　　　　　　　中华人民共和国进口许可证申请表

1. 进口商:　　　　　　代码913100125468934521 上海贤达进出口有限公司	3. 进口许可证号:
2. 收货人: 上海贤达进出口有限公司	4. 进口许可证有效截止日期: 　　　　　　　　　年　　月　　日
5. 贸易方式: 一般贸易	8. 出口国(地区): 日本
6. 外汇来源: 银行购汇	9. 原产地国(地区): 日本
7. 报关口岸: 上海虹桥国际机场海关	10. 商品用途: 内销
11. 商品名称: 柯尼卡美能达硒鼓	商品编码: 8443999010

(续表)

12. 规格、型号	13. 单位	14. 数量	15. 单价(USD)	16. 总值(USD)	17. 总值折美元
DR512K	个	6 000	80.00	480 000.00	480 000.00
18. 总 计：	个	6 000		480 000.00	480 000.00
19. 领证人姓名：丁艳 联系电话：021-65766688 申请日期：2023.09.03 下次联系日期：	20. 签证机构审批(初审)： 终审：				

中华人民共和国进口许可证
IMPORT LICENCE OF THE PEOPLE'S REPUBLIC OF CHINA

No. 23091368

1. 进口商： Importer 　　上海贤达进出口有限公司	3. 进口许可证号： Import licence No. 　　2345364264
2. 收货人： Consignee 　　上海贤达进出口有限公司	4. 进口许可证有效截止日期： Import licence expiry date 　　2023年12月31日
5. 贸易方式： Terms of trade 　　一般贸易	8. 出口国(地区)： Country/Region of exportation 　　日本
6. 外汇来源： Terms of foreign exchange 　　银行购汇	9. 原产地国(地区)： Country/Region of origin 　　日本
7. 报关口岸： Place of cllearance 　　上海虹桥国际机场海关	10. 商品用途： Use of goods 　　内销
11. 商品名称： Description of goods 　　柯尼卡美能达硒鼓	商品编码： Code of goods 　　8443999010

12. 商品规格、型号 Specification	13. 单位 Unit	14. 数量 Quantity	15. 单价(USD) Unit price	16. 总值(USD) Amount	17. 总值折美元 Amount in USD
DR512K	个	6 000	80.00	480 000.00	480 000.00
18. 总计 Total	个	6 000		480 000.00	480 000.00

19. 备 注： Supplementary details 　　"非一批一证"制	20. 发证机关盖章： Issuing authority's stamp 　　中华人民共和国商务部进口许可证专用章 　　　　　　　　(上海) 21. 发证日期：　2023年09月06日 　　Licence date

图 2-3　进口许可证的签发

三、进口许可证申领及申请表缮制模拟操作

(一)模拟业务背景

上海立达进出口有限公司从日本进口的东芝硒鼓是属于《2023年进口许可证管理货物目录》内的货物,外贸单证员根据《进口许可证申请签发使用工作规范》的相关要求,缮制进口许可证申请表,随附购货确认书等指定材料向上海商务委员会许可证签证机构申请进口许可证。发证机构对申请材料分别进行初审和终审,确认申请企业经营资质与进口批准文件有效、申请材料齐全、内容真实后,填写初审和终审意见,并向申请企业签发进口许可证。

(二)模拟业务资料

购货确认书编号:23062312

进口商统一社会信用代码:913100007793473456

贸易方式/外汇来源/商品用途:一般贸易/银行购汇/内销

报关口岸:上海浦东国际机场海关

领证人:(学生姓名)

(三)模拟业务操作

请你以外贸单证员的身份,根据模拟业务资料缮制进口许可证申请表。进口许可证申请表样张见"模拟操作2-2"。

模拟操作2-2

任务三　付汇与信用证开立

一、操作指南

(一)付汇要求

1. 对外付汇原则

外汇是指以外币表示的可以用作国际清偿的支付手段和资产,包括外币现钞、外币支付凭证或支付工具等。国家外汇管理局发布的《货物贸易外汇管理指引》规定了"谁进口,谁付汇"的原则,进口企业负责购汇,并支付进口货物货款。

2. 对外付汇进口单位目录登记

进口企业应在依法取得对外贸易经营权后持有关指定材料到属地外汇管理局办理"对外付汇进口单位目录"登记手续,成为该目录的成员后方可向金融机构购买外汇。不在"对外付汇进口单位目录"内的企业,金融机构对其不予办理对外付汇业务。

3. 购汇金额与进口货物交易额一致

进口企业对外付汇应当具有真实、合法的交易背景,购买外汇的金额与进口货物交易总值相一致。

(二) 开立信用证要求

1. 授信额度申请

进口企业应当向开证银行提交企业法人营业执照、注册资金证明、财务报表等指定材料,申请开立信用证的授信额度。开证银行针对申请材料和申请企业的资信给予一定的授信额度,申请企业可以在这个额度内开证,并反复使用。

2. 保证金担保

进口企业申请开立信用证金额超出授信额度的,需要提供一定比例的保证金进行担保。如果进口企业没有授信额度,就需要交纳开证金额的100%保证金。

(三) 信用证种类

1. 跟单信用证和光票信用证

跟单信用证(documentary credit)是指开证行凭信用证所规定的、代表货物所有权或证明的货运单据付款或者议付的信用证。光票信用证(clean credit)是指开证行仅凭受益人开具的汇票,无需附带货运单据付款的信用证。

2. 即期信用证和远期信用证

即期信用证(sight credit)是指开证行或者付款行收到受益人符合信用证规定的单据后,立即履行付款义务的信用证。远期信用证(usance letter of credit)是指开证行或者付款行收到受益人符合信用证规定的单据后,在规定的期限内保证付款的信用证。

3. 议付信用证和付款信用证

议付信用证(negotiation credit)是指开证行许可受益人向某一指定银行或者任何银行交单议付的信用证。付款信用证(payment credit)是受益人只能直接向开证行或者其指定的付款行交单索偿的信用证。

(四) 信用证支付方式特点

根据《跟单信用证统一惯例600》的规定,信用证支付方式具有以下三个特点。

1. 开证行应承担第一性付款责任

信用证是开证行以自己的信用作为付款保证的,只要出口方凭信用证向开证行凭单取款,并且所提交单据表面上符合信用证的规定,开证行不得拒付。

2. 信用证是一项独立文件

信用证虽是根据贸易合同开立的,但信用证一经开立,就成为独立于贸易合同以外的另一种契约,不受贸易合同的约束。

3. 信用证是纯单据

开证行处理信用证业务是以单证表面相符原则来决定是否付款的,而不管实际货物如何。

(五) 信用证收付环节

信用证收付主要有十个环节:其一为申请购汇,开证人在购货确认书规定的开证期限内向开证行申请购汇,提交购买外汇申请书,随附形式发票。其二为申请授信额度,开证人向开证行申请授信额度,提交指定材料。其三为设立保证金账户,开证人首次申请开证,开证行将为其开设信用证保证金账户。其四为申请开证,开证人向开证行申请开立信用证,提交开证申请书及指定材料。其五为开立信用证,开证行在收取授信额度以外的保证金和开证手续费后依据开证申请书开具信用证(副本),并经开证人确认。其六为委托信用证议付,开证行通过国际资金清算系统将信用证(正本)发送至通知行,通知行收到信用证(正本)后核对开证行的签字与密押。其七为发出信用证通知书,受益人收到通知行的信用证通知书后,凭信用证通知书和身份证明领取信用证。其八为办理议付手续,议付行对受益人提交的议付单证和商业汇票进行核准,确认单证一致、单单一致后办理议付。其九为索偿,议付行通过国际资金清算系统将全套议付单据和商业汇票发送至付款行进行索偿。其十为付款赎单,付款人收到付款行发出的付款通知书后在规定的期限内办理付款赎单手续,获取信用证规定的全部单据。

(六)购买外汇申请书缮制

购买外汇申请书是由开证银行印制并提供的,由开证人依据购货合同书或购货销售确认书进行缮制,并作为开证行办理售汇的依据。中国银行印制的购买外汇申请书的内容与缮制方法如下。

1. 抬头

外贸财会员应在划线处填入中国银行分行或支行的名称。

2. 合同号、账户

外贸财会员应在划线处填入购货合同书或购货销售确认书的编号以及申请单位在中国银行分行或支行的开户账号。

3. 购汇金额

外贸财会员应在此处填入购汇金额,并与购货合同书或购货销售确认书中的成交金额一致。

4. 用途

外贸财会员应根据购汇用途进行选择,并在该选项前的方框内打"√"。

5. 支付方式

外贸财会员应根据购货合同书或购货销售确认书规定的支付方式进行选择,并在该选项前的方框内打"√"。

6. 商品名称

外贸财会员应在此处填入购货合同书或购货销售确认书规定的商品名称。

7. 数量

外贸财会员应在此处填入购货合同书或购货销售确认书中货物的成交数量。

8. 合同号、金额

外贸财会员应在此处填入购货合同书或购货销售确认书的编号以及成交金额。

9. 发票号、金额

外贸财会员应在此处填入形式发票的编号和总金额。

10. 批文

外贸财会员应根据进口商品是否有批文在该选项前的方框内打"√"或不打,属于控制进口商品的,还应在具体批文前的方框内打"√",并注明批文号码和有效期。

11. 附件

外贸财会员应根据办理购汇手续所提供的材料,在对应的方框内打"√"。

12. 售汇

外贸财会员应在此处方框内打"√",指示开证时售汇,并转存信用证保证金账户。

13. 申请单位

外贸财会员在此处加盖进口企业公章并签名、注明日期。

14. 银行审核意见

此栏由经办人、复核人、核准人签名,并由核准人注明售汇日期,加盖售汇专用章。

(七) 开证申请书缮制

开证申请书是由开证银行印制并提供,由开证人依据购货合同书或购货销售确认书进行缮制,并作为开证行开立信用证的依据。中国银行印制的开证申请书的内容与缮制方法如下。

1. Beneficiary (full name and address)

外贸财会员应在此栏填入受益人的全称和详细地址。

2. L/C No., Contract No.

信用证编号由开证行填入,此处留空。合同号由外贸财会员填入购货合同书或购货确认书的编号。

3. Date and Place of Expiry of the Credit

外贸财会员应在此栏填入信用证有效的交单日期与交单地点。

4. Partial Shipments

外贸财会员应根据购货合同书或购货确认书中的分批装运条款,用"×"选择"允许"或"不允许"。

5. Transshipment

外贸财会员应根据购货合同书或购货确认书中的转运条款,用"×"选择"允许"或"不允许"。

6. Issue by

外贸财会员应根据开证要求用"×"选择所需的开证方式。

7. Loading on Board/Dispatch Taking in Change at/from

外贸财会员应根据进口贸易合同或购货确认书对转运的规定,在此栏分别填入启运国、启运港的名称。"not later than"后应当注明装运期限。

8. Amount (both in figures and words)

外贸财会员应在此栏填入购货合同书或购货确认书中的货物成交金额,并用英语大写表示。

9. Description of Goods

外贸财会员应根据购货合同书或购货确认书的相关规定,在此栏填入货物名称与规格,并在"Packing"后注明包装方式。

10. Credit Available with

外贸财会员应根据购货合同书或购货确认书的相关规定,在此栏用"×"选择即期付款或远期承兑或议付或延期支付,并填入汇票金额。

11. Trade Terms

外贸财会员应根据购货合同书或购货确认书规定的贸易术语,在对应的"FOB"或"CFR"或"CIF"前的方框内打"×"。如果不是这三个贸易术语,应在"or other terms"前的方框内打"×",并在其后填报贸易术语。

12. Documents Required

外贸财会员应根据购货合同书或购货确认书的规定,在此栏用"×"选择外贸单证的类别、份数及出单要求。

13. Additional Instructions

外贸财会员应根据购货合同书或购货确认书的规定,在此栏用"×"选择"开户行以外的所有银行手续费由受益人承担"和"单据必须在运输单据签发之日后15天内提交,并在信用证的有效期内"。

14. Account No., Name of Bank

外贸财会员应在此处填入本企业信用证保证金账号和银行名称。

15. Transacted by, Telephone No.

外贸财会员应在此处分别填入本企业名称、经办人姓名、电话,并加盖公章。

(八) 企业法律责任

《中华人民共和国外汇管理条例》第44条规定,擅自改变外汇或结汇资金用途的,由外汇管理机关责令改正,没收违法所得,处违法金额30%以下的罚款;情节严重的,处违法金额30%以上等值以下的罚款。

《中华人民共和国刑法》第195条规定,使用伪造、变造的信用证,或使用作废的信用证,或骗取信用证的,处5年以下有期徒刑或者拘役,并处2万元以上20万元以下罚金。数额巨大或有其他严重情节的,处5年以上10年以下有期徒刑,并处5万元以上50万元以下罚金。数额特别巨大或有其他特别严重情节的,处10年以上有期徒刑或无期徒刑,并处5万元以上50万元以下罚金或者没收财产。

二、付汇与信用证开立及申请书缮制实例展示

上海贤达进出口有限公司已获得对外贸易经营权,并在上海外汇管理局完成"对外付汇进口单位目录"的登记。上海贤达进出口有限公司外贸财会员李琳在购货确认书规定的开证期限内向中国银行上海分行国际结算窗口办理购汇与开证手续,提交已缮制的中国银行购买外汇申请书、中国银行开证申请书,并随附购货确认书和形式发票。中国银行上海分行国际结算窗口柜台工作人员对购汇与开证的申请材料进行审核,核准无误后根据当日外汇卖出价进行售汇,并为上海贤达进出口有限公司开设信用证保证金账户,收取授信额度以外的保证金和开证手续费后开具信用证。购买外汇申请书、开证申请书、信用证分别见图2-4、图2-5、图2-6。

购买外汇申请书

中国银行 BANK OF CHINA

中国银行 __上海__ 分（支）行：

我公司为执行第 __23062321__ 号合同项下对外支付，需向贵行购汇。现按外汇局有关规定向贵行提出下述内容及所附文件，请审核并按实际付汇日牌价办理售汇。所需人民币资金从我公司在贵行账户 __U00856668894__ 中支付。

1. 购汇金额：USD 480 000.00
2. 用　　途：☑ 进口商品　☐ 从附费用　☐ 索退赔款　☐ 其他
3. 支付方式：☑ 信用证　☐ 托收　☐ 汇款（☐ 货到付款　☐ 预付货款）
4. 商品名称：柯尼卡美能达硒鼓
5. 数　　量：6 000 个
6. 合　同　号：23062321　　　　金额：USD 480 000.00
7. 发　票　号：23062376　　　　金额：USD 480 000.00
8. ☐ 一般进口商品，无须批文。
　　☑ 控制进口商品，批文随附如下：
　　　☐ 进口证明　　☑ 许可证　　☐ 登记证明　　☐ 其他批文
　　批文号码：2345364264　　批文有效期：2023 年 12 月 31 日
9. 附件：☐ 批文　☑ 合同/协议　☑ 发票　☐ 正本运单
　　　　☐ 报关单　☐ 运费单/收据　☐ 保险费收据
　　　　☐ 佣金单　☐ 关税证明　☐ 仓单　☐ 其他
10. ☑ 请于开证时立即售汇，转存保证金专用户。

申请单位（盖章）：上海贤达进出口有限公司公章
SHANGHAI XIANDA IMP. & EXP. CO., LTD.
李琳　2023.09.22

银行审核意见：
上述内容与随附文件/凭证描述相符，拟按申请书要求办理售汇。

经办人：夏迎　　　复核人：张乐　　　核准人：吴越

售汇日期：2023 年 9 月 22 日

（加盖售汇专用章）　中国银行上海分行售汇专用章

图 2-4　购买外汇申请书

IRREVOCABLE DOCUMENTARY CREDIT APPLICATION

To：BANK OF CHINA　　　　　　　　　　　　　Date：SEP. 22, 2023

Beneficiary (full name and address) DAHANG TRADE CORPORATION 6 OYAM MACHI, UTSUNOMIYA, JAPAN	L/C No. Contract No.　23062321
	Date and place of expiry of the credit DEC. 31, 2023　JAPAN

Partial shipments	Transshipment	Issue by airmail　With ☐ brief advice by teletransmission ☐ Issue by express delivery ☑ Issue by teletransmission (which shall be the operative instrument)
☐ allowed　☑ not allowed	☐ allowed　☑ not allowed	

(续图)

Loading on board/dispatch taking in change at/from JAPAN not later than DEC. 10，2023 for transportation to TOKYO	Amount (both in figures and words) USD 480 000. 00 SAY US DOLLARS FOUR HUNDRED AND EIGHTY THOUSAND ONLY

Description of goods
KONICA MINOLTATONER CARTRIDGE
DR512K
 	
Packing
50 PIECES INTO AN EXPORT CARTON
	Credit available with
	☐ by sight payment ☐ by acceptance ☒ by negotiation
	☐ by deferred payment at
	   against the documents detailed herein
	☐ and beneficiary's draft for 100 % of the invoice value at
	   USD 480 000. 00 sight
	   on

	☐ FOB ☐ CFR ☐ CIF ☒ or other terms FCA

Documents required：(marks with ×)
1. (×) Signed Commercial Invoice in 4 copies indicating L/C No. and Contract No.
2. ( ) Full set of clean on board ocean Bills of Landing made out to   and blank endorsed，marked "freight [ ] to collect/[ ] prepaid [ ] showing freight amount" notifying APPLICANT
3. (×) Air Waybills showing "freight [ ] to collect/[×] prepaid [ ] including freight amount" and consigned to
4. ( ) Memorandum issued by   consigned to
5. (×) Insurance Policy/Certificate in copes for 100 % of the invoice value showing claims payable in China in   currency of the draft，blank endorsed，covering ([ ] Ocean Marine Transportation/[×] Air Transportation/[ ] Over Land Transportation) All Risks，War Risks.
6. (×) Parking List/Weight Memo in 4 copies indicating quantity/gross and the weights of each packing and packing condition as called by the L/C.
7. ( ) Certificate of Quantity/Weight in copies issued by an independent surveyor at loading port，indicating the actual surveyed quantity/weight of shipped goods as well as the packing condition.
8. (×) Certificate of Quality in 2 copies issued by [×] manufacturer/[ ] public recognized survey or/[ ].
9. ( ) Beneficiary's certified copy of cable dispatched to the accountees within hours after shipment advising [ ] name of vessel/[ ] flight No. /[ ] wagon No.，date, quantity, weight of shipment.
10. ( ) Beneficiary's Certifying that extra copies of the documents have been dispatched according to the contract terms.
11. ( ) Shipping Co's Certificate attesting that the carrying vessel is chartered or booked by accountee or their shipping agents.
12. (×) Other documents, if any：non-wood packaging in 2 copies issued by the seller.
Additional instructions：
1. (×) All banking charges outside the opening bank are for beneficiary's account.
2. (×) Documents must be presented with 15 days after the date of issuance of the transport documents but with the validity of this credit.
3. ( ) Third party as shipper is not acceptable. Short Form/Blank Back B/L is not acceptable.
4 . ( ) Both quantity and amount   % more or less are allowed.
5. ( ) prepaid freight drawn in excess of L/C amount is acceptable against presentation of original charges voucher issued by shipping Co. /Air Line/or it's agent.
6. ( ) All documents to be forwarded in one cover, unless otherwise started above.
7. ( ) Other terms, if any：

Account No.：U00856668894   with   BANK OF CHINA   (name of bank)
Transacted by：SHANGHAI XIANDA IMP. &. EXP. CO., LTD.   (Applicant：name, signature of authorized person)
Telephone No.：65766688   上海贤达进出口有限公司公章
SHANGHAI XIANDA IMP. &. EXP. CO., LTD.   (with seal)
李琳

图 2-5 开证申请书

	IRREVOCABLE DOCUMENTARY CREDIT	
SEQUENCE OF TOTAL	*27:	1/1
FORM OF DOC, CREDIT	*40A:	IRREVOCABLE
DOC. CREDIT NUMBER	*20:	ZG23643589
DATE OF ISSUE	31C:	230923
APPLICABLE RULES	40E:	UCP LATEST VERSION
DATE AND PLACE OF EXPIRY	*31D:	DATE 231231 AT BENEFICIARY'S COUNTRY
APPLICANT	*50:	SHANGHAI XIANDA IMP. & EXP. CO., LTD. 8 YANGGAO ROAD, SHANGHAI, CHINA
ISSUING BANK	52A:	BANK OF CHINA SHANGHAI BRANCH 23 ZHONGSHAN EAST 1ST ROAD, SHANGHAI, CHINA
BENEFICIARY	*59:	DAHANG TRADE CORPORATION 6 OYAM MACHI, UTSUNOMIYA, JAPAN
AMOUNT	*32B:	CURRENCY USD AMOUNT 480 000.00
AVAILABLE WITH/BY	*41D:	BANK OF TOKYO BY NEGOTIATION
DRAFTS AT …	42C:	DRAFTS AT SIGHT FOR FULL INVOICE COST
DRAWEE	42A:	BANK OF CHINA SHANGHAI BRANCH
PARTIAL SHIPMENTS	43P:	NOT ALLOWED
TRANSSHIPMENT	43T:	NOT ALLOWED
PLACE OF TAKING IN CHARGE AT	44A:	TOKYO JAPAN
FOR TRANSPORTATION TO …	44B:	SHANGHAI CHINA
LATEST DATE OF SHIPMENT	44C:	231210
DESCRIPT OF GOODS	45A:	KONICA MINOLTATONER CARTRIDGE DR512K
DOCUMENTS REQUIRED	46A:	
+4 COPIES OF SIGNED COMMERCIAL INVOICES PROVIDED BY THE SELLER.		
+4 COPIES OF PACKING LISTS PROVIDED BY THE SELLER.		
+2 COPIES OF CERTIFICATE OF QUALITY ISSUED BY MANUFACTURER.		
+2 COPIES OF NON-WOOD PACKAGING PROVIDED BY THE SELLER.		
PERIOD FOR PRESENTATION	48:	DOCUMENTS MUST BE PRESENTED WITHIN 15 DAYS AFTER THE DATE OF SHIPMENT.
CHARGES	71B:	ALL BANKING CHARGES OUTSIDE JAPAN ARE FOR ACCOUNT OF BENEFICIARY.

图 2-6 信用证

三、购买外汇申请书与开证申请书缮制模拟操作

（一）模拟业务背景

上海立达进出口有限公司已获得对外贸易经营权，并在上海外汇管理局完成"对外付汇进口单位目录"的登记。上海立达进出口有限公司外贸财会员在购货确认书规定的开证期限内向中国银行上海分行国际结算窗口提交已缮制的中国银行购买外汇申请书、中国银行开证申请书，随附购货确认书和形式发票办理购汇与开证手续。中国银行上海分行国际结算窗口柜

台工作人员确认上海贤达进出口有限公司购汇与开证申请材料符合相关规定后进行售汇,并在收取授信额度以外的保证金和开证手续费后开立信用证。

(二)模拟业务资料

购货确认书编号:23062312

进口许可证号/有效期:2345382952/2023 年 12 月 31 日

形式发票号:23062312

开证方式:电开

兑付方式:议付

外贸财会员:(学生姓名)

(三)模拟业务操作

请你以外贸财会员的身份,根据模拟业务资料的相关内容缮制中国银行购买外汇申请书、中国银行开证申请书。中国银行购买外汇申请书和中国银行开证申请书的样张分别见"模拟操作2-3"。

模拟操作 2-3

任务四　国际航空运输进口货物托运及委托书缮制

一、操作指南

(一)国际航空货物运输当事人

国际航空货物运输当事人主要涉及承运人、托运人、代理人和收货人,《统一国际航空运输某些规则的公约》(以下简称《华沙公约》)对其定义分别进行了界定。承运人是指包括出具航空货运单的航空承运人、所有运输或承诺接受运输货物或提供航空运输有关服务的承运人。托运人是指与代理人签订国际货物货物运输代理委托书,其名称出现在航空货运单托运人栏内的人或组织。代理人是指经承运人或托运人授权,代表其履行与货物运输有关活动的个人或组织。收货人是指其名称出现在航空货运单收货人栏内,接受承运人交付货物的个人或组织。

(二)航空货运单

航空货运单是托运人与承运人订立运输合同的初步证据。航空货运单有正本三联,第一联为承运人联,第二联为收货人联,第三联为托运人联,三联具有同等法律效力。航空货运单依签发人的不同可分为航空总运单和航空分运单两种。航空总运单是由航空公司签发给航空货运代理公司的货运单据。航空分运单是由航空货运代理公司签发给托运人的货运单据。

(三)航空货运单背面条款

国际航空公司在航空货运单背面印着确定承运人、托运人和收货人之间权利与义务的条款。各国际航空公司航空货运单的背面条款基本相同,其主要内容如下:

1. 制定依据

航空货运单背面条款制定依据是《华沙公约》《修改 1929 年统一国际航空运输某些规则的公约的议定书》《统一国际航空运输某些规则的公约》和《中华人民共和国民用航空法》。

2. 托运人责任

托运人托运货物应当遵守适用公约和法律的规定以及航空公司规则的相关规定，托运货物包装应当符合航空运输要求，随附的运输文件应齐全、有效。托运人对航空货运单上所填写的各项内容的真实性、准确性和完整性负责，并承担由此而引起的损失。托运人应按照约定支付运费和有关费用。

3. 货物运费

托运人支付的货物运费包括航空运费和其他费用，如仓储费、保险费、海关费用等。

4. 货物运输

①承运人不接受国家法律法规禁止运输的货物；②承运人根据国家法律法规有关规定对托运货物进行安全检查，托运人应当协助；③承运人有权根据航班、舱位情况选择货物的运输航线或改变航空货运单上的航线；④承运人根据航空货运单上约定的航班和日期承运，如果没有约定则根据托运货物收运的先后顺序在合理的时间内运输。

5. 货物交付

承运人在托运货物运达目的地后，通常以电话或书面等方式及时向收货人发出"到货通知"；承运人将托运货物交付给航空货运单收货人栏内显示的收货人，并由收货人在指定地点提取货物；收货人在提取货物时发现货物毁灭、遗失、损坏或延误等，应立即向承运人提出异议，经双方共同查验和确认。

6. 承运人责任

承运人不得收运中国以及运输过程中有关国家的法律和规定禁止运输的货物，收运需办理查验、检查等手续的货物，在手续未办妥之前，承运人不得收运。承运人应按国际货物托运书规定的时间与地点送达货物，错运或逾期的，则承担其违约责任和有关损失的赔偿。

免除承运人责任的情形包括：①承运人证明其或代理人为避免损失，已经采取了一切必要措施的；②承运人证明全部货损是由托运人的过失所造成的；③承运人或其受雇人以外的人因包装不善引起损失的；④属于货物属性或本身的缺陷引发损失的；⑤因战争行为或武装冲突引起损失的。

7. 索赔

①货物在运输过程中发生损失的，托运人应自收到货物之日起 14 日内以书面形式提出索赔；②货物发生延误运输的，托运人应自货物处置权交给收货人之日起 21 日内以书面形式提出索赔；③货物托运后始终没有交付的，托运人应自货运单填开之日起 120 日内以书面形式提出索赔。

（四）国际航空运输进口货物代理托运环节

国际航空运输进口货物代理托运有四个基本环节：首先，进口商在购货合同书或购货确认书规定的装运期限内选择国内航空货物代理公司办理进口货物托运手续，签订航空货物运输委托书；其次，国内航空货物代理公司通过其出口国的分公司或代理在进口货物通关后安排装机，并将航空分运单、装箱单、发票等发送至国内航空货物代理公司；再次，国内航空货物代理公司在航空器入境后进行卸货，将其存放在机场海关监管仓库内，并将航空分运单号、收货人、始发站、目的站、件数、重量、货物品名、航班号等信息在线传输给海关留存，供报关用;最后,国内航空货物代理公司向托运人寄发航空分运单、装箱单、发票和提货通知。

(五) 航空货物运输委托书缮制

航空货物运输委托书是进口商与航空货物代理公司就进口货物航空运输托运事项而订立的代理协议。航空货物运输委托书是航空货物代理公司据以填开航空分运单的依据,它没有固定格式,由各航空货物代理公司印制。

上海金发国际货运代理有限公司航空货物运输委托书的内容与缮制方法如下。

1. Booking No.

此栏留空,由航空货物代理公司填入预定编号。

2. Shipper (exporter's business name, address, country)

外贸单证员应在此栏填入购货确认书中的出口商名称及详细地址。

3. Consignee (consignee's name, address, country)

外贸单证员应在此栏填入购货确认书中的进口商名称及详细地址。

4. Notify Party

外贸单证员应在此栏填入购货确认书中的进口商名称、详细地址和电话号码。

5. Transfer Mode

外贸单证员应根据业务需求选择"机场到机场"或"机场到门"或"门到机场"或"门到门"的服务方式,并在其前框内打"√"确认。

6. Prepaid or Collect

外贸单证员应根据购货确认书中的国际贸易术语选择"Prepaid"或"Collect",并在其前框内打"√"确认。

7. Freight & Charges

此栏留空,由航空货物代理公司在此栏填入运费和费用。

8. Airport of Departure

外贸单证员应在此栏填入购货确认书规定的始发机场名称。

9. Airport of Destination

外贸单证员应在此栏填入购货确认书规定的到达机场名称。

10. Carrier

此栏留空,由航空货物代理公司在此栏填入承运人名称。

11. Flight/Date

此栏留空,由航空货物代理公司在此栏填入航班号和航班日期。

12. Marks & No.

外贸单证员应在此栏填入购货确认书规定的唛头。

13. Description of Goods & Kind of Packages

外贸单证员应在此栏填入购货确认书规定的货物名称和包装方式。

14. Gross Weight

外贸单证员应在此栏填入进口货物总的毛重。

15. Measurement

外贸单证员应在此栏填入进口货物总的体积。

16. Customs Declaration Service Request

外贸单证员应根据业务需求选择自理或代理报关,并在"By Oneself"或"By Agent"前方框内打"√"确认。

17. Loading Date

外贸单证员应在此栏填入购货确认书规定的交货日期。

18. Mawb No., Hawb No.

此栏留空,由航空货物代理公司在此栏分别填入航空主运单和航空分运单的编号。

19. Other Especial Request

外贸单证员根据业务要求,可在此栏填入其他特殊要求。

20. Client Signature

外贸单证员应在此栏签名、盖章,并注明填表日期。

21. Agent Signature

此栏留空,由航空货物代理公司签名、盖章,并注明填表日期。

(六)企业法律责任

《中国民用航空货物国际运输规则》第6条规定托运人托运货物,应当遵守出发地、经停地和目的地国家的法律和规定。第10条规定托运人应当对货运单上所填关于货物的说明和声明的正确性负责,因货运单上所填的说明和声明不符合规定、不正确或不完全,给承运人造成损失的,应承担赔偿责任。

二、国际航空运输出口货物托运及委托书订立实例展示

上海贤达进出口有限公司外贸单证员丁艳在购货确认书规定的装运期限内选择上海金发国际货运代理有限公司办理进口货物柯尼卡美能达硒鼓国际航空运输托运手续,签订航空货物运输委托书。上海金发国际货运代理有限公司的日本分公司在柯尼卡美能达硒鼓通关后安排装机,并将航空分运单、装箱单、发票等发送上海金发国际货运代理有限公司。上海金发国际货运代理有限公司在航空器入境后进行卸货,将航空分运单号、收货人、始发站、目的站、件数、重量、货物品名、航班号等信息在线传输给上海虹桥国际机场海关,并向上海贤达进出口有限公司寄发航空分运单、装箱单、发票和提货通知。上海金发国际货运代理有限公司订立的航空货物运输委托书见图2-7。

Shipper (exporter's business name, address, country)	Booking No.: 0230684218
DAHANG TRADE CORPORATION 6 OYAM MACHI, UTSUNOMIYA, JAPAN	SHANGHAI JINFA INTERNATIONAL FREIGHT FORWARDING CO., LTD. **LETTER OF ATTORNEY FOR AIR CARGO** TEL: 021-65393781 FAX: 021-65393782
Consignee (consignee's name, address, country) SHANGHAI XIANDA IMP. & EXP. CO., LTD. 8 YANGGAO ROAD, SHANGHAI, CHINA	NO. 53 HUANGPU ROAD, HONGKOU DISTRICT, SHANGHAI, CHINA
Notify Party SHANGHAI XIANDA IMP. & EXP. CO., LTD. 8 YANGGAO ROAD, SHANGHAI, CHINA TEL: 021-65766688 FAX: 021-65766687	Transfer Mode ☑ Airport To Airport ☐ Airport To Door ☐ Door To Airport ☐ Door To Door ☐ Prepaid ☑ Collect
	Freight & Charges

(续图)

Airport of Departure NARITA INTERNATIONAL AIRPORT	Airport of Destination SHANGHAI HONGQIAO INTERNATIONAL AIRPORT	Carrier CHINA EASTERN AIRLINES CO., LTD.	Freight/Date MU5738/DEC. 10, 2023
Marks & No. D.T.C 23062321 SHANGHAI C/NO. 1-120	Description of Goods & Kind of Packages KONICA MINOLTATONER CARTRIDGE EACH PC IN A BOX, 50 PCS INTO AN EXPORT CARTON	Gross Weight 3 000 KGS	Measurement 12 CBM
Customs Declaration Service Request		☐ By Oneself	☑ By Agent
Loading Date DEC. 10, 2023			
Mawb No.		Hawb No.	
Other Especial Request:			
Client Signature：丁艳 Date：NOV. 10, 2023 上海贤达进出口有限公司公章 SHANGHAI XIANDA IMP. & EXP. CO., LTD.		Agent Signature：王民 Date：NOV. 10, 2023 上海金发国际货运代理有限公司公章 SHANGHI JINFA INTERNATIONAL FREIGHT FORWARDING CO., LTD.	

图 2-7　航空货物运输委托书

三、国际航空运输出口货物托运及委托书缮制模拟操作

（一）模拟业务背景

上海立达进出口有限公司外贸单证员在购货确认书规定的装运期限内选择上海金发国际货运代理有限公司办理进口货物东芝硒鼓国际航空运输托运手续，签订航空货物运输委托书。上海金发国际货运代理有限公司在航空器入境后进行卸货，将航空分运单号、收货人、始发站、目的站、件数、重量、货物品名、航班号等信息在线传输给上海浦东国际机场海关，并向上海立达进出口有限公司寄发航空分运单、装箱单、发票和提货通知。

（二）模拟业务资料

购货确认书编号：23062312

航空货物代理：上海金发国际货运代理有限公司

集装箱毛重/体积：25 KGS/0.2 M³

进口货物报关：自理

单证员/缮制日期：(学生姓名)/(合理拟定)

（三）模拟业务操作

请你以外贸单证员的身份，根据模拟业务资料的相关内容缮制航空货物运输委托书。航空货物运输委托书样张见"模拟操作 2-4"。

模拟操作 2-4

任务五　国际航空运输进口货物保险及预约保险合同填写

一、操作指南

（一）适用保险条款

国际航空运输进口货物投保是指被保险人向保险人投保从一国航空站运至另一国航空站货物适宜的保险条款险别，被保险人缴纳保险费，在遭遇承保范围内的损害或灭失时可从保险人获取经济赔偿的一种保险业务。国际航空运输进口货物投保的保险条款有英国伦敦保险协会制定的《ICC航空货物运输保险条款》和原中国人民保险公司制定的《PICC航空货物运输保险条款》。

（二）国际航空货物运输保险险别

国际航空货物运输保险有基本险和附加险两类，基本险可单独投保，附加险应在投保基本险的基础上进行加保。

1. 基本险

《PICC航空货物运输保险条款》有航空运输险和航空运输一切险两种基本险。航空运输险是指承保货物在航空运输中因飞机遭受雷电、火灾、爆炸、碰撞、倾覆、坠落、失踪等意外事故所造成的全部或部分损失由保险人承担赔偿责任的保险。航空运输一切险是指承保货物在航空运输中发生航空运输险的承保风险，以及因偷窃、短少、破碎、渗漏等外来原因所造成的全部或部分损失，均由保险人承担赔偿责任的保险。《PICC航空货物运输保险条款》采用了《ICC航空货物运输保险条款》基本险的分类方法、承保范围和责任原则。

2. 附加险

《PICC航空货物运输保险条款》附加险有航空运输货物战争险和航空运输货物罢工险两种。航空运输货物战争险是指承保货物在航空运输中因战争或类似战争行为、敌对行为或武装冲突、各种常规武器或炸弹所造成的货物损失，保险人承担赔偿责任。航空运输货物罢工险是指承保货物在航空运输中因罢工或工潮、暴动或民变的人员采取行动所造成的直接损失，以及因上述行为所引起的共同海损的牺牲、分摊和救助费用，保险人承担赔偿责任。《PICC航空货物运输保险条款》采用了《ICC航空货物运输保险条款》附加险的分类方法、承保范围和责任原则。

（三）国际航空货物运输保险责任起讫

航空运输险和航空运输一切险的责任起讫采用"仓至仓"责任。自承保货物离保险单所载明的起运地仓库或储存处所开始运输时生效，直至货物运达保险单所载明目的地收货人的最后仓库或储存处所或被保险人用作分配、分派或非正常运输的其他储存处所为止。如未运抵上述仓库或储存处所，则以承保货物在最后卸载地卸离飞机后满30天为止。如在上述30天内承保货物需转送到非保险单所载明的目的地时，则以该项货物开始转运时终止。

航空运输货物战争险、航空运输货物罢工险的责任起讫是从承保货物在启运地装上飞机时开始，到达目的地卸离飞机时止，如果承保货物不卸离飞机，则以飞机抵达目的地当日午夜起满15天为止。

（四）国际航空货物运输保险除外责任

投保航空运输险和航空运输一切险，如果发生以下七种情形之一所造成承保货物的损失，保险人不负责赔偿。

(1) 承保货物因战争、军事行动、扣押、罢工、哄抢和暴动所引起的损失。

(2) 承保货物因核反应、核子辐射和放射性污染所引起的损失。

(3) 承保货物属于自然损耗、本质缺陷、特性所引起的污染、变质、损坏和货物包装不良。

(4) 承保货物在保险责任开始前已存在的品质不良、数量短少所造成的损失。

(5) 承保货物因市价跌落、运输延迟所引起的损失。

(6) 承保货物因发货人责任引起的损失。

(7) 承保货物因被保险人故意行为或违法犯罪行为引起的损失。

（五）国际航空货物运输保险单

国际航空货物运输保险单是保险人与被保险人订立国际航空货物运输保险合同的书面证明。国际航空货物运输保险合同是指保险人与被保险人之间达成的，以飞机运载的货物为保险标的，由保险人对承保货物在航空运输中因自然灾害或意外事故造成的损失承担赔偿责任的协议。

（六）国际航空运输进口货物保险流程

国际航空运输进口货物保险有两个基本环节：其一，进口商应在航空货物运输委托书订立后及时与属地保险公司订立进口货物预约保险合同，进口货物装机后自动承保；其二，进口商在进口货物装机后及时向保险公司缴纳保险费，获取保险单。

（七）进口货物运输预约保险合同拟订

进口货物运输预约保险合同是指被保险人与保险人就被保险货物、运输方式、保险金额、保险险别、保险费率、承保条件、索赔期限等事项进行事先约定的法律书面文件。进口货物预约保险合同没有固定格式，由各保险公司制定。中国人民财产保险股份有限公司上海分公司预约保险合同的条款内容以及填写方法如下。

1. 合同号

此栏留空，由保险公司填入编号。

2. 日期

此栏留空，由保险公司填入签约的日期。

3. 甲方

外贸单证员应在此栏填入购货确认书中进口商名称、地址、电话与传真。

4. 乙方

此栏留空，由保险公司填入其名称、地址、电话与传真。

5. 保险险别和费率

外贸单证员应在此栏填入购货确认书中的进口货物名称、运输方式和保险险别名称。外贸单证员应在"保险费率"处按照一般规定填入"按约定"字样。

6. 合同生效日期

此栏留空，由保险公司在此处填入保险合同生效的具体日期。

7. 法定代表人

甲方和乙方的法定代表人在此处签名，并加盖各自公章或专用章。

二、国际航空运输进口货物保险及预约保险合同填写实例展示

上海贤达进出口有限公司外贸单证员丁艳在订立航空货物运输委托书后向中国人民财产保险股份有限公司上海分公司办理进口货物运输保险，填写预约保险合同甲方相关内容。中国人民财产保险股份有限公司上海分公司经办人李文填写预约保险合同乙方相关内容，并由甲、乙双方法定代表人签名盖章。进口货物运输预约保险合同见图2-8。

进口货物运输预约保险合同

合同号：02310234
日 期：2023.11.11

甲方：上海贤达进出口有限公司
地址：上海市杨高路8号
电话：021-65766688
传真：021-65766687

乙方：中国人民财产保险股份有限公司上海分公司
地址：上海市黄浦区中山南路700号
电话：021-63773000
传真：021-63774678

进口货物运输预约保险合同双方当事人就进口货物运输预约保险相关事项进行议定，并规定如下：

一、险保险范围

甲方从国外进口的全部货物，不论运输方式，依据贸易合同条款规定由买方办理保险的，都属于本合同范围之内。甲方应根据本合同规定，向乙方办理投保手续并支付保险费。

乙方对上述保险范围内的货物，负有自动承保的责任，在发生本合同规定范围内的损失时，均按本合同的规定，负责赔偿。

二、保险金额

保险金额以货物的到岸价货价加运费加保险费为准（运费可用实际运费，亦可由双方协定一个平均运费率计算）。

三、保险险别和费率

货物需要投保的险别由甲方选定并在下列中填明。乙方根据不同的险别费率收取保险费。

货物种类	运输方式	保险险别	保险费率
柯尼卡美能达硒鼓	航空货物运输	航空运输一切险、战争险	按约定

四、保险责任

各种险别的责任范围，按照所属乙方制定的"航空货物运输保险条款"、"航空运输货物战争险条款"、"航空运输一切险条款"和其他有关条款的规定为准。

五、投保手续

被保险货物启运后，甲方应立即向乙方发送启运通知书，办理投保。通知书一式五份，由保险公司签字确认后退回一份。如不办理投保，货物发生损失，乙方不予赔偿。

六、保险费

乙方按照保险金额、保险险别及费率逐笔计收保险费，甲方应及时支付保费。

七、索赔手续和期限

本合同所保货物发生保险责任范围内的损失时，乙方应按制定的"关于航空进口保险货物残损检验的赔款给付办法"和"进口货物施救整理费用支付办法"迅速处理。甲方应尽力采取防止货物扩大受损的措施，对已遭受损失的货物必须积极抢救，尽量减少货物的损失。甲方向乙方办理索赔的有效期限，是从保险货物卸离运输工具之日起一年。如有特殊需要，甲方可向乙方提出延长索赔期。

本合同自2023年11月12日起开始生效。

甲 方：上海贤达进出口有限公司 SHANGHAI XIANDA IMP. & EXP. CO., LTD.

乙 方：中国人民财产保险股份有限公司上海分公司 PICC PROPERTY AND CASUALTY COMPANY LIMITED SHANGHAI BRANCH

法定代表人（签字）：沈津

法定代表人（签字）：王力

图2-8 进口货物运输预约保险合同

三、国际航空运输进口货物保险及预约保险合同填写模拟操作

（一）模拟业务背景

上海立达进出口有限公司外贸单证员在航空货物运输委托书订立后向中国人民财产保险股份有限公司上海分公司办理东芝硒鼓进口货物运输保险，填写预约保险合同甲方相关内容。中国人民财产保险股份有限公司上海分公司经办人填写预约保险合同乙方相关内容。进口货物运输预约保险合同经甲乙双方法定代表人签名盖章后生效。

（二）模拟业务资料

购货确认书编号：23062312

预约保险合同号/日期：02312468/（合理拟定）

预约保险合同生效日期：（合理拟定）

（三）模拟业务操作

请你以外贸单证员的身份，根据模拟业务资料的相关内容填写进口货物预约保险合同甲方相关内容。进口货物预约保险合同样张见"模拟操作2-5"。

模拟操作2-5

任务六　进口货物"两步申报"及报关单填报

一、操作指南

2019年，海关总署推广"两步申报"的改革措施，《进出口货物申报管理规定》吸收了该申报模式，由境内进口企业根据实际需求自行选择不同的通关模式。

（一）进口货物"两步申报"的适用范围

"两步申报"是指境内进口企业先后采用概要申报和完整申报两种形式完成进口货物报关单的通关模式。适用"两步申报"通关模式的进口货物有三类：一是属于水路运输、铁路运输、公路运输、航空运输方式下的实际进境货物；二是属于特殊监管区域的进境货物和水路运输货物；三是属于航空运输方式下的转关货物。属于有纸申报报关单的、通过特殊通道申报报关单的、使用纸质代理报关委托书的、运输工具进境超过14天的进口货物，均不适用"两步申报"通关模式。

（二）进口货物"两步申报"的条件

境内进口企业选择"两步申报"通关模式应当具备四个条件：一是企业资质，企业的信用等级应当是一般信用企业或认证企业；二是货物状态，进口货物必须是实际进境货物；三是申报时限，概要申报与完整申报均需自运输工具申报进境之日起14日内完成；四是监管证件，进口货物所涉及的监管证件已实现联网核查。

（三）进口货物"两步申报"的录入方式

"两步申报"分为"分次录入"和"一次录入"两种方式。"分次录入"是指境内进口企业分别对概要申报、完整申报进行录入。"一次录入"是指境内进口企业可以根据报关单填制规范要求一次性完成所有申报数据项的录入，海关申报系统按照"两步申报"作业流程进行处理。境内进口企业根据实际需求可自行选择"两步申报"的录入方式。

（四）进口货物"两步申报"涉证与涉检的监管证件

根据《海关总署关于开展"两步申报"改革试点的公告》（海关总署公告〔2019〕127号）的相关规定，进口货物"两步申报"涉证与涉检的监管证件如表2-2所示。

表2-2　　　　　　　　　　进口货物"两步申报"涉证与涉检的监管证件

序号	证件名称	报关单录入类型
1	中华人民共和国两用物项和技术进口许可证	涉证
2	中华人民共和国进口许可证	涉证
3	中华人民共和国自动进口许可证	涉证
4	非《进出口野生动植物种商品目录》物种证明	涉证
5	《濒危野生动植物国际公约》允许进出口证明书	涉证
6	中华人民共和国野生动植物允许进出口证明书	涉证
7	药品进口许可证	涉证
8	精神药物进口许可证、麻醉药品进口许可证	涉证
9	密码产品和含有密码技术的设备进口许可证	涉证
10	黄金及黄金制品进出口准许证	涉证
11	限制进口类可用作原料的固体废物进口许可证	涉证
12	民用爆炸物进口审批单	涉证
13	复境外加工光盘进口备案审批单	涉证
14	录像制品（成品）进口批准单	涉证
15	进口广播电影电视节目带（片）提取单	涉证
16	进口非特殊用途化妆品卫生许可证	涉检
17	进口特殊用途化妆品卫生许可批件	涉检
18	进口医疗器械注册证、进口医疗器械备案证	涉检
19	尚无食品安全国家标准的商品暂予使用的标准	涉检
20	新食品原料的许可证明文件	涉检
21	强制性产品认可证书或证明	涉检

(续表)

序号	证件名称	报关单录入类型
22	婴幼儿配方乳粉产品配方注册证书	涉检
23	保健食品注册证书或保健食品备案凭证	涉检
24	特殊医学用途配方商品注册证书	涉检
25	特种设备制造许可证、型式实验证书	涉检
26	农业转基因生物安全证书	涉检
27	引进种子、苗木检疫审批单	涉检

（五）进口货物"两步申报"的容错机制

在"两步申报"推广期间，境内进口企业或其代理人进行"两步申报"通关模式过程中，自行发现申报数据有误，并提出修改或撤销报关单申请的，不予记录报关差错。如果已经记录报关差错的，申报企业可以向海关申请更正。

（六）进口货物"两步申报"的作用

"两步申报"创新了进口货物通关监管方式，提高了通关效率，降低了境内进口企业管理成本。"两步申报"通关模式有四类进口货物受惠明显：一是申报单证准备周期较长而物流速度较快的进口货物，"两步申报"的概要申报无需一次性提交全部进口单证就能提货，进口货物通关效率高；二是跨境电商进口货物，"两步申报"通关模式方便境内进口企业先"盘库"，确定商品数量、规格后再向海关申报，简化业务手续；三是实施目的地检查的进口货物，"两步申报"概要申报后，货物运抵即可提离，可缩短物流时间，减少物流成本；四是规格型号、价格构成复杂的进口货物，"两步申报"通关模式方便境内进口企业先收货再申报，避免企业申报错误导致被处罚的风险。

（七）进口货物"两步申报"的环节

进口货物"两步申报"有四个环节：其一，申报企业登入"单一窗口"平台，点击"货物申报"服务模块，选择"两步申报"菜单。其二，申报企业选择"一次录入"或"分次录入"方式，勾选"辅助提交"的，需要把所有概要申报和完整申报部分数据"一次录入"，概要申报提货放行后系统将自动生成"完整申报"；不勾选"辅助提交"的，需要先录入概要申报部分数据，概要申报提货放行后还要录入完整申报部分数据，并点击"申报"按钮。其三，申报企业根据进口货物是否涉及许可证管理、检验检疫和税收的情形，在申报界面中"是否涉证""是否涉检""是否涉税"三栏分别勾选"是"或"否"，阅读"兹声明以上申报属实，企业承担相应的法律责任，我司承诺自运输工具申报进境之日起14日内完成完整申报"后点击"确认"按钮。其四，申报企业完成概要申报后，对无需查验，或已完成查验，并提交税款担保的进口货物进行提货。

（八）"两步申报"进口货物电子数据报关单的填报

"两步申报"进口货物电子数据报关单的填报要求如下。

1. 申报地海关

此栏为必填栏目。报关员应在系统下拉菜单中选择商品入境地海关，显示《关区代码表》中的海关名称及代码。

2. 申报状态

此栏无需录入。系统将显示进口货物报关单的保存、结关、已申报、海关入库成功、退单、审结和放行的申报状态。

3. 统一编号

此栏无需录入。系统在单据暂存后将自动产生流水号,便于查询使用。

4. 预录入编号

此栏无需录入。系统自动产生18位数码的预录入编号,其数字结构与纸质进口货物报关单相同。

5. 海关编号

此栏无需录入。海关接受申报时,系统自动产生18位数码的海关编号。

6. 进境关别

此栏为必填栏目。报关员应录入货物进境的口岸海关名称及其在《关区代码表》中的相应代码;属于进口转关运输货物的,录入货物进境口岸海关名称及代码;属于转关运输方式监管的跨关区深加工结转货物的,录入转入地海关名称及代码;无实际进口货物的,录入接受申报的海关名称及代码。

7. 备案号

此栏为选填栏目。一般贸易方式下的进口货物不填报;加工贸易项下的货物,报关员应录入加工贸易手册编号;加工贸易成品凭《征免税证明》转为减免税进口货物,报关员应录入《征免税证明》编号。

8. 合同协议号

此栏为选填栏目。报关员应录入购货合同书或购货确认书的编号,未发生商业性交易的免予填报。

9. 进口日期

此栏为必填栏目。报关员应录入进口货物运输工具申报进境的日期,无实际进境货物则录入海关接受申报的日期。

10. 申报日期

此栏为系统反填栏目。以电子数据报关单方式申报的,系统将自动返填海关计算机系统接受申报数据日期。以人工录入的申报日期,货物入库后系统将自动返填。

11. 境内收货人

此栏为系统反填栏目。系统将自动返填境内进口企业法人、其他组织的名称及其18位数码的法人和其他组织统一社会信用代码。

12. 境外发货人

此栏为必填栏目。报关员应录入购货合同书或购货确认书中的卖方名称及其在《国别地区代码表》中对应的编码。如果是AEO互认国家(地区)的企业,录入AEO编码,非互认AEO国家(地区)企业等其他情形,免予填报。无境外发货人的,名称及编码应录入"NO"。

13. 消费使用单位

此栏为必填栏目。报关员应录入进口货物在境内的最终消费或使用单位的名称及编码,包括自行进口货物单位、委托方进出口企业进口货物单位。编码可选择 18 位数码的法人代码、统一社会信用代码和 10 位数码的海关代码。

14. 申报单位

此栏为系统返填栏目。系统将自动返填境内进口企业或其代理报关企业的名称及其 18 位数码的法人和其他组织统一社会信用代码。

15. 运输方式

此栏为必填栏目。报关员应录入进口货物运输方式及其在《运输方式代码表》中对应的代码。属于进口转关运输货物的,录入载运货物抵达进境地的运输工具。境内非保税区运入保税区的货物和退出保税区的货物,填报"非保税区"及代码"0"。

16. 运输工具名称

此栏为必填栏目。报关员应录入载运货物进境的运输工具名称或编号。水路运输录入船舶编号或船舶英文名称;公路运输录入跨境运输车辆的国内行驶车牌号;铁路运输录入车厢编号或交接单号;航空运输录入航班号。属于无实际进出境货物的,免予填报。

17. 航次号

此栏为选填栏目。报关员在此栏的录入方法为:水路运输填报船舶的航次号;公路运输填报运输车辆的进境日期;铁路运输填报列车的进境日期;航空运输免予填报。

18. 提运单号

此栏为必填栏目。报关员应录入运输部门提供的海运提单或空运单等运输单据的编号:水路运输填报提单号,分提单填写提单号+"*"+分提单号;公路运输在启用公路舱单前免予填报,启用后填报总运单号;铁路运输填报运单号;航空运输填报总运单号,分运单填报总运单号+"_"+分运单号,无分运单的填报总运单号。一票货物对应多个海运提单或空运单时应分单填入。无实际进境货物免予填报。

19. 监管方式

此栏为必填栏目。报关员应录入进口货物监管方式的简称及其在《监管方式代码表》中对应的代码。一份报关单只允许填报一种监管方式。

20. 征免性质

此栏为选填栏目。报关员应录入进口货物征免性质的简称及其在《征免性质代码表》中对应的代码。持有海关核发的《征免税证明》的,填报批注的征免性质,征免性质可通过系统下拉菜单选择。一份报关单只允许填报一种征免性质。

21. 许可证号

此栏为选填栏目。报关员应录入进口许可证、两用物项和技术进口许可证的编号。一份报关单只允许填报一个许可证号。

22. 启运国(地区)

此栏为必填栏目。报关员应录入进口货物装运地的国家(地区)的名称及其在《国别(地区)代码表》中对应的代码,可在系统下拉菜单中选择。属于无实际进境货物的,填报"中国"及代码。如在中转地发生商业性交易的,填报中转地国家(地区)的名称及代码。

23. 经停港

此栏为选填栏目。报关员应录入进口货物运抵中国关境前最后一个境外装运港的名称及其在《港口代码表》中对应的代码。如果没有该港口名称及代码,可选择填报相应的国家名称及代码。无实际进境货物的,则填写"中国境内"及代码。

24. 成交方式

此栏为必填栏目。报关员应录入进口货物实际成交方式在《成交方式代码表》中对应的代码。属于无实际进境的货物,成交方式填报"CIF",可在下拉菜单选择"1-CIF",或录入"1",栏目自动生成"CIF"。

25. 运费

此栏为系统选填栏目。报关员应录入进口货物运抵中国境内目的地装卸前的运费和其在《货币代码表》中对应的币种代码,可选择运费单价、总价或运费率中的一种方式填报,并注明运费标记("1"表示运费率,"2"表示每吨货物的运费单价,"3"表示运费总价)。

26. 保险费

此栏为选填栏目。报关员应录入进口货物运抵中国境内目的地装卸前的保险费用和币种代码,可选择保险费总价或保险费率中的一种方式填报,并注明保险费标记("1"表示保险费率,"3"表示保险费总价)。

27. 杂费

此栏为选填栏目。报关员应录入进口货物运抵中国境内目的地装卸前的杂费和币种代码,可选择杂费总价或杂费率中的一种方式填报,并注明杂费标记("1"表示杂费率,"3"表示杂费总价)。

28. 件数

此栏为必填栏目。报关员应录入进口货物运输包装的件数,即提单或运单中所列的货物件数及计量单位。裸装货物则填入"1",不得填报为零。舱单件数为集装箱和托盘的,则填入集装箱个数和托盘数。

29. 包装种类(其他包装)

此栏为必填栏目。报关员应录入进口货物的运输包装或其他包装的名称及其在《包装种类代码表》中的对应代码。其他包装可选勾《包装种类代码表》中对应的包装材料。

30. 毛重

此栏为必填栏目。报关员应录入进口货物加上其包装材料的重量和计量单位千克。如果不足1千克,填报"1"。

31. 净重

此栏为必填栏目。报关员应录入进口货物毛重减去外包装材料后的重量和计量单位千克。如果不足1千克,填报"1"。

32. 贸易国别(地区)

此栏为必填栏目。报关员应录入进口贸易国家(地区)名称及其在《国别(地区)代码表》中对应的代码。

33. 集装箱数

此栏为系统返填栏目。报关员录入进口货物集装箱相关信息后,系统将自动返填。

34. 随附单证

此栏为系统返填栏目。报关员录入进口报关随附单证相关信息后,系统将自动返填。

35. 入境口岸

此栏为必填栏目。报关员应录入进口货物从运输工具卸离的第一个境内口岸地名称及其在《国内口岸编码表》中的对应代码。无实际进境货物的,填报货物所在地的城市名称及代码。

36. 货物存放地点

此栏为必填栏目。报关员应录入进口货物入境后存放的场所或地点,包括海关监管作业场所、分拨仓库、定点加工厂、隔离检疫场、企业自有仓库等。

37. 启运港

此栏为必填栏目。报关员应录入进口货物运抵中国关境前第一个境外装运港的名称及其在《港口代码表》中对应的代码。

38. 报关单类型

此栏为必填栏目。填报方法有四种:一是有纸报关,在系统下拉菜单中选择"0-有纸报关";二是有纸带清单报关,在系统下拉菜单中选择"L-有纸带清单报关";三是无纸带清单报关,在系统下拉菜单中选择"D-无纸带清单报";四是通关无纸化,在系统下拉菜单中选择"M-通关无纸化"。

39. 备注

此栏为选填栏目。填报方法有八种:一是受外商投资企业委托代理进口投资设备、物品,填入受托方进口企业名称;二是进口直接退运货物,填入"直接退运"字样;三是收货人或其代理人申报货物复运进境货物,填入《货物暂时进/出境延期办理单》的海关回执编号;四是跨境电子商务进口货物,填入"跨境电子商务";五是服务外包进口货物,填入"国际服务外包进口货物";六是已进入特殊监管区完成检验的货物,在出区入境申报时填入"预检验"字样,并在"关联报检单"栏填入实施预检验的报关单号;七是进口企业提供ATA单证册的货物,填入"ATA单证册";八是自境外进入境内特殊监管区或保税仓库的货物,填入"保税入库"或"境外入区"。

40. 标记唛码

此栏为必填栏目。报关员应录入进口货物包装上标记唛码中除图形以外的文字和数字,无标记唛码的填报"N/M"。

41. 受理海关

此栏为必填栏目。报关员应录入提交进口货物报关单和随附单据的海关名称及其在《关区代码表》中对应的代码,可在系统下拉菜单中选择。

42. 企业资质

此栏为必填栏目。企业资质有九种类别,填报方法分别为:①《实施检验检疫的进出境商品目录》内进口货物,填报进出口商及代理商必须取得的资质类别及其在《企业资质类别代码》中对应的代码;②进口食品和食品原料类,填报进口食品境外出口商代理商备案号、进口食品进口商备案号;③进口水产品,填报进口食品境外出口商代理商备案号、进口食品进口商备案号、进口水产品储存冷库备案号;④进口肉类,填报进口肉类储存冷库备案号、进口食品境外出口商代理商备案号、进口食品进口商备案号、进口肉类收货人备案号;⑤进口化妆品,填报进口化妆品收货人备案号;⑥进口水果,填报进境水果境外果园/包装厂注册登记号;⑦进口非食用动物产品,填报进境非食用动物产品生产、加工、存放企业注册登记号;⑧进口饲料及饲料添加剂,填报进口饲料企业备案号、进口饲料和饲料添加剂生产企业注册登记号;⑨进口可用作废料的固体废物,填报进口可用作原料的固体废物国内收货人注册登记号、国外供货商注册登记号及名称。

43. 领证机关

此栏为必填栏目。报关员应录入领取证单的海关名称及其在《关区代码表》中对应的代码。

44. 口岸海关

此栏为必填栏目。《实施检验检疫的进出境商品目录》和其他法律法规规定必须实施检验检疫的进口货物,报关员应录入入境第一口岸所在地的海关名称及其在《关区代码表》中对应的代码。

45. 关联号码

此栏为选填栏目。不涉及检验检疫的进口货物,免予填报。

46. 关联理由

此栏为选填栏目。不涉及检验检疫的进口货物,免予填报。

47. 特殊业务标识

此栏为选填栏目。不涉及特殊业务标识的出口货物,免予填报。

48. 所需单证

此栏为选填栏目。报关员应根据申请出具检验检疫证单要求,在"所需单证"项下的"检验检疫签证申请要素"中录入境外发货人名称(中文)、境外发货人地址、卸毕日期和商品英文名称等信息。

49. 项号

此栏为必填栏目。报关员应在此栏录入进口货物报关单中的商品顺序编号。

50. 备案序号

此栏为系统反填栏目。系统接受项号的数据后,将自动返填。

51. 商品编码

此栏为必填栏目。报关员应录入进口货物10位数码的商品编码,前8位数码为《进出口税则》《中华人民共和国海关统计商品目录》(以下简称《海关统计商品目录》)确定的编码,第9位、第10位数码是监管附加编号。

52. 商品名称

此栏为必填栏目。报关员应录入进口商品的名称,并能满足海关归类、审价及许可证件管理要求。

53. 规格型号

此栏为必填栏目。报关员应录入进口货物规格型号,并与相关单证同项内容一致。

54. 成交数量

此栏为必填栏目。报关员应录入进口货物实际成交的数量,并与相关单证同项内容一致。

55. 成交计量单位

此栏为必填栏目。报关员应录入进口货物成交计量单位及其在《计量单位代码表》中对应的代码,并与相关单证同项内容一致,可在系统下拉菜单中选择,如"台(001)"。

56. 单价

此栏为必填栏目。报关员应录入同一项号下进口货物实际成交的商品单位价格,无实际成交价格的,填报单位货值金额。

57. 总价

此栏为必填栏目。报关员应录入同一项号下进口货物实际成交的商品总价格,总价在成交数量、成交单位和单价填报后自动生成。属于无实际成交价格的,填报货值金额。

58. 币制

此栏为必填栏目。报关员应录入购货合同书或购货确认书规定的币种及其在《货币代码表》中对应的代码。如果《货币代码表》中没有实际成交的币种,需将实际成交货币按申报日外汇折算率折算成《货币代码表》中列明的币种。

59. 法定第一数量

此栏为必填栏目。报关员应录入《海关统计商品目录》中的法定第一数量。填报方法有六种:①法定计量单位为"千克"的,按数量填报;②货物装入可重复使用的包装容器的,按货物扣除包装容器后的重量填报;③货物使用不可分割包装材料和包装容器的,填报净重;④商品以公量重计价的,填报公量重;⑤货物以毛重作为净重计价的,填报填写毛重;⑥成套设备、减免税货物如需分批进口的,填报实际进口数量。

60. 法定第一计量单位

此栏为系统返填栏目。系统接受法定第一数量信息后,将自动返填。

61. 加工产品单耗版本号

此栏为选填栏目。加工贸易方式下,报关员应录入加工手册中的成品单耗版本号。

62. 货号

此栏为选填栏目。报关员应录入加工贸易手册中的成品货号。

63. 最终目的国(地区)

此栏为必填栏目。报关员应录入进口货物最终实际消费、使用或进一步加工制造国家或地区的名称及其在《国别(地区)代码表》中对应代码。其他情形的填报方法如下:①不经过第三国或地区转运的直接运输货物,填入运抵国或地区最终目的国家或地区的名称及代码;②经过第三国或地区转运的货物,填入最后运往最终目的国家或地区的名称及代码;③同一批进口货物最终目的国家或地区不同的,则分别填入国家或地区的名称及代码;④进口货物不能确定最终目的国家或地区的,填入尽可能预知国家或地区的名称及代码。

64. 法定第二数量

此栏为必填栏目。报关员应录入进口货物有法定的第二计量单位的对应数量。

65. 法定第二计量单位

此栏为系统返填栏目。系统接受法定第二数量信息后,将自动返填。

66. 原产国(地区)

此栏为必填栏目。报关员应录入进口货物原产国或地区名称及其在《国别(地区)代码表》中对应的代码。同一批进口货物的原产地不同的,分别填报原产国(地区)的名称及代码。进口货物原产国(地区)无法确定的,填报"ZZZ 国(地)别不详"。

67. 境内目的地

此栏为必填栏目。报关员应录入已知的进口货物在国内消费、使用地或最终使用单位所在地区在《国内地区代码表》中对应的名称及代码,并根据《行政区划代码表》填报境内目的地对应的县级行政区名称及代码。无下属区县级行政区的,则填报市级行政区的名称及代码。如果最终使用单位难以确定的,则填报货物进口时预知的最终收货单位所在地的名称及代码。

68. 征免方式

此栏为必填栏目。报关员应录入进口货物的征减免税方式及其在《征减免税方式代码表》中相应的代码。

69. 检验检疫货物规格

此栏为选填栏目。报关员应在"成分/原料/组分"栏录入货物含有的成分、货物原料或化学品组分,在"产品有效期"栏录入有质量保证期货物的质量保证截止日期,在"产品保质期"栏录入有质量保证期货物的质量保证天数,在"境外生产企业"栏录入国外生产厂商名称,在"货物规格"栏录入货物规格,在"货物型号"栏录入货物所有型号,在"货物品牌"栏录入货物品牌名称,在"生产日期"栏录入货物生产加工日期,在"生产批次"栏录入货物生产批号,在"生产单位代码"栏录入货物生产单位在海关的备案登记编号。

70. 产品资质

此栏为选填栏目。属于国家实施许可/审批/备案等管理货物的填报要求如下:在"产品资质"项下的"许可证类别"中填报对应的许可、审批或备案证件类别和名称,并在"许可证编号"栏中填报对应的许可、审批或备案证件编号;在"产品资质"项下的"核销货物序号"栏中填报被核销文件中对应货物的序号,并在"产品许可/审批/备案核销数量"栏中填报被核销文件中对应货物的本次实际进口数(重)量。

71. 货物属性

此栏为选填栏目。货物属性填报有四种方法:①入境强制性产品认证产品,在入境民用商品认证(包括目录内、目录外、无需办理3C认证)中勾选对应项;②进口食品、化妆品,在食品及化妆品(包括预包装、非预包装、首次进口)中勾选对应项;③含转基因成分的进口商品,在转基因(包括转基因产品、非转基因产品)中勾选对应项;④进口木材(含原木)板材,在是否带皮木材(包括带皮木材/板材、不带皮木材/板材)中勾选对应项。

72. 用途

此栏为必填栏目。属于法定检验检疫货物,报关员应在用途栏下拉菜单中录入《货物用途代码表》中用途及代码。

73. 危险货物信息

此栏为必填栏目。不是《危险化学品目录》内的商品,也不属于危险货物的,报关员应在"非危险化学品"栏中选择"是"。货物为属于危险货物,应在"UN编码"栏中录入对应的UN编码,在"危险货物名称"栏中录入危险货物名称,在"危包类别"中勾选危险货物的包装类别,还要在"危包规格"栏中录入危险货物的包装规格。

74. 集装箱号

此栏为选填栏目。报关员应录入进口货物集装箱的编号。

75. 集装箱规格

此栏为选填栏目。报关员应录入进口货物集装箱的规格。

76. 拼箱标识

此栏为选填栏目。报关员应录入进口货物拼箱集装箱的标识。

77. 商品项号关系

此栏为系统反填栏目。系统接受项号的数据后,将自动返填。

78. 集装箱货重(KG)

此栏为选填栏目。报关员应录入进口货物集装箱的载货重量。

79. 随附单证代码

此栏为必填栏目。报关员应录入进口许可证、两用物项和技术进口许可证以外的其他进口许可证件或监管证件,选择其在《监管证件代码表》中对应的证件代码。

80. 随附单证编号

此栏为必填栏目。报关员应录入进口许可证、两用物项和技术进口许可证以外的其他进口许可证件或监管证件,选择其在《监管证件代码表》中对应的证件编号。

81. 关联报关单

此栏为选填栏目。与本报关单有关联关系的,又在业务管理规范方面要求填报报关单号的,报关员应在电子数据报关单"关联报关单"栏中录入该报关单号。例如,办理进口货物直接退运手续时,应先填报出口报关单,再填报进口报关单,并将出口报关单号填报在进口报关单"关联报关单"栏中。

82. 关联备案

此栏为选填栏目。与本报关单有关联关系的,又在业务管理规范方面要求填报备案号的,报关员应在电子数据报关单中"关联备案"栏中录入该报备案号。例如,减免税货物结转进口(转入),"关联备案"栏录入本次减免税货物结转所申请的《中华人民共和国海关进口减免税货物结转联系函》的编号。

83. 保税/监管场地

此栏为选填栏目。属于保税监管场所进出货物,报关员应在"保税/监管场地"栏目录入本保税监管场所编码,其中涉及货物在保税监管场所间流转的,填报对方保税监管场所代码。

84. 场地代码

此栏为选填栏目。按照进口货物海关实际监管点,报关员应录入《海关货场代码表》中对应的代码。

二、"两步申报"及进口货物电子数据报关单填报实例展示

上海贤达进出口有限公司收到承运人发出的柯尼卡美能达硒鼓进口货物到达通知后,报关员根据《进出口货物申报管理规定》的相关要求,登入"单一窗口"平台,点击"货物申报"服务模块,选择"两步申报"菜单。首先,报关员在"两步申报"菜单中先选择"一次录入"方式,再选择"进口报关单",并在"是否涉证""是否涉税"两栏勾选"是",在"是否涉检"一栏勾选"否";其次,报关员阅读"兹声明以上申报属实,企业承担相应的法律责任,我司承诺自运输工具申报进境之日起14日内完成完整申报"后点击"确认"按钮;再次,报关员在"进口报关单(一次录入)"界面中根据购货确认书、进口许可证、航空货运单、保险单填报相关数据;最后,报关员缴纳柯尼卡美能达硒鼓进口关税,协助上海虹桥国际机场海关进行查验,在海关核准"两步申报"进口货物电子数据报关单内容后获取提货通知。"两步申报"进口货物电子数据报关单见图2-9。

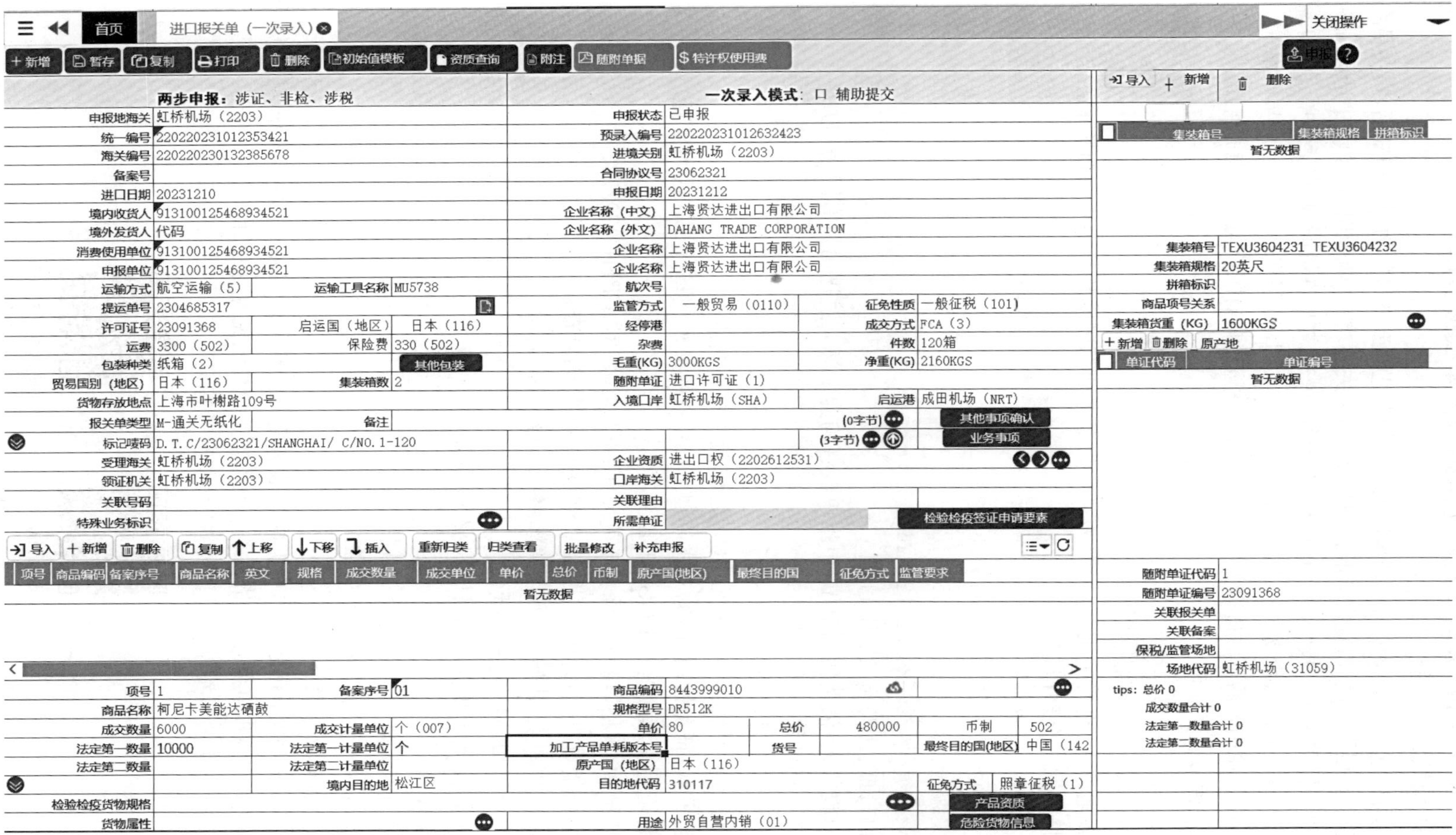

图 2-9 "两步申报"进口货物电子数据报关单

三、"两步申报"进口货物电子数据报关单模拟操作

(一) 模拟业务背景

上海立达进出口有限公司收到承运人发出的东芝硒鼓进口货物到达通知后,报关员登入"单一窗口"平台,根据《进出口货物申报管理规定》的相关要求在"两步申报"菜单中选择"进口报关单",在"进口报关单(一次录入)"界面中根据购货确认书、进口许可证、航空货运单、保险单相关数据填报"两步申报"进口货物电子数据报关单。上海浦东国际机场海关核准"两步申报"进口货物电子数据报关单内容后征收进口关税,并向上海立达进出口有限公司发送提货通知。

(二) 模拟业务资料

购货确认书编号:23062312
进口商统一社会信用代码:913100007793473456
申报地海关/进境关别/口岸海关:(均为上海浦东国际机场海关,代码自查)
申报日期:(合理拟定)
设备状态:已申报
统一编号:220220231012345678
海关编号:220220230132453218
预录入编号:220220231012542632
进口日期:2023 年 12 月 11 日
境内收货人/消费使用单位/申报单位:(均为上海立达进出口有限公司)
运输工具名称:MU5024
航空货运单号:11200953686
航空运费/保费:5 000 美元/500 美元(货币代码自查)
监管方式/征免性质/征免方式:一般贸易/一般征税/照章征税(代码自查)
集装箱毛重/净重:25 KGS/21 KGS
集装箱数/规格/箱号:2 个/40 英尺/CBHU3202731、CBHU3202732
集装箱货重/进口许可证代码:2 500 KGS/(代码自查)
货物存放地点/代码:上海市曹溪路 222 号/31043
报关单类型:M-通关无纸化
企业资质类别/代码:进出口权/2202612531
备案序号:01
用途/代码:外贸自营内销/(代码自查)
场地/代码:上海浦东机场/31227

(三) 模拟业务操作

请你以外贸单证员的身份,根据模拟业务资料的相关内容填报"两步申报"进口货物电子数据报关单。"两步申报"进口货物电子数据报关单样张见"模拟操作 2-6"。

模拟操作相关答案见"项目二模拟操作参考答案"。

模拟操作 2-6

项目二模拟操作参考答案

综合模拟业务操作

一、综合模拟业务背景

上海在野岛进出口有限公司进口部业务经理与日本客商 AODA TRADE COMPANY（青田商社）经理围绕进口货物台式胶订机（DESKTOP BINDING MACHINE）的交易条件进行在线交易磋商，达成一致意见后于 2023 年 9 月 20 日订立购货确认书（编号 23063212）。购货确认书生效后，上海在野岛进出口有限公司外贸单证员根据工作要求编制购货确认书分析单，根据《进口许可证申领工作规范》的相关要求申领进口许可证，在装运期限内选择上海金发国际货运代理有限公司办理国际航空运输进口货物托运手续，并向中国人民财产保险股份有限公司上海分公司办理进口货物运输预约保险。上海在野岛进出口有限公司外贸财会员在购货确认书规定的开证期限内向中国银行上海分行申请购汇与开证，并履行付款赎单义务。上海在野岛进出口有限公司报关员在承运台式胶订机航空器入境后登入"单一窗口"平台，填报"两步申报"进口货物电子数据报关单。上海虹桥国际机场海关核准"两步申报"进口货物电子数据报关单内容后征收进口关税，并向上海在野岛进出口有限公司发送台式胶订机提货通知。

二、综合模拟业务资料

（一）拟订购货确认书资料

商品名称/规格/原产国：台式胶订机/W600×D615×H270/日本

交易数量/单价：200 台/FCA TOKYO USD 10 000.00

包装方式：每台装一纸盒，4 台装一出口纸箱

运输标志：包括 AODA、购货确认书号、目的地名称和箱数

始发机场/到达机场：成田国际机场/上海虹桥国际机场

装运期限/分批装运/转运：2023 年 12 月 12 日前/不允许/不允许

货运保险：根据 2009 年 1 月 1 日《PICC 航空货物运输保险条款》，按发票金额 100% 投保航空运输一切险和战争险

支付方式/开证日期：即期付款信用证/不迟于 2023 年 10 月 10 日

进口商开户银行名称/账号：中国银行上海分行/U09001321912

出口商开户银行名称/账号：BANK OF TOKYO/DJ23012832

单据条款：由卖方签发的形式发票一式两份；由卖方签字的商业发票一式四份；由卖方签发的装箱单一式四份；由厂商签发的质量证书两份；由卖方提供的非木质包装证明一式两份

买方授权人：（学生姓名）

（二）编制购货确认书分析单资料

购货确认书分析单日期/编号：（合理拟定）/Z2309241

商品编码：（编码自查）

(三) 缮制进口许可证申请表资料
进口商统一社会信用代码:913100007442354325
贸易方式/外汇来源/商品用途:一般贸易/银行购汇/内销
报关口岸:上海虹桥国际机场海关
(四) 购买外汇申请书与开证申请书资料
形式发票号:23068361
进口许可证号/有效期:2345923106/2023年12月31日
开证方式:电开
兑付方式:议付
(五) 进口货物运输预约保险合同资料
预约保险合同号/日期:02313216/(合理拟定)
预约保险合同生效日期:(合理拟定)
(六) 填报"两步申报"进口货物电子数据报关单资料
申报地海关/进境关别/口岸海关:(均为上海虹桥国际机场海关)(代码自查)
申报日期:(合理拟定)
设备状态:已申报
统一编号:220220231012345596
海关编号:220220230132453264
预录入编号:220220238435681273
进口日期:2023年12月12日
境内收货人/消费使用单位/申报单位:(均为上海在野岛进出口有限公司)
运输工具名称:MU4286
航空货运单号:11205231846
航空运费/保费:1 100美元/110美元(货币代码自查)
监管方式/征免性质/征免方式:一般贸易/一般征税/照章征税(代码自查)
每箱毛重/净重:30 KGS/27 KGS
集装箱个数/规格:1/20英尺
集装箱号/货重:TEXU3606482/1 600 KGS
随附单证:进口许可证(代码自查)
货物存放地点/代码:上海市联谊路1268号/(行政区代码自查)
报关单类型:M-通关无纸化
企业资质类别/代码:进出口权/2202624321
备案序号:01
用途/代码:外贸自营内销/(代码自查)
场地/代码:虹桥机场/31059

三、综合模拟业务操作要求

根据FCA进口业务模拟操作流程,请同学们结合自愿原则组成上海在野岛进出口有限公司业务二部,分别扮演进口企业的外贸业务员、外贸单证员、外贸财会员和报关员,根据工作岗位职责分别拟定购货确认书,编制购货确认书分析单,缮制进口许可证申请表、购买外汇申请书、开证申请书、航空货物运输委托书,填写进口货物预约保险合同,填报"两步申报"进口货物电子数据报关单。相关单据样张分别见"项目二综合模拟业务"。

项目二综合模拟业务

项目三　CIP、FCA 出境加工贸易业务模拟操作

操作目标

- ◆ 了解 CIP、FCA 贸易术语条件下甲方在出境加工贸易业务中应具备的条件及承担义务。
- ◆ 熟悉出境加工账册的备案与核销的相关规定,以及备案表和申请表的填报方法。
- ◆ 掌握出口料件、复进口货物的托运、投保、报关、支付的流程及其单证的缮制方法。
- ◆ 增强出境加工业务工作中的法律意识、诚信意识和社会责任意识。

模拟操作概要

在 CIP、FCA 贸易术语条件下,出境加工贸易业务模拟操作分为七个步骤:步骤一为开展交易磋商,甲方与乙方订立出境加工合同,并编制出境加工合同分析单;步骤二为办理出境加工账册备案,甲方根据海关相关规定在出境加工合同生效后,填报备案表并办理出境加工账册备案;步骤三为申领东盟原产地证,甲方根据出境加工合同规定,缮制相关单证,获取东盟原产地证;步骤四为办理进出口货物托运,甲方根据出境加工合同运输条款办理出口或进口货物国际铁路联运手续,缮制相关单证;步骤五为办理出口或进口货物投保,甲方根据出境加工合同保险条款规定获取出口货物保险单,签订进口货物运输预约保险合同;步骤六为办理出口或进口货物报关,甲方根据《进出口货物申报管理规定》办理进出口货物报关手续,缮制相关单证;步骤七为支付加工费和办理出境加工账册核销,甲方根据海关相关规定办理出境加工账册核销手续,缮制相关单证。本项目模拟操作内容依据上述流程依次设置五个工作任务。

任务一　出境加工合同订立及分析单编制

一、操作指南

出境加工是指我国境内符合海关相关条件的企业将自有的全部或部分原辅材料、零部件、元器件、包装物料(以下统称"料件")委托境外企业加工,并在加工产品复运进境后支付加工费和境外料件费的经营活动。

(一)出境加工业务范围

出境加工业务不涉及国家禁止或限制的进出境进出口货物和国家应征的出口关税货物。出境加工货物不受加工贸易禁止类、限制类商品目录的限制。

(二)出境加工企业要求

申请开展出境加工业务企业的信用等级为一般认证及以上的企业。如果企业存在涉嫌走私、违规,已被海关立案调查、侦查,且案件尚未审结的情形,或未在规定期限内向海关核报已到期出境加工账册的情形,不得开展出境加工业务。

(三)出境加工合同内容

出境加工合同由约首、正文和约尾三部分组成。约首包括合同名称,合同编号,订约日期,甲方与乙方的名称、地址、电话、传真等。正文分为三部分:第一部分规定甲方提供料件的名称、数量、价格、包装方式、运输方式、运输路线、装运期限;第二部分规定乙方交付产品的名称、数量、包装方式、加工费、支付方式、价格和运输方式、运输路线、装运期限;第三部分规定不可抗力条款、争议与仲裁条款。约尾包括合同生效时间、条件、合同份数和甲乙双方授权代表签章等。

二、出境加工合同订立及分析单编制实例展示

上海贤达进出口有限公司按照2023年经营目标开展出境加工业务,根据《海关企业信用管理办法》《海关认证企业标准》的相关规定,依据一般认证企业标准进行自我评估核查,达标后填写"适用认证企业管理申请书"向上海海关提交认证。上海贤达进出口有限公司获得上海海关一般认证企业资格后,外贸业务员陆佳与越南客商天翼贸易公司(TIANYI TRADE CORPORATION)经理胡华围绕仿真皮革女式包出境加工业务条件进行了磋商,甲方上海贤达进出口有限公司提供仿真皮革,乙方天翼贸易公司根据甲方要求加工女式包,提供拉链等辅料,并收取加工费和辅料费。双方当事人达成一致意见后,陆佳拟定出境加工合同(编号22020186),见图3-1,经业务经理李芳审阅签章后向天翼贸易公司发送。胡华经理核准出境加工合同内容后进行签章,并予以返回。上海贤达进出口有限公司外贸单证员丁艳根据出境加工合同的内容编制出境加工合同分析单,见图3-2。

| O/C NO.: 22020186 | **OUTBOUND PROCESSING** | DATE: OCT. 01, 2023 |

PARTY A: SHANGHAI XIANDA IMP. & EXP. CO., LTD.
    8 YANGGAO ROAD, SHANGHAI, CHINA
    TEL: 021-65766688 FAX: 021-65766687

PARTY B: TIANYI TRADE CORPORATION
    6 YENPHU STREET, HANOI, VIETNAM
    TEL: 008424-6578342 FAX: 008424-6578343

AFTER NEGOTIATION, PARTY A AND PARTY B HAVE REACHED THE FOLLOWING AGREEMENT ON THE PROCESSING OF PARTY A'S MATERIALS AND FINISHED PRODUCTS:

A. PARTY A SHALL BE RESPONSIBLE FOR PROVIDING THE FOLLOWING RAW (AUXILIARY) MATERIALS TO PARTY B, AND THE TRANSPORTATION, INSURANCE, AND OTHER EXPENSES SHALL BE BORNE BY PARTY A.

DESCRIPTION AND SPECIFICATIONS	QUANTITY	UNIT PRICE	AMOUNT
SIMULATED LEATHER 100m×900mm×0.9mm		CIP HANOI	
NATURAL	6 000 M	USD 2.00	USD 12 000.00
SILVERY	6 000 M	USD 2.00	USD 12 000.00
BROWN	6 000 M	USD 2.00	USD 12 000.00

PACKING: 1 ROLL PER 100 METERS, EACH ROLL PACKED IN A PLASTIC BAG
SHIPPING MARK: INCLUDES H. T. C, O/C NO., DESTINATION STATION AND PACKET NUMBER
STATION OF DEPARTURE: SHANGHAI RAILWAY STATION
STATION OF DESTINATION: HANOI RAILWAY STATION
TIME OF SHIPMENT: NOT LATER THAN OCT. 15, 2023
CONDITIONS: FOR 110% OF THE INVOICE VALUE COVERING OVERLAND TRANSPORT ALL RISKS AS PER OVERLAND TRANSPORT CARGO CLAUSE OF THE PICC DATED 1/1, 2009

B. PARTY B SHALL PROVIDE THE FOLLOWING FINISHED PRODUCTS TO PARTY A, AND THE TRANSPORTATION, INSURANCE, AND OTHER EXPENSES SHALL BE BORNE BY PARTY A.

DESCRIPTION AND MODEL	QUANTITY	PROCESSING CHARGES/PC	UNIT RICE	AMOUNT
SIMULATED LEATHER LADY BAG 60cm×45cm×30cm			FCA HANOI	
NATURAL	12 000 PCS	USD 4.00	USD 6.00	USD 72 000.00
SILVERY	12 000 PCS	USD 4.00	USD 6.00	USD 72 000.00
BROWN	12 000 PCS	USD 4.00	USD 6.00	USD 72 000.00

(续图)

PACKING: EACH PIECE IN A POLYBAG, 100 PIECES INTO AN EXPORT CARTON
SHIPPING MARK: INCLUDES S. X. D, O/C NO., DESTINATION STATION AND CARTON NUMBER
STATION OF DEPARTURE: HANOI RAILWAY STATION
STATION OF DESTINATION: SHANGHAI RAILWAY STATION
TIME OF SHIPMENT: NOT LATER THAN DEC. 31, 2023
TERMS OF PAYMENT: T/T PAYMENT AGAINST DELIVERY
BANK INFORMATION IS AS BELOW:
DEPOSIT BANK OF PARTY A: BANK OF CHINA SHANGHAI BRANCH
ACCOUNT NO.: U00856668894
DEPOSIT BANK OF PARTY B: VIETCOM BANK
ACCOUNT NO.: VB289307654072
PARTY A SHALL PRESENT THE FOLLOWING DOCUMENTS:
ONE COPY PROFORMA INVOICE ISSUED BY PARTY A.
ONE COPY ASEAN-CHINA FREE TRADE AREA PREFERENTIAL TARIFF CERTIFICATE OF ORIGIN, ISSUED BY CHINA CUSTOMS.
FOUR COPIES PACKING LISTS PROVIDED BY PARTY A.
ONE COPY RAIL WAYBILL.
ONE COPY CERTIFICATE OF ORIGIN OF PICC PROPERTY AND CASUALTY COMPANY LIMITED.
TWO COPIES CERTIFICATES OF NON-WOOD PACKAGING ISSUED BY PARTY A.
TWO COPIES SHIPMENT NOTICES ISSUED BY PARTY A.
PARTY B SHALL PRESENT THE FOLLOWING DOCUMENTS:
FOUR COPIES SIGNED COMMERCIAL INVOICES ISSUED BY PARTY B.
FOUR COPIES PACKING LISTS ISSUED BY PARTY B.
TWO COPIES CERTIFICATE OF QUALITY ISSUED BY PARTY B.
TWO COPIES CERTIFICATES OF NON-WOOD PACKAGING ISSUED BY PARTY B.
GENERAL TERMS:
IF THE SHIPMENT OF THE CONTRACTED GOODS IS PREVENTED OR DELAYED IN WHOLE OR IN PART BY REASON OF WAR, EARTHQUAKE OR OTHER CAUSES OF FORCE MAJEURE, SHALL NOT BE LIABLE.
ALL DISPUTES IN CONNECTION WITH THIS CONTRACT OR ARISING FROM THE EXECUTION THEREOF, SHALL BE AMICABLY SETTLED THROUGH NEGOTIATION IN CASE NO SETTLEMENT CAN BE REACHED BETWEEN THE TWO PARTIES, THE CASE UNDER DISPUTES SHALL BE SUBMITTED TO SHANGHAI INTERNATIONAL ECONOMIC AND TRADE ARBITRATION COMMISSION FOR ARBITRATION IN ACCORDANCE WITH ITS RULES OF ARBITRATION. THE ARBITRAL AWARD SHALL BE FINAL AND BINDING UPON BOTH PARTIES. THE ARBITRATION FEE SHALL BE BORNE BY THE LOSING PARTY UNLESS OTHERWISE AWARDED BY THE ARBITRATION COURT.
THIS CONTRACT IS TAKEN INTO EFFECT AFTER THE SIGNING OF THE PARTIES TO PARTY A AND B, WITH TWO COPIES AND ONE SHARE OF EACH PARTY.

上海贤达进出口有限公司公章 SHANGHAI XIANDA IMP. & EXP. CO., LTD.	TIANYI TRADE CORPORATION
PARTY A: 李芳	PARTY B: 胡华

图 3-1　出境加工合同

出境加工合同分析单

制单人：丁艳　　　　日期：2023年10月2日　　　　　　　　编号：XD0231231

合同编号	22020186		签约日期	OCT.01，2023	
乙方名称	TIANYI TRADE CORPORATION		乙方地址	6 YENPHU STREET, HANOI, VIETNAM TEL：008424-6578342 FAX：008424-6578343	
乙方开户行	VIETCOM BANK		银行账号	VB289307654072	
料件名称	SIMULATED LEATHER	规格/数量	100m×900mm×0.9mm 18 000 M	单价	CIP HANOI USD 2.00
料件运输	BY RAIL	装运地	SHANGHAI RAILWAY STATION	目的地	HANOI RAILWAY STATION
装运日期	NOT LATER THAN OCT.15,2023			运输标志	H.T.C 22020186 HANOI C/NO. 1-180
包装方式	1 ROLL PER 100 METERS, EACH ROLL PACKED IN A PLASTIC BAG				
投保险别	FOR 110% OF THE INVOICE VALUE COVERING OVERLAND TRANSPORT ALL RISKS AS PER OVERLAND TRANSPORT CARGO CLAUSE OF THE PICC DATED 1/1, 2009				
成品名称	SIMULATED LEATHER LADY BAG	型号/数量	60cm×45cm×30cm 36 000 PCS	单价	FOB HANOI USD 6.00
成品运输	BY RAIL	装运地	HANOI RAILWAY STATION	目的地	SHANGHAI RAILWAY STATION
装运日期	NOT LATER THAN DEC.31, 2023			运输标志	S.X.D 22020186 SHANGHAI C/NO. 1-360
包装方式	EACH PC IN A POLYBAG, 100 PCS INTO AN EXPORT CARTON				

甲方提供单据及份数							乙方提供单据及份数			
形式发票	东盟原产地证	装箱单	铁路运单	保险单	非木质包装证明	装运通知	商业发票	装箱单	厂商品质证书	非木质包装证明
1	1	4	2	1	2	2	4	4	2	2

图 3-2　出境加工合同分析单

三、出境加工合同订立及分析单编制模拟操作

（一）模拟业务背景

上海立达进出口有限公司获得一般认证企业资格后，根据公司经营目标向出境加工业务拓展，外贸业务员与越南客商朗森贸易公司（LANGSON TRADE CORPORATION）经理围绕仿真皮革男式包出境加工业务进行了磋商，达成一致意见后于2023年10月5日签订出境加工合同（编号23146286）。上海立达进出口有限公司外贸单证员根据出境加工合同

编制出境加工合同分析单。

（二）模拟业务资料

甲方：SHANGHAI LIDA IMP. & EXP. CO., LTD.

地址：1 RENMIN ROAD, SHANGHAI, CHINA

　　　（电话：021-65766611　传真：021-65766612）

乙方：LANGSON TRADE CORPORATION

地址：9 TONGDENG ROAD, LIANGSHAN, VIETNAM

　　　（电话：008425-870931　传真：008425-870932）

料件规格/数量：仿真皮革(0.9 mm×50 cm)/黑色 10 000 米、棕色 10 000 米、咖啡色 10 000 米

料件单价：CIP LIANGSHAN USD 2.00

料件包装方式：每卷 100 米，装 1 个胶袋

料件运输标志：包括 L.T.C、出境加工合同号、目的地名称和件数

料件运输方式/始发铁路车站/到达铁路车站：铁路运输/上海铁路车站/始发铁路车站

料件装运时间：不迟于 2023 年 10 月 16 日

成品：仿真皮革男士包(黑色 20 000 个、棕色 20 000 个、咖啡色 20 000 个)

成品单价：FCA LIANGSHAN USD 4.00

成品包装方式：每个男士包装 1 个塑料袋，100 个装一只出口纸箱

成品运输标志：包括 S.L.D、出境加工合同号、目的地名称和件数

成品运输方式/始发铁路车站/到达铁路车站：铁路运输/始发铁路车站/上海铁路车站

成品装运时间：不迟于 2023 年 12 月 31 日

支付条件：电汇（货到付款）

甲方开户银行名称/账号：中国银行上海分行/U00856668894

乙方开户银行名称/账号：VIETCOM BANK/VB282634217854

甲方提供单证：形式发票 1 份，由甲方签发；东盟原产地证 1 份，由海关签发；装箱单 4 份，由甲方签发；铁路运单 1 份；保险单 1 份；非木质包装证明 2 份，由甲方签发；装运通知 2 份，由甲方签发

乙方提供单证：商业发票 4 份，由乙方签发；装箱单 4 份，由乙方签发；品质证书 2 份，由乙方签发；非木质包装证明 2 份，由乙方签发

甲方授权人/制单人：(学生姓名)/(学生姓名)

（三）模拟业务操作

请你以外贸业务员和外贸单证员的身份，根据模拟业务资料拟定出境加工合同，并编制出境加工合同分析单。出境加工合同和出境加工合同分析单的样张分别见"模拟操作 3-1"。

模拟操作 3-1

任务二　出境加工账册备案及备案表填报

一、操作指南

(一) 出境加工货物监管

海关采用账册方式对出境加工货物实施监管，并根据监管需要对开展出境加工业务的企业开展稽核。企业应当提供账簿、报表、有关单证以及出境加工货物有关的情况，接受海关监管。

(二) 出境加工管理系统

出境加工管理系统部署于海关内网，由企业端与海关端组成。企业端设有出境加工账册的备案、变更、通关、核报、统计、查询等服务功能，海关端对出境加工实施监管，以达到高效便利、风险可控的工作目标。

(三) 出境加工账册备案形式

1. 出境加工纸质账册备案

开展出境加工业务的企业应向属地主管海关申请设立出境加工账册，办理备案手续，提交出境加工合同、生产工艺说明、相关货物的图片或样品和海关需要收取的其他证件和材料，如实申报进出口岸、商品名称、商品编号、数量、规格型号、价格和原产地，以及境外料件的数量及金额情况。海关确认申请材料齐全、内容真实、符合相关规定的，自接受申请材料之日起 5 个工作日内为申请企业完成出境加工账册的备案。

2. 出境加工电子账册备案

自 2019 年 4 月 1 日起，海关总署正式启用出境加工电子账册。开展出境加工业务的企业可通过"互联网＋海关"或"单一窗口"的出境加工管理系统向属地海关报送备案相关数据，上传出境加工合同、生产工艺说明、相关货物的图片或样品以及海关指定其他证件和材料的电子版资料办理备案手续。海关对报送数据和申请材料进行审核，确认申请材料齐全、内容真实、符合相关规定，为企业设立出境加工账册，并将备案信息发送到电子口岸，对出境加工的原辅料、零部件、元器件或半成品以及复运入境的产品实施监管。

(四) 出境加工电子账册备案流程

开展出境加工业务的企业通过"单一窗口"出境加工管理系统设立出境加工电子账册，办理备案手续流程如下。

1. 申报

首先，企业外贸业务员登入"单一窗口"网站，点击"业务应用"页签，选择"标准版应用"，选择"加工贸易及保税监管"（以下简称"加贸保税"）服务模块，见图 3-3；其次，企业外贸业务员点击"加贸保税"服务模块，进入"出境加工"页面，选择"数据录入"，点击"出境加工账册备案"，在该界面中输入相关信息，如实申报相关单位信息、出口货物信息、复进口货物信息、进出口岸等，输入完毕后点击"申报"按钮向主管海关发送；最后，企业外贸业务员点击"文件选择"按钮，选择文件存储路径完成出境加工合同、生产工艺说明、相关货物的图片或样品、海关指定其他证件等材料的加载，再点击"上传"按钮向主管海关发送。

加贸保税	加工贸易手册	加工贸易账册	保税物流管理	保税货物流转
	保税担保管理	委托授权	出境加工	海关特殊监管区域

图 3-3 "单一窗口"加工贸易及保税监管服务模块

2. 审核

海关自接受申请材料起5个工作日内完成审核，并对申请材料齐全、内容真实、符合相关规定的企业设立出境加工账册，将其备案信息发送到电子口岸，对出境加工业务活动实施监管。

(五) 出境加工电子账册备案录入

出境加工电子账册备案内容的填报要求如下。

1. 预录入统一编号

此栏为系统返填栏目。出境加工电子账册备案信息录入完毕后，系统将自动产生18位数码的预录入统一编号。

2. 出境加工账册编号

此栏为系统返填栏目。出境加工电子账册备案信息录入完毕后，系统将自动产生18位数码的出境加工账册编号。

3. 申报企业类型

此栏为必填栏目。申报员应根据申报企业的类型在系统下拉菜单中选择"代理企业"或"自理企业"。

4. 经营单位编码

此栏为必填栏目。申报员应填报经营单位10位数码的海关编码。

5. 经营单位社会信用代码

此栏为系统返填栏目。申报员填报经营单位编码后，系统将自动返填经营单位的18位数码的统一社会信用代码。

6. 经营单位名称

此栏为系统返填栏目。申报员填报经营单位编码后，系统将自动返填经营单位的名称。

7. 录入单位编码

此栏为必填栏目。申报员应填报录入单位的10位数码的海关编码。

8. 录入单位社会信用代码

此栏为系统返填栏目。申报员填报录入单位编码后，系统将自动返填录入单位的18位数码的统一社会信用代码。

9. 录入单位名称

此栏为系统返填栏目。申报员填报录入单位编码后，系统将自动返填录入单位名称。

10. 申报单位编码

此栏为必填栏目。申报员应填报申报单位的10位数码的海关编码。

11. 申报单位社会信用代码

此栏为系统返填栏目。申报员填报申报单位编码后，系统将自动返填申报单位的18位数码的统一社会信用代码。

12. 申报单位名称

此栏为系统返填栏目。申报员填报申报单位编码后,系统将自动返填申报单位的名称。

13. 合同号

此栏为必填栏目。申报员应填报出境加工合同的编号。

14. 主管海关

此栏为必填栏目。报关员应在系统下拉菜单中选择出口货物离境地的海关名称及其代码。

15. 进出口岸

此栏为必填栏目。申报员在系统下拉菜单中选择出口货物或复进口成品的口岸名称。

16. 备案复进口货物总额

此栏为必填栏目。申报员应填报备案复进口产品总额。

17. 备案出口货物总额

此栏为必填栏目。申报员应填报备案出口货物总额。

18. 监管方式

此栏为必填栏目。申报员应填报出口货物监管方式的简称,如出料加工。

19. 有效期

此栏为必填栏目。申报员应填报出口货物有效期,日期的格式为 YYYYMMDD。

20. 币制

此栏为必填栏目。申报员应通过系统下拉菜单中选择出口货物标价的币制。

21. 申报类型

此栏为必填栏目。申报员应填报出口货物申报类型,如备案。

22. 联系人

此栏为必填栏目。申报员应填报出境加工账册备案联系人的姓名。

23. 联系人手机

此栏为必填栏目。申报员应填报出境加工账册备案联系人的手机号。

24. 执行标志

此栏为选填栏目,由系统自动生成。

25. 录入日期

此栏为必填栏目。申报员应填报录入出境加工账册备案表头的日期,日期的格式为 YYYYMMDD。

26. 申报日期

此栏为必填栏目。申报员应填报出境加工账册备案的申报日期,日期的格式为 YYYYMMDD。

27. 变更批准日期

此栏为选填栏目。变更内容填报后由系统自动生成出境加工账册变更的批准日期,日期的格式为 YYYYMMDD。

28. 变更次数

此栏为选填栏目。每次变更批准后,系统自动生成出境加工账册变更的次数。

29. 备案批准日期

此栏为选填栏目。备案批准后,系统将自动生成出境加工账册备案的批准日期,日期的格式为 YYYYMMDD。

30. 核销方式

此栏为选填栏目。申报员应填报"企业自主核报、自动核销"。

31. 催核日期

此栏为选填栏目。催核发送时,系统将自动生成催核日期,日期的格式为 YYYYMMDD。

32. 催核标志

此栏为选填栏目。催核发送后,系统将自动生成催核标志。

33. 经营企业经营范围

此栏为必填栏目。申报员应填报经营企业营业执照中的经营范围。

34. 商品序号

此栏为必填栏目。申报员应根据出口货物的规格型号、种类填报顺序编号,一种货物填报"1"。

35. 商品编码

此栏为必填栏目。申报员应填报出口货物的 10 位数码的商品编码,并符合海关相关要求。

36. 商品名称

此栏为必填栏目。申报员应填报出口货物的名称,并能满足海关归类要求。

37. 规格型号

此栏为必填栏目。申报员应填报出口货物的规格型号,并与其他单证同类项目内容一致。

38. 申报计量单位

此栏为必填栏目。申报员应填报出口货物的计量单位,并与其他单证同类项目内容一致。

39. 申报数量

此栏为必填栏目。申报员应填报出口货物的数量,并与其他单证同类项目内容一致。

40. 申报单价

此栏为必填栏目。申报员应填报出口货物的单价,并与其他单证同类项目内容一致。

41. 申报总价

此栏为必填栏目。申报员应填报出口货物的总价,并与其他单证同类项目内容一致。

42. 修改标志

此栏为选填栏目。每次备案信息修改后,系统将自动生成修改标志。

43. 备注

此栏为选填栏目。申报员应在此栏注明需要说明或证明的事项。

(六)出境加工账册内容变更

海关总署发布的《关于出境加工业务有关问题的公告》(海关总署公告 2016 年第 69 号)规定,出境加工账册核销期为 1 年。在账册有效期内,如果出境加工账册内容发生变更,企业应当及时向属地海关办理变更手续,提交出境加工账册变更申请表(表 3-1)。属地海关主管部门工作人员自接受变更申请起 5 个工作日完成对变更内容的审核,给出初审意见,并由经办人签名。属地海关主管部门科长对初审意见给予确认,同意出境加工账册内容变更,并进行签名、注明日期。

表 3-1　　　　　　　　　　　　　出境加工账册变更申请表

报批日期：　　　　　　　　　　　　　　　　　　　　　　　　　　　账册编号：

企业情况	经营企业(公章)：	企业性质：
		企业信用等级：
	海关注册编码：	联系电话：

变更事项	

合同情况	出境加工合同号： 出口主要料件名称数量： 出口总值：	进口主要成品名称数量： 进口总值：
	境外加工费：	贸易方式：　　　　　　进出口岸：

随附单证	1. 出境加工合同 □　　　　　　　　　2. 生产工艺说明 □ 3. 相关主料的图片或样品 □　　　　4. 出境加工货物情况表 □ 5. 其他单证(具体列名)：

	上述资料企业需如实填写，企业需自行承担由此产生的一切法律后果。
初审意见	海关备案有效期： 　　经审核，相关单证齐全有效，根据《关于出境加工业务有关问题的公告》(海关总署公告2016年第69号)及《海关总署关于出境加工货物监管有关问题的通知》(署加发〔2016〕225号)，拟同意该合同变更，请批示。 　　　　　　　　　　　　　　　　　　签名：　　　　　　日期：
科长意见	 　　　　　　　　　　　　　　　　　　签名：　　　　　　日期：
备注	

二、出境加工电子账册备案实例展示

上海贤达进出口有限公司外贸业务员陆佳在出境加工合同生效后登入"单一窗口"网站，在"出境加工"页面中选择"数据录入"，点击"出境加工账册备案"。首先，陆佳点击"出境加工账册备案"界面中的"表头"，输入相关信息，见图3-4，录入完成后点击"暂存"；其次，陆佳点击"出境加工账册备案"界面中的"出口货物"和"复进口货物"，分别输入相关信息，见图3-5、图3-6，录入完成后点击"暂存"；最后，陆佳点击"出境加工账册备案"界面中的"随附单据"，点击"文件选择"按钮选择文件存储路径完成出境加工合同、生产工艺单的加载，再点击"申报"按钮向上海海关发送，见图3-7。

首页　出口加工账册备案　　关闭操作

＋新增　暂存　删除　导入　　申报　打印

表头　出口货物　复进口货物　随附单据

预录入统一编号	202310023523862418	出境加工账册编号	202310054372140125	申报企业类型	自理企业
经营单位编码	3100274362	经营单位社会信用代码	913100007793665544	经营单位名称	上海贤达进出口有限公司
录入单位编码	3100274362	录入单位社会信用代码	913100007793665544	录入单位名称	上海贤达进出口有限公司
申报单位编码	3100274362	申报单位社会信用代码	913100007793665544	申报单位名称	上海贤达进出口有限公司
合同号	22020186	主管海关	上海海关（2200）	进出口岸	上海铁路车站
备案复进口货物总额	216000.00	备案出口货物总额	36000.00	监管方式	出料加工
有效期	20231231	币制	美元	申报类型	备案
联系人	陆佳	联系人手机	13917924716	执行标志	
录入日期	20231005	申报日期	20231005	变更批准日期	
变更次数		备案批准日期		核销方式	
催核日期		催核标志			
经营企业经营范围	五金产品、文化用品、日用品等货物进出口、加工贸易业务				
备注					

图 3-4　出境加工账册备案表头

首页　出口加工账册备案202310054372536391　　关闭操作

＋新增　暂存　删除　导入　　申报　打印

表头　**出口货物**　复进口货物　随附单据

商品序号	1	商品编码	4205009090	商品名称	仿真皮革
规格型号	100m×900mm× 0.9mm	申报计量单位	米	申报数量	30000
申报单价	2.00	申报总价	60000	修改标志	
备注					

＋新增　删除

商品序号	商品编码	商品名称	规格型号	申报计量单位	申报数量	申报单价	申报总价	修改标志
1	4205009090	仿真皮革	100m×900mm× 0.9mm	米	30000	2.00	60000.00	

图 3-5　出境加工账册出口货物

首页　出口加工账册备案202310054372140125　　关闭操作

＋新增　暂存　删除　导入　　申报　打印

表头　出口货物　**复进口货物**　随附单据

商品序号	1	商品编码	2508510091	商品名称	仿真皮革女包
规格型号	60cm×45cm×30cm	申报计量单位	个	申报数量	36000
申报单价	6.00	申报总价	216000	修改标志	
备注					

＋新增　删除

商品序号	商品编码	商品名称	规格型号	申报计量单位	申报数量	申报单价	申报总价	修改标志
1	2508510091	仿真皮革女包	60cm×45cm×30cm	个	36000	6.00	216000	

图 3-6　出境加工账册复进口货物

图 3-7 出境加工账册随附单据

三、出境加工电子账册设立模拟操作

(一) 模拟业务背景

上海立达进出口有限公司外贸业务员在出境加工合同生效后登入"单一窗口"网站,在"出境加工"页面中选择"数据录入",点击"出境加工账册备案",在该界面中依次在"表头""出口货物""复进口货物""随附单据"表中分别输入相关信息,并上传出境加工合同、生产工艺单,再点击"申报"按钮向上海海关发送备案信息。

(二) 模拟业务资料

出境加工合同编号:23146286

预录入统一编号:202310023523142612

出境加工账册编号:202310054372124351

申报企业类型:自理公司

经营单位/录入单位/申报单位名称:(均为上海立达进出口有限公司)

经营单位/录入单位编码/申报单位编码:(均为 3100248512)

经营单位/录入单位代码/申报单位社会信用代码:(均为 913100007793473456)

监管方式/申报类型:出料加工/备案

经营企业经营范围:五金产品、文化用品、日用品等货物进出口、加工贸易业务

仿真皮革商品编码/仿真皮革女式包商品编码:(编码自查)/(编码自查)

上传人 IC 卡号:3102023012524

随附单据序号/文件名/类型/编号/储存名:

1/出境加工合同/合同/23146286/202310021101. PDF;

2/生产工艺单/生产工艺说明/20231012/202310021102. PDF

联系人/手机:(学生姓名)/(学生手机号码)

(三) 模拟业务操作

请你以外贸业务员的身份,根据模拟业务资料填报出境加工账册备案的表头、出口货

物、复进口货物和随附单据的申报表。出境加工账册备案的表头、出口货物、复进口货物和随附单据的申报表的样张分别见"模拟操作3-2"。

模拟操作3-2

任务三　东盟原产地证申领及单证缮制

一、操作指南

（一）东盟原产地证申领条件

东盟原产地证（Asean-China Free Trade Area Preferential Tariff Certificate of Origin）是根据中国与东盟签署的《中国—东盟全面经济合作框架协议货物贸易协议》规定签署的一种优惠性原产地证明书。东盟原产地证享有优惠关税待遇，适用于中国、文莱、柬埔寨、印度尼西亚、老挝、马来西亚、缅甸、菲律宾、新加坡、泰国、越南。申请签发东盟原产地证有三个条件：一是申请企业预先在属地直属海关办理注册登记手续，获准注册登记许可；二是出口货物运输必须是中国—东盟自由贸易区国家之间的直接运输，包括仅出于运输的需要途中经过一个或多个中国—东盟自由贸易区非缔约方境内的运输；三是出口货物必须属于《中国—东盟全面经济合作框架协议货物贸易协议》规则二或规则三原产地标准的产品。

（二）东盟原产地证申领流程

首先，企业申领员应当在货物出口前或出口时登入"单一窗口"标准版门户网站，点击"标准版应用"页签，点击"原产地证"服务模块进入"原产地证申报"界面，在左边菜单栏中点击"新建证书"，选择东盟原产地证；其次，企业申领员在东盟原产地证界面中填报相关的基本信息或货物信息，录入信息后点击"申报"按钮，再点击"打印"按钮打印东盟原产地证；再次，企业申领员向属地直属海关签证机构指定窗口提交打印的东盟原产地证和其他指定材料；最后，签证机构自申请之日起3日内对申请材料进行审核，对符合规定的企业签发东盟原产地证。

（三）东盟原产地证的缮制

东盟原产地证是由企业申领员用英文缮制的，其内容及填报要求如下。

1. Products Consigned from (exporter's business name, address, country)

企业申领员应在此栏填报出口商或生产商的名称和详细地址，并与企业注册信息相一致。如果此栏为生产商信息，则在第11栏内，由该生产商作出原产地申明。

2. Products Consigned to (consignee's name, address, country)

企业申领员应在此栏填报出口货物收货人的名称和详细地址。

3. Means of Transport and Route (as far as known)

企业申领员应在此栏填报出口货物的运输路线、运输方式、离港日期、运输工具名称、东盟国家卸货口岸。

4. For Official Use

此栏留空，由东盟国家入境海关在相应栏目标注"√"。

5. Item Number

企业申领员应在此栏填报项目号码，最多不超过20项。

6. Marks and Numbers on Packages

企业申领员应在此栏填报出口货物外包装上的唛头，图案形式的唛头可贴唛。如果没有唛头则填写"N/M"或"NO MARK"。

7. Number and Type of Packages, Description of Products (including quantity where appropriate and H. S. number in six digit code)

企业申领员应在此栏填报出口货物名称、六位数码的商品编码、包装件数和种类。如为散装货物，用"IN BULK"表示，裸装货物用"IN NUDE"表示。所有内容列完后，应在下一行加"＊＊＊"结束符。

8. Origin Criterion(see overleaf notes)

1）WO 标准

出口货物符合《中国—东盟全面经济合作框架协议货物贸易协议》的相关规定，从初级产品到最终产品的所有原料、零部件都原产于中国，企业申领员应在此栏填报"WO"。

2）PE 标准

出口货物是仅使用中国—东盟自贸区国家原材料在中国生产的产品，企业申领员应在此栏填报"PE"。

3）RVC 标准

出口货物是在中国生产的，使用了不属于中国—东盟自贸区国家的部分原材料，原材料成分大于40%，企业申领员应在此栏填报"RVC"。

4）CTH 标准

出口货物是在中国生产的，使用了不属于中国—东盟自贸区国家原材料的产品，且不在29.01、29.02、31.05、39.01、39.02、39.03、39.07、39.08品目以内，企业申领员应在此栏填报"CTH"。

5）PSR 标准

出口货物符合原产地标准，企业申领员应在此栏填报"PSR"。

9. Gross Weight or Net Weight or Other Quantity, and Value (FOB) Only When RVC Criterion is Applied

企业申领员应在此栏填报出口货物毛重或净重或其他计量单位，采用RVC标准时，应注明FOB价格。

10. Number and Date of Invoices

企业申领员应在此栏填报商业发票编号和出票日期。

11. Declaration by the Exporter

出口商声明:"The undersigned hereby declares that the above details and statement are correct; that all the product were produced in"意为"下列签字人声明上述资料及申报正确无误,所有产品产自";"and that they comply with the origin requirements specified for these products in the Rules of Origin for the ACFTA for the products exported to"意为"且符合中国—东盟自由贸易区原产地规则所规定的原产地要求,该产品出口至"。企业申领员应在此栏填报申报地点和日期,加盖申请单位公章,并由企业申领员签字,签字与公章不能重叠。

12. Certification

"It is hereby certified, on the basis of control carried out, that the declaration by the exporter is correct."意为"根据所实施的监管,兹证明出口商所做申报正确无讹。"签证机构在此注明签证日期和地点,由其授权人签名,并加盖签证机构印章。

13. Issued Retroactively, Exhibition, Movement Certificate, Third Party Invoicing

非主观故意的差错、疏忽或其他合理原因可根据中国—东盟自由贸易区原产地规则相关规定补发 Form E 证书,企业申领员应在"Issued Retroactively"前方框内打"√"。出口货物由出口企业运至另一方展览期间或展览后进行销售的,根据中国—东盟自由贸易区原产地规则相关规定,企业申领员应在"Exhibition"前方框内打"√",并在第 2 栏中注明展览的名称及地址。作为流动证明时,企业申领员应按照签证操作程序规则相关规定,在"Movement Certificate"前方框内打"√",并注明原签证机构的名称、签发日期、Form E 证书编号。当发票由第三国开具时,企业申领员应在"Third Party Invoicing"前方框内打"√",并在第 10 栏中注明该发票号码,在第 7 栏中注明该出票企业名称及所在国家等信息。

二、东盟原产地证申领及单证缮制实例展示

上海贤达进出口有限公司向越南客商天翼贸易公司出口仿真皮革符合东盟原产地证的申领条件。上海贤达进出口有限公司申领员丁艳登入"单一窗口"网站,在"原产地证申报"界面中点击"新建证书",选择"东盟原产地证",在该界面中填报相关的基本信息或货物信息,录入完信息后点击"申报"按钮进行发送,然后打印东盟原产地证(图 3-8),并缮制形式发票(图 3-9)向上海海关签证机构指定窗口提交。上海海关签证机构自申请之日起 3 日内对申请东盟原产地证材料核准,并对上海贤达进出口有限公司签发东盟原产地证(图 3-10)。

Original

1. Products Consigned from (exporter's business name, address, country) SHANGHAI XIANDA IMP. & EXP. CO., LTD. 8 YANGGAO ROAD, SHANGHAI, CHINA	Reference No.: ASEAN-CHINA FREE TRADE AREA PREFERENTIAL TARIFF CERTIFICATE OF ORIGIN
2. Products Consigned to (consignee's name, address, country) TIANYI TRADE CORPORATION 6 YENPHU STREET, HANOI, VIETNAM TEL: 008424-6578342 FAX: 008424-6578343	(Combined Declaration and Certificate) FORM E Issued in THE PEOPLE'S REPUBLIC OF CHINA (Country) See Overleaf Notes

3. Means of Transport and Route (as far as known)
 	
  Departure date   OCT. 15, 2023
  Vessel's name/Aircraft etc.   T8701
  Port of Discharge   HANOI RAILWAY STATION
FROM SHANGHAI CHINA TO HANOI VIETNAM BY RAIL
	4. For Official Use
	☐ Preferential Treatment Given
	☐ Preferential Treatment Not Given (Please state reason/s)
	
	Signature of Authorized Signatory of the Importing Party

5. Item Number	6. Marks and Numbers on Packages	7. Number and Type of Packages, Description of Products (including quantity where appropriate and HS number in six digit code)	8. Origin Criterion (see overleaf notes)	9. Gross Weight or Net Weight or Other Quantity, and Value (FOB) Only When RVC Criterion is Applied	10. Number and Date of Invoices
1	H. T. C 22020186 HANOI C/NO. 1-180	SAY TOTAL ONE HUNDRED AND EIGHTY(180)BAGS ONLY SIMULATED LEATHER HS CODE: 420500 *** *** *** *** *** *** ***	"WO"	G. W 1 800 KGS	XD231012 OTC. 06, 2023

11. Declaration by the Exporter The undersigned hereby declares that the above details and statement are correct; that all the product were produced in 　　　　　　CHINA 　　　　　(Country) and that they comply with the origin requirements specified for these products in the Rules of Origin for the ACFTA for the products exported to 　　　　　VIETNAM 　　　　(Importing Country) 上海贤达进出口有限公司公章 SHANGHAI XIANDA IMP. & EXP. CO., LTD. 丁艳 SHANGHAI CHINA OTC. 07, 2023 Place and date, signature of authorized signatory	12. Certification 　　It is hereby certified, on the basis of control carried out, that the declaration by the exporter is correct. Place and date, signature and stamp of certifying authority
13. ☐ Issued Retroactively ☐ Exhibition 　　☐ Movement Certificate ☐ Third Party Invoicing	

图 3-8　东盟原产地证书

SHANGHAI XIANDA IMP. & EXP. CO., LTD.

TEL: 021-65766688   8 YANGGAO ROAD, SHANGHAI, CHINA   INVOICE NO.: XD231012
FAX: 021-65766687   DATE: OTC. 06, 2023
O/C NO.: 22020186

PROFORMA INVOICE

TO:
   TIANYI TRADE CORPORATION
   8 YANGGAO ROAD, SHANGHAI, CHINA

FROM   SHANGHAI CHINA   TO   HANOI VIETNAM

SHIPPING MARK	DESCRIPTIONS OF GOODS	QUANTITY	U/PRICE	AMOUNT
H.T.C 22020186 HANOI C/NO. 1-180	SIMULATED LEATHER 100m×900mm×0.9mm NATURAL SILVERY BROWN	 6 000 M 6 000 M 6 000 M	CIP HANOI USD 2.00 USD 2.00 USD 2.00	 USD 12 000.00 USD 12 000.00 USD 12 000.00
	TOTAL			USD 36 000.00

TOTAL AMOUNT: SAY US DOLLARS THIRTY-SIX THOUSAND ONLY.

WE HEREBY CERTIFY THAT THE CONTENTS OF INVOICE HEREIN ARE TRUE AND CORRECT.

上海贤达进出口有限公司公章
SHANGHAI XIANDA IMP. & EXP. CO., LTD.
丁艳

图 3-9 形式发票

Original

1. Products Consigned from (Exporter's business name, address, country) SHANGHAI XIANDA IMP. & EXP. CO., LTD. 8 YANGGAO ROAD, SHANGHAI, CHINA	Reference No.: E20231ZC01231 ASEAN-CHINA FREE TRADE AREA PREFERENTIAL TARIFF CERTIFICATE OF ORIGIN (Combined Declaration and Certificate) FORM E Issued in __THE PEOPLE'S REPUBLIC OF CHINA__ (Country) See Overleaf Notes
2. Products Consigned to (Consignee's name, address, country) TIANYI TRADE CORPORATION 6 YENPHU STREET, HANOI, VIETNAM TEL: 008424-6578342 FAX: 008424-6578343	
3. Means of Transport and Route (as far as known) Departure date OCT. 15, 2023 Vessel's name/Aircraft etc. T8701 Port of Discharge HANOI RAILWAY STATION FROM SHANGHAI CHINA TO HANOI VIETNAM BY RAIL	4. For Official Use ☐ Preferential Treatment Given ☐ Preferential Treatment Not Given (Please state reason/s) Signature of Authorized Signatory of the Importing Party

5. Item Number	6. Marks and Numbers on Packages	7. Number and Type of Packages, Description of Products (including quantity where appropriate and HS number in six digit code)	8. Origin Criterion (see overleaf notes)	9. Gross Weight or Net Weight or Other Quantity, and Value (FOB) Only When RVC Criterion is Applied	10. Number and Date of Invoices
1	H.T.C 22020186 HANOI C/NO. 1-180	SAY TOTAL ONE HUNDRED AND EIGHTY(180)BAGS ONLY SIMULATED LEATHER HS CODE: 420500 *** *** *** *** *** ***	"WO"	G.W 1 800 KGS	XD231012 OTC. 06, 2023

11. Declaration by the Exporter The undersigned hereby declares that the above details and statement are correct; that all the product were produced in __CHINA__ (Country) and that they comply with the origin requirements specified for these products in the Rules of Origin for the ACFTA for the products exported to __VIETNAM__ (Importing Country) 上海贤达进出口有限公司公章 SHANGHAI XIANDA IMP. & EXP. CO., LTD. 丁艳 SHANGHAI CHINA OTC. 07, 2023 Place and date, signature of authorized signatory	12. Certification It is hereby certified, on the basis of control carried out, that the declaration by the exporter is correct. 中华人民共和国上海海关 SHANGHAI CUSTOMS OF THE PEOPLE'S REPUBLIC OF CHINA 张敏 SHANGHAI CHINA OTC. 08, 2023 Place and date, signature and stamp of certifying authority
13. ☐ Issued Retroactively ☐ Exhibition ☐ Movement Certificate ☐ Third Party Invoicing	

图 3-10　签发的东盟原产地证书

三、东盟原产地证申领及单证缮制模拟操作

（一）模拟业务背景

上海立达进出口有限公司向越南客商朗森贸易公司出口仿真皮革符合东盟原产地证规定的申领条件。上海立达进出口有限公司申领员登入"单一窗口"网站,在"原产地证申报"界面的"新建证书"中选择"东盟原产地证",在"东盟原产地证"中填报相关的基本信息或货物信息,点击"申报"按钮后打印东盟原产地证,并随附形式发票等申请材料向上海海关签证机构指定窗口提交。上海海关签证机构确认申请材料齐全、内容正确后,向上海贤达进出口有限公司签发东盟原产地证。

（二）模拟业务资料

出境加工合同编号:23146286

铁路运单号:T9701

仿真皮革每包毛重:10 KGS

形式发票号/日期:LD231026/2023年10月8日

申领人/形式发票签发人:(学生姓名)/(学生姓名)

（三）模拟业务操作

请你以申领人或外贸单证员的身份,根据模拟业务资料的相关内容填报东盟原产地证书,缮制形式发票。东盟原产地证书和形式发票的样张分别见"模拟操作3-3"。

模拟操作3-3

任务四　国际铁路货物托运、投保、报关及单证缮制

一、操作指南

（一）国际铁路货物联运

国际铁路货物联运是指《国际铁路货物联运协定》(以下简称"国际货协")缔约国之间的国际直通货物联运,它使用一份运送票据,并以连带责任办理货物的全程运送,是在一国铁路向另一国铁路移交货物时无需收货人和发货人参加的一种铁路运输方式。国际货协缔约国有俄罗斯、白俄罗斯、乌克兰、波兰、匈牙利、保加利亚、阿塞拜疆、罗马尼亚、哈萨克斯坦、吉尔吉斯斯坦、拉脱维亚、立陶宛、摩尔多瓦、斯洛伐克、爱沙尼亚、中国、朝鲜、越南、蒙古国等国家,中国对越南、蒙古国、朝鲜、俄罗斯的部分进出口货物均采用国际铁路货物联运方式运送。

（二）国际铁路货物联运运单

国际铁路货物联运运单(以下简称"运单")是发货人与铁路承运人之间的运输合同,是铁路承运人向收货人收取运费和交付货物的依据。运单对铁路承运人、发货人、收货人在货

运中的权利与义务进行了明确的规定。铁路承运人的权利与义务有四个方面：①收取运费等费用，并交付货物和运单；②检查运单中记载事项的正确性，并对不完全、不准确记载和声明核收罚款；③对由非承运人过失引起的货物灭失、损坏、短量不负责任；④对办妥联运手续的货物负全程运输责任。发货人的权利与义务有三个方面：①对运单记载和声明事项的正确性承担义务，否则承担相应的一切后果；②对货物包装、标记符合要求负责；③支付国内段的运费。收货人的权利与义务有三个方面：①支付过境铁路和到达国国内的运费；②付清运费后应当领取货物；③货物发生重大质变并不能按原用途使用时，有权拒收货物。

（三）国际铁路货物联运托运环节

国际铁路货物联运托运可分为四个环节：首先，发货人根据出境加工合同规定的运输方式及装运时间选择国际货运代理公司，提交已缮制的装箱单、国际铁路货物联运委托书、国际铁路货物联运运单，委托其向铁路承运人办理联运手续，并支付运费等费用；其次，国际货运代理公司根据配载原则、货物性质、货运数量等情况向铁路发运站办理托运手续，提交铁路货物运输服务订单，并根据指令发货；再次，发货人或代理人向出口货物属地海关办理出口货物通关手续；最后，出口货物通关后，铁路承运人向发货人签发国际铁路货物联运运单副本，在目的地站将货物交付收货人。

（四）国际铁路货物联运委托书填报

国际铁路货物联运委托书由国际货运代理公司提供，无统一格式，其主要内容和填报要求如下。

1. 编号

此栏留空，由国际货运代理公司受理该票业务后填报。

2. 日期

外贸单证员应在此栏填报向国际货运代理公司委托托运的日期。

3. 发货人

外贸单证员应在此栏填报出口货物发货人的名称和详细地址并在右边对应的方框内打"√"予以确定。

4. 收货人

外贸单证员应在此栏填报出口货物收货人的名称、详细地址和通信方式。

5. 始发站

外贸单证员应在此栏填报出口货物始发站名称。如果始发站为朝鲜、俄罗斯等国家应注明其数字代号，如果采用专用线或专用铁道装车应列明专用线或专用铁道名称。

6. 通过国境站

外贸单证员应在此栏填报出口货物通过发送国和过境国的出口国境站的名称，如果从一个出口国境站通过邻国的几个进口国境站时应注明运输所要通过的全部进口国境站的名称。

7. 到站及代码

外贸单证员应在此栏填报出口货物到站名称及6位数码的代码。

8. 唛头标记

外贸单证员应在此栏填报出口货物外包装上的唛头。

9. 货物名称

外贸单证员应在此栏填报出口货物名称。如果是混装的危险货物，应按货物种类分行注明货名、重量和件数。

10. 件数

外贸单证员应在此栏填报出口货物外包装的数量。如果采用集装箱运输,应填报集装箱个数,并注明集装箱内的货物总件数。

11. 毛重

外贸单证员应在此栏填报出口货物的总毛重。

12. 净重

外贸单证员应在此栏填报出口货物的总净重。

13. 体积

外贸单证员应在此栏填报出口货物的总体积。

14. 商品编码

外贸单证员应在此栏填报出口货物 10 位数码的 H.S. 编码。

15. 柜型柜量

外贸单证员应在此栏填报装载出口货物集装箱的柜型及数量。

16. 装柜时间

外贸单证员应在此栏填报装载出口货物集装箱的日期。

17. 代理报关

外贸单证员应根据出口货物报关的地点选择"口岸报关"或"起运地报关",并在对应的方框内打"√"。

18. 报关单证

外贸单证员应根据出口货物报关方式选择"客户提供"或"货代提供",并在对应的方框内打"√"。

19. 代理商检

外贸单证员应根据出口货物选择是否代理商检,并在对应的方框内打"√"。

20. 分批装运

外贸单证员应根据出口加工合同相关规定选择是否允许分批装运,并在对应的方框内打"√"。

21. 装运期限

外贸单证员应根据出口加工合同相关规定填报装运日期。

22. 结汇方式

外贸单证员应根据出口加工合同相关规定填报信用证、托收、电汇等结汇方式。

23. 装柜地址,联系电话

外贸单证员应填报出口货物装柜的详细地址、联系电话。

24. 费用

外贸单证员应对该票业务产生的实际费用进行选择,并在对应的方框内打"√"。

25. 委托人签名及盖章

外贸单证员应在此栏签名,加盖公司公章,并注明日期。

(五) 国际铁路货物联运运单填报

国际铁路货物联运运单分为纸质运单和电子运单两种形式,由国际货协统一制定,使用中俄两种文字,一式六联。第 1 联为运单正本,随同货物到站交给收货人;第 2 联为运行报单,交给货物运送途中的铁路承运人;第 3 联为货物交付单,随同货物到站交给向收货人交付货物的铁路承运人;第 4 联为运单副本,订立运输合同后交给发货人;第 5 联为货物接收单,由缔约铁路承运人留存;第 6 联为货物到达通知单,随同货物到站交给收货人。从中国、越南和朝鲜发送货物的,国际铁路货物联运运单采用中文填报,或采用经铁路运输参与方商定的任何一种语种,也可附译文。运单左上角"国际货协运单"为缔约承运人名称"中铁"。国际铁路货物联运运单的内容和填报要求如下。

1. 发货人

外贸单证员应在此栏填报发货人的名称、通信地址、电话与传真号或电子邮箱,并在左上方框内输入发货人代码,如果没有代码,则根据承运人的指示填报。

2. 发站

外贸单证员应在此栏填报发站名称及铁路简称,并在左上方框内输入发站代码。

3. 发货人申明

发货人申明记载事项主要包括七个方面:一是绕路运输时的具体运送经路;二是发生货物运送和交付阻碍时如何处置货物的指示;三是运送易腐货物时的保护措施和保温制度;四是经不同轨距铁路运送时,注明同承运人商定的货物运送办法;五是记载发货人有关其在运单上所作修改的声明;六是押运人权利范围;七是在运单上添附补充清单数量的记载。

4. 收货人

外贸单证员应在此栏填报收货人的名称、通信详细地址,如果承运人对收货人进行编码,应在左上方框内输入。

5. 到站

外贸单证员应在此栏填报到站名称及铁路简称,并在左上方框内输入到站代码。

6. 国境口岸站

外贸单证员应在此栏填报发送国和过境国的出口国境站名称及代码。如果从一个出口国境站通过邻国的几个进口国境站办理货物运送,应注明运送所要通过的进口国境站名称。

7. 车辆

属于发货人装车的,外贸单证员应在此栏填报 12 位数码的车号。在使用两辆或两辆以上车辆装载货物时,应注明"见所附清单"。

8. 车辆由何方提供

外贸单证员应在此栏填报"Ⅱ"或"O"。"Ⅱ"表示发货人提供车辆,"O"表示承运人提供车辆。

9. 载重量

属于发货人装车的,外贸单证员应在此栏填报车辆上记载的载重量,并用"t"表示。如果属于承运人装车,则由承运人填写。

10. 轴数

属于发货人装车的,外贸单证员应在此栏填报车辆轴数。如果承运人装车,则由承运人填写。

11. 自重

属于发货人装车的,外贸单证员应在此栏填报车辆记载的自重量,采用过磅方法时应将车辆上记载的自重量写成分子,过磅确定的自重量写成分母。如果承运人装车,则由承运人填写。

12. 罐车类型

发货人使用 1 520 mm 轨距罐车运送货物时,外贸单证员应在此栏填报车号下方标记的罐车类型。如果承运人装车,则由承运人填写。

13. 货物重量

此栏留空,由承运人填写换装后每辆车的货物重量。

14. 件数

此栏留空,由承运人填写换装后每辆车上的货物件数。

15. 货物名称

外贸单证员应在此栏填报每种货物的名称和 8 位数码的商品编码,并注明货物上所作的符号、标记和号码。运送危险货物时,根据《危险货物运送规则》填报货物名称及信息。运送易腐货物时,在货物名称下面注明"易腐"。用棚车通风运送货物时,在货物名称下面注明"通风"。运送冻结货物时,在货物名称下面注明"冻结"。运送动物时,在货物名称下面注明"动物"及"不准驼峰溜放"。运送易燃货物时,在货物名称下面注明"易燃"及"隔离车 3/0-0-1-0"。运送由押运人押运货物时,注明"由发货人的押运人押运"。

16. 包装种类

外贸单证员应在此栏填报货物的包装种类。如果是货捆,分子为货捆,分母为货捆中的每件货物的包装种类。如果是没有容器和包装的货物,应注明"无包装"字样。

17. 件数

外贸单证员应在此栏填报货物外包装件数。运送散装或堆装或灌装货物时,应注明"散装"或"堆装"或"灌装"的字样。

18. 重量

外贸单证员应在此栏填报每种货物的毛重。

19. 封印

如果是发货人进行施封的,外贸单证员应在此栏填报无押运人押运的运输工具上施加的封印数量和记号,使用锁封装置时则填报锁封装置的名称、记号。如果是承运人进行施封的,应由承运人填写。

20. 由何方装车

如果发货人装车的,外贸单证员应在此栏填报"发货人"。如果是承运人装车的,则填报"承运人"。

21. 确定重量的方法

外贸单证员应根据确定货物重量的方法,在此栏填报"用衡器"或"按标记重量"或"按标准重量"或"丈量法"或"计量法"或"计量器"。

22. 承运人

外贸单证员应在此栏填报缔约承运人、接续承运人的简称与代码,以及每个承运人负责运送的相应车站名称与代码。

23. 运送费用的支付

外贸单证员应根据承运人顺序,在此栏填报各承运人简称、向每一承运人付款的支付人名称与代码。

24. 发货人添附的文件

外贸单证员应在此栏填报在运单上随附的所有文件名称及份数。

25. 与承运人无关的信息,供货合同号码

外贸单证员应在此栏填报与该批货物有关但非承运人所需的信息,以及出境加工合同号。

26. 缔结运输合同的日期

此栏留空,由承运人填写发站名称,并加盖缔约承运人日期戳。

27. 到达日期

此栏留空,由承运人填写到站名称,并加盖承运人日期戳。如果承运货物未到达,应填写"货物未到达"并加盖承运人戳记。

28. 办理海关和其他行政手续的记载

此栏留空,由海关和行政机关记载海关查验和履行行政的手续。

29. 批号

此栏留空,由承运人填写货物批号。

发货人应当对运单中记载和声明事项的正确性负责,因记载和声明事项内容不正确、不确切或不完备,须承担其相应的责任。

(六) 国际铁路货运投保

国际铁路货运投保是指投保人填写投保单,随附商业发票向保险公司办理国际铁路货物运输保险手续,支付保险费的行为。当承载的进出口货物因遭受保险责任范围内的自然灾害或意外事故造成损失时,投保人可以凭保险单向保险公司进行索赔。国际铁路货运投保适用《PICC陆上货物运输保险条款》,有基本险和附加险两种险别。

1. 基本险

《PICC陆上货物运输保险条款》的基本险有陆运险和陆运一切险两种。陆运险是指承保货物在运输途中遭受暴风、雷电、洪水、地震等自然灾害,或由于陆上运输工具遭受碰撞、倾覆、出轨,或在驳运过程中因驳运工具遭受搁浅、触礁、沉没、碰撞,或由于隧道坍塌、崖崩、火灾、爆炸等意外事故所造成的全部或部分损失,并包括被保险人对遭受承保责任范围内的货物采取抢救措施而支付的合理费用,都由保险公司负责赔偿,但以不超过该批被救货物的保险金额为限的保险。陆运一切险是指除承担陆运险的赔偿责任外,保险公司还负责赔偿承保货物在运输途中因外来原因所造成的短少、短量、偷窃、渗漏、碰损、破碎、钩损、雨淋等全部或部分损失的保险。

2. 附加险

《PICC陆上货物运输保险条款》的附加险有三种:一是陆上运输冷藏货物险,是指除了陆运险的承保范围,保险公司还负责赔偿由于冷藏机器或隔温设备在运输途中损坏所造成的承保货物解冻而腐坏的损失的保险;二是陆上运输货物战争险(火车),是指承保在火车运输途中,因战争、类似战争和敌对行为、武装冲突所致的损失,以及各种常规武器所致的货物损失的保险;三是陆上运输货物罢工险(火车),它的责任范围与海洋运输货物罢工险的责任范围相同。

(七) 进出口货物报关单填报

报关员应根据《进出口货物申报管理规定》的要求填报进出口货物报关单。出境加工货物从中国出境的,出口货物报关单的监管方式为"出料加工",征减免税方式为"全免",备注栏应注明出境加工账册编码,其他项目填报要求与本教材项目一介绍的内容相同。出境加工货物在规定期限内复运入境的,进口货物报关单的监管方式为"出料加工",商品编号栏目按实际报验状态填报,每一项复进口货物分列两个商品项填报。其中一项申报内容包括原出口货物价值、商品数量(填报复进口货物实际数量)、征减免税方式(填报"全免");另一项申报内容包括境外加工费、料件费、复运进境运输费用、保险费、商品数量(填报"0.1")、征减免税方式(填报"照章征税")。备注栏应注明出境加工账册编码,其他项目填报要求与本教材项目二介绍的内容相同。

(八) 复运进境其他规定

与复运进境相关事项如下：一是加工货物因品质或规格等原因需退运的，企业应按退运货物有关规定，在出境加工账册核销周期内办理；二是出境加工货物超过退运期限或出境加工账册核销周期再复运进境的，企业应按一般贸易管理规定办理进口手续；三是海关根据《进出口关税条例》《中华人民共和国海关审定进出口货物完税价格办法》的规定，以境外加工费、料件费、复运进境的运输费用和保险费等为基础审查确定完税价格。

二、出境加工货物托运、投保、报关及单证缮制实例展示

(一) 出口料件托运、投保、报关及单证缮制实例

上海贤达进出口有限公司外贸单证员在出境加工合同规定的仿真皮革装运期限内委托凭祥国际货运代理有限公司办理国际铁路货物联运托运手续，提交装箱单、国际铁路货物联运委托书、国际铁路货物联运运单，分别见图 3-11、图 3-12、图 3-13。随后向中国人民财产保险股份有限公司上海市分公司办理国际铁路货物联运出口料件投保，提交货物运输保险投保单（图 3-14），并随附形式发票。上海贤达进出口有限公司报关员在仿真皮革装运前向上海海关办理报关手续，提交出口货物报关单，随附非木质包装证明等指定单证，分别见图 3-15、图 3-16，并在仿真皮革装运后向乙方天翼贸易公司发送装运通知，见图 3-17。

SHANGHAI XIANDA IMP. & EXP. CO., LTD.

TEL: 021-65766688　　8 YANGGAO ROAD, SHANGHAI, CHINA　　INVOICE NO.: XD231012
FAX: 021-65766687　　　　　　　　　　　　　　　　　　　　DATE: OCT. 10, 2023

PACKING LIST　　　　　　　　　　　　　　　　　　　　　　O/C NO.: 22020186

TO: TIANYI TRADE CORPORATION
　　6 YENPHU STREET, HANDI, VIETNAM

FROM　SHANGHAI CHINA　　TO　HANOI VIETNAM

SHIPPING MARK	DESCRIPTIONS OF GOODS	QTY (M)	QTY (BAGS)	G.W (KGS)	N.W (KGS)	MEAS (M³)
H.T.C 22020186 HANOI C/NO. 1-180	SIMULATED LEATHER 100m×900mm×0.9mm NATURAL SILVERY BROWN 1 ROLL PER 100 MS, EACH ROLL PACKED IN A PLASTIC BAG	6 000 6 000 6 000	60 60 60	600 600 600	540 540 540	12 12 12
	TOTAL	18 000	180	1 800	1 620	36

SAY TOTAL BAGS: ONE HUNDRED AND EIGHTY (180) BAGS ONLY

上海贤达进出口有限公司公章
SHANGHAI XIANDA IMP. & EXP. CO., LTD.
丁艳

图 3-11　装箱单

电话:021-62181771	凭祥国际货运代理有限公司	编号:2300124121
传真:021-62181772	上海市中华路189号	日期:2023.10.10

国际铁路货物联运委托书

发货人 上海贤达进出口有限公司 中国上海市杨高路8号	请在方框内选择: ☐ 委托人　☑ 发货人				
收货人 TIANYI TRADE CORPORATION 6 YENPHU STREET, HANOI, VIETNAM TEL: 008424-6578342 FAX: 008424-6578343					
始发站 上海铁路车站		通过国境站 凭祥铁路车站		到站及代码 HANOI RAILWAY STATION/321308	
唛头标记	货物名称	件数	毛重	净重	体积
H.T.C 22020186 HANOI C/NO.1-180	SIMULATED LEATHER	180 BAGS	1 800 KGS	1 620 KGS	36 CBM
商品编码	4205009090	柜型柜量	20′/1个	装柜时间	2023.10.12
代理报关	☐ 口岸报关 ☑ 起运地报关	报关单证	☐ 客户提供 ☑ 货代提供	代理商检	☐ 是 ☑ 否
分批装运	☐ 是　☑ 否	装运期限	2023-10-15	结汇方式	
装柜地址	上海市杨高路8号	联系电话	021-65766688	费用	☑ 全程运费/☑ 拖车费 ☐ 报关费/☐ 保价费
备注: 1. 发货人保证本委托书的内容属实,保证单证与货物相符。 2. 由于发货人的行为造成被委托人被处罚,则一切责任均由发货人承担。 3. 对危险物品、超大、超重货物,发货人应向被委托人特别说明。 4. 货物重量不准超过21.5吨/20′、24.5吨/40′。 5. 始发站报关需提供装箱单、发票、合同、商检与熏蒸资料等。 6. 发货人在发车前付清所有费用。 7. 发货人在发车后三天内提供随车文件(清关文件)扫描件给我司。	委托人签名及盖章: 上海贤达进出口有限公司公章 SHANGHAI XIANDA IMP. & EXP. CO., LTD. 丁艳 2023.10.10				

图 3-12　国际铁路货物联运委托书

1 运单正本 -Оригинал накладной （给收货人）-(Для получателя)							29 批号-Отправка №	

<table>
<tr><td rowspan="14">国际货物协运单-Накладная СМГС
中铁-ККД</td><td colspan="3">1 发货人-Отправитель
上海贤达进出口有限公司
中国上海市杨高路8号
电话021-65766688　传真021-65766687</td><td>93665544</td><td colspan="4">2 发站-Станция отправления
中铁上海铁路车站</td><td colspan="2">335721</td></tr>
<tr><td colspan="3">签字-Подпись　　　陆佳</td><td></td><td colspan="6">3 发货人声明-Заявления отправителя</td></tr>
<tr><td colspan="3">4 收货人-Получатель
TIANYI TRADE CORPORATION
6 YENPHU STREET, HANOI, VIETNAM
TEL：008424-6578342　FAX：008424-6578343</td><td></td><td colspan="6"></td></tr>
<tr><td colspan="3">5 到站-Станция назначения
越铁河内铁路车站</td><td>321308</td><td colspan="6"></td></tr>
<tr><td colspan="3" rowspan="5">6 国境口岸站-Пограничные станции переходов

中国凭祥口岸
代码 7208</td><td>7 车辆-Вагон</td><td>8 车辆由何方提供-Вагон предоставлен</td><td>9 载重量-Грузоподъёмность</td><td>10 轴数-Оси</td><td>11 自重-Масса тары</td><td>12 罐车类型-Тип цистерны</td><td colspan="2">换装后-После перегрузки</td></tr>
<tr><td>123456789123</td><td>"о"</td><td></td><td></td><td></td><td></td><td colspan="2"></td></tr>
<tr><td></td><td></td><td></td><td></td><td></td><td></td><td>13 货物重量-Масса груза</td><td>14 件数-К-во мест</td></tr>
<tr><td></td><td></td><td></td><td></td><td></td><td></td><td></td><td></td></tr>
<tr><td></td><td></td><td></td><td></td><td></td><td></td><td></td><td></td></tr>
<tr><td colspan="3" rowspan="5">15 货物名称-Наименование груза

仿真皮革
商品编码 42050090</td><td colspan="2">16 包装种类-Род упаковки</td><td>17 件数-К-во мест</td><td colspan="2">18 重量(公斤)-Масса (в кг)</td><td colspan="2">19 封印-Пломбы</td></tr>
<tr><td colspan="2"></td><td></td><td colspan="2"></td><td>数量К-во</td><td>记号-знаки</td></tr>
<tr><td colspan="2">包</td><td>180</td><td colspan="2">1 800 公斤</td><td></td><td></td></tr>
<tr><td colspan="2"></td><td></td><td colspan="2"></td><td></td><td></td></tr>
<tr><td colspan="2"></td><td></td><td colspan="5">20 由何方装车-Погружено
承运人
21 确定重量的方法-Способ определения массы
计量法</td></tr>
<tr><td colspan="4">23 运送费用的支付-Уплатапровозных платежей
承运人：中铁上海铁路车站
支付人：上海贤达进出口有限公司（93665544）
承运人：越铁河内铁路车站
支付人：TIANYI TRADE CORPORATION</td><td colspan="2">22 承运人-Перевозчики

中铁
代码 33</td><td colspan="2">(区段自/至-участки от/до)

中铁上海铁路车站/
越铁河内铁路车站</td><td colspan="2">车站代码-коды станций

335721
321308</td></tr>
<tr><td colspan="4">24 发货人添附的文件-Документы, приложенные отправителем
　形式发票1份　东盟原产地证书1份</td><td colspan="6">25 与承运人无关的信息，供货合同号码-Информация, не предназначенная для перевозчика, № договора на поставку
出境加工合同号码22020186</td></tr>
<tr><td colspan="3">26 缔结运输合同的日期-Дата заключения договора перевозки</td><td colspan="2">27 到达日期-Дата прибытия</td><td colspan="5">28 办理海关和其他行政手续的记载-Отметки для выполнения таможенных и других административных формальностей</td></tr>
</table>

图 3-13　国际铁路货物联运运单

PICC 中国人民财产保险股份有限公司上海市分公司
PICC PROPERTY AND CASUALTY COMPANY LIMITED SHANGHAI BRANCH

地址：上海市黄浦区中山南路 700 号　　　　　　　　邮编：200010
ADD: NO. 700 ZHONGSHAN SOUTH ROAD, HUANGPU DISTRICT, SHANGHAI　ZIP CODE:
电话：021-63773000　　　　　　　　　　　　　　传真：021-63774678
TEL:　　　　　　　　　　　　　　　　　　　　　FAX:

货物运输保险投保单
APPLICATION FORM FOR CARGO TRANSPORTATION INSURANCE

编号：2023013245
NO.:

被保险人：上海贤达进出口有限公司
INSURED:

发票号：XD231012　　　　　　　　　合同号：22020186
INVOICE NO.:　　　　　　　　　　　CONTRACT NO.:

发票金额：USD 36 000.00　　　　　　投保加成：110%
INVOICE AMOUNT:　　　　　　　　　PLUS:

标记 MARKS & NOS.	包装数量 QUANTITY	保险货物项目 DESCRIPTION OF GOODS	保险金额 AMOUNT INSURED
H.T.C 22020186 HANOI C/NO. 1-180	180 BAGS	仿真皮革 SIMULATED LEATHER	USD 39 600.00

启运日期：OCT. 15, 2023　　　　　　　　装载运输工具：T8701
DATE OF COMMENCEMENT:　　　　　　　PER CONVEYANCE:

自：SHANGHAI RAILWAY STATION　　　经　　　至：HANOI RAILWAY STATION
FROM:　　　　　　　　　　　　　　　　VIA:　　TO:

提单号：　　　　　　　　　　　　　　　赔款付款地点：HANOI VIETNAM
B/L NO.:　　　　　　　　　　　　　　　CLAIM PAYABLE AT:

投保险别：FOR 110% OF THE INVOICE VALUE COVERING OVERLAND TRANSPORT ALL RISKS AS PER OVERLAND TRANSPORT CARGO CLAUSE OF THE PICC DATED 1/1, 2009.
CONDITIONS:

请如实告知下列情况："是"在[ ]中打"√", "不是"在[ ]中打"×".
PLEASE TRUTHFULLY INFORM OF THE FOLLOWING: MARK "√" OR "×".

1. 货物各类：　　袋装[√]　　散装[×]　　冷藏[×]　　液体[×]　　活动物[×]　　机器/汽车[×]　　危险品等级[×]
   CARGO PROPERTIES: BAG　　BULK　　REFRIGERATE　LIQUID　　LIVE ANIMAL　　MACHINE/AUTO　　DANGEROUS LASS

2. 集装箱种类：　普通[√]　　开顶[×]　　框架[×]　　平板[×]　　冷藏[×]
   CONTAINER TYPE: ORDINARY　OPEN　　FRAME　　FLAT　　REFRIGERATOR

3. 承运工具：　　海轮[×]　　飞机[×]　　驳船[×]　　火车[√]　　汽车[×]
   BY TRANSIT:　SHIP　　PLANE　　BARGE　　TRAIN　　TRUCK

4. 船舶资料：　　船籍[×]　　船龄[×]
   SHIP INFORMATION: REGISTRY　VESSEL AGE

备注：被保险人确认本保险合同条款和内容已经完全理解。
REMARKS: THE ASSURED CONFIRMS HEREWITH THE TERMS AND CONDITIONGS OF THESE INSURANE CONTRACTS FULLY UNDERSTOOD.

上海贤达进出口有限公司公章
SHANGHAI XIANDA IMP. & EXP. CO., LTD.

投保人（签章）：*丁艳*
APPLICANT (SIGNATURE):

电话：021-65766688　　地址：上海市杨高路 8 号
TEL:　　　　　　　　　ADD:

日期：2023 年 10 月 14 日
DATE:

费率： RATE：	保费： PREMIUM：	备注： REMARKS：
经办人： HANDLED BY：	核保人： UNDERWRITER：	负责人： HEAD：

本公司自用
FOR OFFICE USE ONLY

图 3-14 货物运输保险投保单

中华人民共和国海关出口货物报关单

预录入编号：220220230181324523　　海关编号：220220230814325436　　页码/页数：1/1

境内发货人(913100007793665544) 上海贤达进出口有限公司	出境关别(2205) 沪车站办	出口日期	申报日期 20231014	备案号
境外收货人 TIANYI TRADE CORPORATION	运输方式(3) 铁路运输	运输工具名称及航次号 T8701	提运单号	
生产销售单位(913100007793665544) 上海贤达进出口有限公司	监管方式(1427) 出料加工	征免性质(299) 其他法定	许可证号	
合同协议号 22020186	贸易国(地区) 越南(VNM)	运抵国(141) 越南	指运港	离境口岸(2205) 沪车站办
包装种类(06) 包	件数 180	毛重(千克) 1 800	净重(千克) 1 620	成交方式 CIP(1)	运费 300/3/502	保费 10/3/502	杂费

随附单据及编号
Y：E20231ZC01231

标记唛码及备注	H.T.C　　出境加工账册编码 202310054372140125 22020186 HANOI C/NO.1-180

项号	商品 编号	商品名称及 规格型号	数量及 单位	单价/总价/ 币制	原产国 (地区)	最终目的国 (地区)	境内 货源地	征免
1	420500909	仿真皮革 (100m×900mm×0.9mm)	18 000 米 1 620 千克 18 000 米	2.00/36 000 美元 (502)	中国 (142)	越南 (141)	浦东其他 (31229)	全免 (3)

特殊关系确认：　　价格影响确认：　　支付特许权使用费：　　自报自缴：否

报关人员 章欣 报关人员证号 22010190E981324623 电话 65766688 申报单位 3100274362 上海贤达进出口有限公司 申报单位(签章)：　上海贤达进出口有限公司 　　　　　　　　　报关专用章	兹声明对以上内容承担如实 申报、依法纳税之法律责任	海关批注及签章

图 3-15 出口货物报关单

```
           SHANGHAI XIANDA IMP. & EXP. CO., LTD.
                  8 YANGGAO ROAD, SHANGHAI, CHINA
TEL: 021-65766688                                           NO.: 02324634
                      DECLARATION OF NO-WOODEN              DATE: DEC. 14, 2023
FAX: 021-65766687                                           O/C NO.: 22020186


TO: NORWAY ENTRY-EXIT INSPECTION AND QUARANTINE BUREAU

IT IS DECLARED THAT THIS SHIPMENT DOES NOT CONTAIN WOOD PACKING MATERIALS.
COMMODITY: SIMULATED LEATHER
QUANTITY/WEIGHT: 180 BAGS/1 800 KGS
PROFORMA INVOICE NO.: XD231012

                                        上海贤达进出口有限公司公章
                                     SHANGHAI XIANDA IMP. & EXP. CO., LTD.
                                                  丁艳
```

图 3-16 非木质包装证明

```
           SHANGHAI XIANDA IMP. & EXP. CO., LTD.
                  8 YANGGAO ROAD, SHANGHAI, CHINA
TEL: 021-65766688                                    INVOICE NO.: XD231012
                         SHIPPING ADVICE             DATE: OCT. 15, 2023
FAX: 021-65766687                                    O/C NO.: 22020186


          TO: TIANYI TRADE CORPORATION
              6 YENPHU STREET, HANDI, VIETNAM

DEAR SIRS:
WE HEREBY INFORM YOU THAT THE GOODS UNDER THE ABOVE MENTIONED CREDIT HAVE BEEN
SHIPPED. THE DETAILS OF THE SHIPMENT ARE STAED BELOW.
COMMODITY: SIMULATED LEATHER(100m×900mm×0.9mm)
BAGS NO.: ONE HUNDRED AND EIGHTY(180)BAGS
TOTAL G. W: 1 800 KGS                          SHIPPING MARKS
DEPARTURE: SHANGHAI RAILWAY STATION                H. T. C
DESTINATION: HANOI RAILWAY STATION                 22020186
SHIPMENT TIME: OCT. 15, 2023                       HANOI
RAILWAY WAYBILL NO.: T8701                         C/NO. 1-180

                                        上海贤达进出口有限公司公章
                                     SHANGHAI XIANDA IMP. & EXP. CO., LTD.
                                                  丁艳
```

图 3-17 装运通知

（二）复进口产品托运、投保、报关及单证缮制实例

上海贤达进出口有限公司外贸单证员在出境加工合同规定的复进口货物仿真皮革女式包装装运期限内委托凭祥国际货运代理有限公司办理国际铁路货物联运托运手续，提交国际铁路货物联运委托书、国际铁路货物联运运单，分别见图 3-18、图 3-19。随后向中国人民财产保险股份有限公司上海分公司签订仿真皮革女式包进口货物运输预约保险合同，

见图 3-20。上海贤达进出口有限公司报关员在仿真皮革女式包装运前向上海海关办理复进口货物报关手续,提交进口货物报关单,见图 3-21,并缴纳进口关税。

电话:021-62181771	凭祥国际货运代理有限公司		编号:2300124121	
传真:021-62181772	上海市中华路 189 号		日期:2023.10.10	
国际铁路货物联运委托书				
发货人 TIANYI TRADE CORPORATION 6 YENPHU STREET, HANOI, VIETNAM TEL: 008424-6578342 FAX: 008424-6578343			请在方框内选择打勾: □ 委托人 ☑ 发货人	
收货人 上海贤达进出口有限公司 中国上海市杨高路 8 号 电话:021-65766688 传真:021-65766687				
始发站 HANOI RAILWAY STATION	通过国境站 凭祥铁路车站		到站及代码 上海铁路车站/335721	
唛头标记	货物名称	件数	毛重	净重	体积
S. X. D 22020186 SHANGHAI C/NO. 1-360	SIMULATED LEATHER LADY BAG	360CTNS	2 520 KGS	2 340 KGS	39.6 CBM
商品编码	2508510091	柜型柜量	40′/1 个	装柜时间	2023.12.28
代理报关	□ 口岸报关 □ 起运地报关	报关单证	□ 客户提供 □ 货代提供	代理商检	□ 是 □ 否
分批装运	□ 是 ☑ 否	装运期限	2023-12-31	结汇方式	电汇
装柜地址	6 YENPHU STREET, HANOI, VIETNAM	联系电话	008424-6578342	费用	☑ 全程运费/☑ 拖车费 □ 报关费/□ 保价费
备注: 1. 发货人保证本委托书的内容属实,保证单证与货物相符。 2. 由于发货人的行为造成被委托人被处罚,则一切责任均由发货人承担。 3. 对危险物品、超大、超重货物,发货人应向被委托人特别说明。 4. 货物重量不准超过 21.5 吨/20′、24.5 吨/40′。 5. 始发站报关需提供装箱单、发票、合同、商检及熏蒸资料等。 6. 发货人在发车前付清所有费用。 7. 发货人在发车后三天内提供随车文件(清关文件)扫描件给我司。			委托人签名及盖章: 上海贤达进出口有限公司公章 SHANGHAI XIANDA IMP. & EXP. CO., LTD. 丁艳 2023.12.26		

图 3-18 国际铁路货物联运委托书

1 运单正本 - Оригинал накладной				29 批号-Отправка №	
(给收货人) - (Для получателя)					

国际货协运单-Накладная СМГС 中铁—KKД	1 发货人-Отправитель TIANYI TRADE CORPORATION 6 YENPHU STREET, HANOI, VIETNAM TEL:008424-6578342 FAX:008424 -6578343 签字-Подпись 陆佳		2 发站-Станция отправления 越铁河内铁路车站		321308
			3 发货人声明-Заявления отправителя		
	4 收货人-Получатель 上海贤达进出口有限公司 中国上海市杨高路8号 电话021-65766688 传真021-65766687	93665544			
	5 到站-Станция назначения 中铁上海铁路车站	335721			

6 国境口岸站-Пограничные станции переходов	7 车辆-Вагон	8 车辆由何方提供-Вагон предоставлен	9 载重量-Грузоподъёмность	10 轴数-Оси	11 自重-Масса тары	12 罐车类型-Тип цистерны	换装后—После перегрузки	
中国凭祥口岸 代码 7208	123456789124	"o"					13 货物重量 Масса груза	14 件数 К-во мест

15 货物名称-Наименование груза	16 包装种类 Род упаковки	17 件数 К-во мест	18 重量（公斤） Масса (в кг)	19 封印-Пломбы	
				数量К-во	记号-знаки
仿真皮革女式包 商品编码 25085100	纸箱	360	2 520公斤		
				20 由何方装车-Погружено 承运人	
				21 确定重量的方法-Способ определения массы 计量法	

23 运送费用的支付-Уплата провозных платежей	22 承运人-Перевозчики	(区段自/至-участки от/до)	车站代码 (коды станций)
承运人：越铁河内铁路车站 支付人：TIANYI TRADE CORPORATION 承运人：中铁凭祥铁路车站 支付人：上海贤达进出口有限公司（93665544）	中铁 代码33	越铁河内铁路车站/ 中铁凭祥铁路车站	321308 335721

24 发货人添附的文件-Документы, приложенные отправителем		
装箱单1份		
	25 与承运人无关的信息，供合同号码-Информация, не предназначенная для перевозчика, № договора на поставку 出境加工合同号码22020186	

26 缔结运输合同的日期-Дата заключения договора перевозки	27 到达日期-Дата прибытия	28 办理海关和其他行政手续的记载-Отметки для выполнения таможенных и других административных формальностей

图 3-19 国际铁路货物联运运单

进口货物运输预约保险合同

合同号：02310234
日期：2023.12.26

甲方：上海贤达进出口有限公司
地址：上海市杨高路 8 号
电话：021-65766688
传真：021-65766687

乙方：中国人民财产保险股份有限公司上海分公司
地址：上海市黄浦区中山南路 700 号
电话：021-63773000
传真：021-63774678

进口货物运输预约保险合同双方当事人就进口货物运输预约保险相关事项进行议定，并规定如下：

一、险保险范围

甲方从国外进口的全部货物，不论运输方式，依据贸易合同条款规定由买方办理保险的，都属于本合同范围之内。甲方应根据本合同规定，向乙方办理投保手续并支付保险费。

乙方对上述保险范围内的货物，负有自动承保的责任，在发生本合同规定范围内的损失时，均按本合同的规定，负责赔偿。

二、保险金额

保险金额以货物的到岸价货价加运费加保险费为准（运费可用实际运费，亦可由双方协定一个平均运费率计算）。

八、保险险别和费率

货物需要投保的险别由甲方选定并在下列中填明。乙方根据不同的险别费率收取保险费。

货物种类	运输方式	保险险别	保险费率
仿真皮革女式包	铁路货物联运	陆运一切险	按约定

九、保险责任

各种险别的责任范围，按照所属乙方制定的"航空货物运输保险条款"、"航空运输货物战争险条款"、"航空运输一切险条款"和其他有关条款的规定为准。

十、投保手续

被保险货物启运后，甲方应立即向乙方发送启运通知书，办理投保。通知书一式五份，由保险公司签字确认后退回一份。如不办理投保，货物发生损失，乙方不予赔偿。

十一、保险费

乙方按照保险金额、保险险别及费率逐笔计收保险费，甲方应及时支付保费。

十二、索赔手续和期限

本合同所保货物发生保险责任范围内的损失时，乙方应按制定的"关于航空进口保险货物残损检验的赔款给付办法"和"进口货物施救整理费用支付办法"迅速处理。甲方应尽力采取防止货物扩大受损的措施，对已遭受损失的货物必须积极抢救，尽量减少货物的损失。甲方向乙方办理索赔的有效期限是从保险货物卸离运输工具之日起一年。如有特殊需要，甲方可向乙方提出延长索赔期。

本合同自 2023 年 12 月 26 日起开始生效。

甲　方：丁艳　（上海贤达进出口有限公司公章 SHANGHAI XIANDA IMP. & EXP. CO., LTD.）
乙　方：李文　（中国人民财产保险股份有限公司上海分公司专用章 PICC PROPERTY AND CASUALTY COMPANY LIMITED SHANGHAI BRANCH）

法定代表人（签字）：
法定代表人（签字）：

图 3-20　进口货物运输预约保险合同

中华人民共和国海关进口货物报关单

预录入编号：220220231013246548　　海关编号：220220230212143526　　页码/页数：1/1

境内收货人(913100007793665544) 上海贤达进出口有限公司	进境关别(2205) 沪车站办	进口日期 2023-12-31	申报日期	备案号
境外发货人 TIANYI TRADE CORPORATION	运输方式(3) 铁路运输	运输工具名称及航次号 T8702	提运单号	货物存放地点
消费使用单位(913100007793665544) 上海贤达进出口有限公司	监管方式(1427) 出料加工	征免性质(299) 其他法定	许可证号	启运港
合同协议号 22020186	贸易国(地区) 越南(VNM)	启运国(地区) 越南(141)	经停港	入境口岸(2205) 沪车站办
包装种类(22) 纸箱	件数 360	毛重(千克) 2 520	净重(千克) 2 340	成交方式(3) FCA	运费 420/3/502	保费 15/3/502	杂费

随附单据及编号

标记唛码及备注　S. X. D　　出境加工账册编号 202310054372140125
22020186
SHANGHAI
C/NO. 1-360

项号	商品编号	商品名称及规格型号	数量及单位	单价/总价/币制	原产国(地区)	最终目的国(地区)	境内货源地	征免
1	2508510091	仿真皮革女式包 60cm×45cm×30cm	3 600 个 2 340 千克 3 600 个	6.00/216 000/美元 (502)	越南 (141)	中国 (142)	浦东其他 (31229)	全免 (3)
			0.1	料件费 36 000 美元 (502)　加工费 144 000 美元 (502)				照章征税 (1)

特殊关系确认：　　价格影响确认：　　支付特许权使用费确认：　　自报自缴：是

报关人员 章欣 报关人员证号 22010190E981324623 电话 65766688　兹声明以上内容承担如实申报、依法纳税之法律责任　　海关批注及签章
申报单位 3100274362 上海贤达进出口有限公司
申报单位(签章)　上海贤达进出口有限公司 报关专用章

图 3-21　进口货物报关单

三、出境加工货物托运、投保、报关及单证缮制模拟操作

（一）模拟业务背景

上海立达进出口有限公司外贸单证员根据出境加工合同的相关规定向凭祥国际货运代理有限公司提交装箱单、国际铁路货物联运委托书、国际铁路货物联运运单委托办理仿真皮革与仿真皮革男士包进出口托运，向中国人民财产保险股份有限公司上海分公司仿真皮革货物投保，签订仿真皮革男士包的进口货物运输预约保险合同。上海立达进出口有限公司报关员根据《进出口货物申报管理规定》，在仿真皮革装运前向上海海关办理出口报关手续，提交出口货物报关单、非木质包装证明等指定单证，通关后向乙方 LANGSON TRADE CORPORATION 发送装运通知。当仿真皮革男士包到达上海铁路车站时，上海立达进出口有限公司报关员向上海海关办理进口报关手续，提交进口货物报关单，并缴纳进口关税。

（二）模拟业务资料

仿真皮革国际铁路货物联运委托书编号/日期：2300152132/（合理拟定）
装箱单签发日期：（合理拟定）
仿真皮革每包净重/体积：9 KGS/0.2 M³
仿真皮革男式包国际铁路货物联运委托书编号/日期：2300126231/（合理拟定）
仿真皮革男式包每箱毛重/净重/体积：7 KGS/6.5 KGS/0.11 M³
上海立达进出口有限公司编码：93473456
越铁凉山铁路车站代码/中国凭祥口岸站代码：321234/7208
仿真皮革承运车辆号码/仿真皮革男式包承运车辆号码：120034243611/120034243612
仿真皮革承运铁路班车号/仿真皮革男式包承运铁路班车号：T9701/T9702
仿真皮革集装箱柜型柜量/仿真皮革男式包集装箱柜型柜量：20′×2/40′×2
投保单编号/预约保险合同编号：2023098657/02310234
赔款付款地点：HANOI VIETNAM
集装箱种类：普通
出口货物报关单预录入编号/海关编号：220220230182132467/220220230812435732
进口货物报关单预录入编号/海关编号：220220231017324321/220220230217345213
报关单页码/页数：第1页/共1页
进出境关别/代码：沪车站办/（代码自查）
监管方式/代码：出料加工/（代码自查）
征免性质/代码：其他法定/（代码自查）
贸易国代码/运抵国代码：（代码自查）
仿真皮革运费/保险费/杂费：500美元/33美元/无
仿真皮革男式包/保险费/杂费：700美元/79美元/无
仿真皮革男式包毛重/净重：4 200 KGS/3 900 KGS
东盟原产地证书编号/代码：E20231ZC02314/（代码自查）
境内货源地/代码：浦东其他/（代码自查）
出口货物报关自报自缴/进口货物报关自报自缴：否/是
非木质包装证明编号：02321436

单证员/报关员/报关员证号:(学生姓名)/(学生姓名)/22010190E981631242

(三) 模拟业务操作

请你以外贸单证员或报关员的身份,根据模拟业务资料的相关内容缮制仿真皮革的装箱单、国际铁路货物联运委托书、国际铁路货物联运运单、投保单、出口货物报关单、非木质包装证明、装运通知和境外加工成品仿真皮革男式包的国际铁路货物联运委托书、国际铁路货物联运运单,订立进口货物运输预约保险合同,并填报进口货物报关单。上述单证与进口货物运输预约保险合同的样张见"模拟操作3-4"。

模拟操作 3-4

任务五 加工费支付、出境加工账册核销及单证缮制

一、操作指南

(一) 电汇支付方式

电汇(telegraphic transfer,T/T)是指由汇款人委托汇出行通过 SWIFT 系统发出付款委托通知书给收款人所在地的汇入行,委托其将款项解付给指定收款人的支付方式。由于电汇支付方式简便、快捷,在出境加工业务中通常被出境加工合同甲乙双方选择为加工费的支付方式。

(二) 电汇收付环节

电汇收付有六个环节:一是申请购汇,汇款人根据出境加工合同加工费支付条款规定向汇出行(境内银行)申请购汇,提交已缮制的购货申请书,随附发票、合同、营业执照、进口许可证等指定材料;二是申请境外汇款,根据国家外汇管理局《境内银行涉外及境内收付凭证管理规定》,境内机构汇款人通过境内银行办理涉外付款业务时应提交境外汇款申请书、组织机构基本情况表等指定材料;三是境内银行(汇出行)通过 SWIFT 系统向境外银行(汇入行)发出电汇委托付款通知书;四是境内汇出行收到电汇委托付款通知书后,编制电汇付款通知书并向境外收款人发出;五是境外收款人收到电汇通知书后凭指定材料取款入账;六是境外汇入行向境内汇出行发送付讫借记通知书。

(三) 组织机构基本情况表填报

组织机构基本情况表由国家外汇管理局印制,分为纸质版和电子版,一式两联,第一联为银行留存联,第二联为申报主体留存联。机构申报主体在境内银行任何一家网点首次办理涉外收付款业务时,应在组织机构基本情况表中勾选"组织机构基本情况表新建",提报相关信息,并提供营业执照等证明文件。组织机构基本情况表的填报方法如下。

1. 主体标识码

外贸财会员应在此栏填入汇款人统一社会信用代码中的第9位至第17位。

2. 统一社会信用代码

外贸财会员应在此栏填入法人营业执照中的18位数码的统一社会信用代码。

3. LEI 编码

LEI(legal entity identifier)编码是按照国际标准化组织《金融服务法人机构识别编码》标准为法人机构分配的由数字和字母组成的20位数码的唯一编码,可以用于标识与国际金融交易相关联的法人机构。外贸财会员应在此栏填入本企业向全国金融标准化技术委员会申领的 LEI 编码。

4. 机构名称

外贸财会员应在此栏填入法人营业执照中的企业名称,如果是境外机构可用英文填写。

5. 住所/营业场所名称及代码

外贸财会员应在此栏填入法人营业执照中的住所或营业场所的名称以及所在行政区代码。

6. 常驻国家(地区)名称及代码

外贸财会员应在此栏填入常驻国家或地区名称及其在《国家和地区代码表》中的对应代码。

7. 经济类型代码

外贸财会员应根据法人营业执照经济类型填入其在《经济类型代码表》中的对应代码。

8. 所属行业属性代码

外贸财会员应根据法人营业执照经济类型填入其在《行业属性代码表》中的对应代码。

9. 是否属于特殊经济区内企业

属于保税区、出口加工区等特殊经济区内企业,外贸财会员应在"是"后框内打"√"。不属于特殊经济区内企业,外贸财会员应在"否"后框内打"√"。

10. 企业类型

第9项选择"是",如果不是自由贸易试验区内企业,外贸财会员应选择"保税区"或"出口加工区"或"保税物流中心 B 型"或"保税物流园区"或"钻石交易所"或"保税港区"或"综合保税区"或"跨境工业园区"或"保税物流中心 A 型"或"出口监管仓库"或"进口保税仓库"或"自由贸易试验区(特殊监管)"或"其他";如果是自由贸易试验区内企业,则应选择"自由贸易试验区(特殊监管)"。第9项选择"否",外贸财会员应选择"一般贸易区"或"自由贸易试验区(非特殊监管)"。

11. 申报方式

外贸财会员应根据企业申报的方式在对应的框内打"√"。

12. 机构地址、邮政编码

外贸财会员应在此栏填入法人营业执照中的企业地址及邮政编码,如果是境外机构可用英文填写。

13. 联系用 Email 地址

外贸财会员应在此栏填入与国家外汇管理局联系用的 Email 地址。

14. 备注

需要说明或证明的事项,外贸财会员可在此栏注明。

15. 经办行名称
外贸财会员应在此栏填入建立组织机构基本情况表的经办银行的名称。

16. 机构联系人、联系电话
外贸财会员应在此栏填入与经办银行联系的联系人的名称及电话。

17. 填表日期
外贸财会员应在此栏填入填表的日期。

18. 机构经办人电话
外贸财会员应在此处填入企业经办人的电话。

19. 银行签章
经办银行核准组织机构基本情况表的内容后，进行签名，并加盖银行专用章。

（四）境外汇款申请书填报

境外汇款申请书是由银行根据国家外汇管理局规定要求进行印制的，分为银行留存联和申报主体留存联。境内银行可在境外汇款申请书左上角规定位置加印银行标识，也可根据需要在确保涉外收付基础信息、申报信息和管理信息完整的前提下，调整境外汇款申请书的内容或增加第三联。外贸财会员在填报境外汇款申请书前应仔细阅读各联背面条款及填报要求。中国银行境外汇款申请书的填报要求如下：

1. Date
外贸财会员应在此处填入境外汇款申请书的申请日期，一般与购买外汇申请书日期一致。

2. To
外贸财会员应在此处填入汇出行中英文全称。

3. T/T，D/D，M/T
外贸财会员根据汇款方式在对应的框内打"√"。

4. Priority
外贸财会员根据需求，在发电等级对应的框内打"√"。

5. BOP Reporting No.
此栏留空，由银行根据国家外汇管理局有关申报号码的编制规则填入。

6. Bank Transac. Ref. No.
此栏留空，由银行填入本笔业务的银行业务编号。

7. Receiver/Drawn on
此栏留空，由银行填入收电行或付款行的名称。

8. Currency & Interbank Settlement Amount
外贸财会员应在此处填入汇款的币种和金额以及中文金额大写。

9. Amount in FX，Amount of Purchase，Amount of Others
外贸财会员应在此处填入实际付款的现汇金额，或从银行购买外汇直接用于境外支付的金额，或现汇金额，或银行购买外汇以外的境外支付金额，及其扣款的银行账号。

10. Remitter's Name & Address
外贸财会员应在此处填入汇款人名称及地址。

11. Unit Code
在对公业务中，外贸财会员应在此栏填入汇款人统一社会信用代码中第9位至第17位。

12. Individual ID NO.

此栏留空,由对私业务申请人填写个人身份证号,并选择中国居民个人或非中国居民个人。

13. Correspondent of Beneficiary's Bank Name & Address

此栏留空,由银行在此处填入中转银行的名称、国家或城市及其在清算系统中的识别代码。

14. Beneficiary's Bank Name & Address

此栏留空,由银行在此处填入收款人开户银行在其代理行账号、收款人开户行名称和地址。

15. Beneficiary's Name & Address

外贸财会员应在此处填入收款人的账号、名称及地址。

16. Remittance Information

外贸财会员应在此处填入汇款用于事项的说明,限140个字数。

17. All Bank's Charges If Any Are To Be Borne By

外贸财会员应在此处选择汇款费用由"汇款人"或"收款人"或"共同"承担,并在对应的框内打"√"。

18. Resident Country/Region Name & Code

外贸财会员应在此处填入收款人国家或地区名称(中文)及其在《国家和地区代码表》中的对应代码。

19. Is It Customs Bonded Goods

外贸财会员应根据本笔款项是否为海关保税货物,在对应的框内打"√"。如果"是",还要填报合同号、发票号。

20. Advance Payment, Payment Against Delivery, Refund, Others

外贸财会员应根据电汇方式在此处选择"预付货款"或"货到付款"或"退款"或"其他",并在对应的框内打"√"。

21. Nature of Foreign Exchange Payment

外贸财会员应根据付汇性质在对应的"保税区"或"出口加工区"或"钻石交易所"或"其他特殊经济区域"或"深加工结转"的框内打"√"。

22. BOP Transac. Code

此栏留空,由付汇银行在此处填入汇款交易性质在《涉外收支交易代码表》对应的代码。

23. Currency & Amount

此栏留空,由付汇银行根据汇款交易性质在此处填入币种和金额。

24. Approval No./Filing Form No./Business No.

外贸财会员应根据本笔付款是否属于外汇局签发的银行凭以付款的,如果是,则填报该批件号或备案表号或业务编号。

25. For Bank Use Only

此栏留空,由银行在此处填入或选择相关内容。

26. Applicant's Signature

外贸财会员确认"请按照贵行背页所列条款代办以上汇款并进行申报"后进行签名、盖章,并填入电话号码。

27. Bank's Signature

此栏留空,由银行相关人员确认境外汇款申请书相关内容后签章,并由核准人签名,注明日期。

（五）出境加工账册核销

出境加工账册采取企业自主核报、自动核销模式的，企业应在出境加工手册项下最后一批成品进口或出境加工账册到期之日起 30 日内通过"单一窗口"网站向主管海关报送相关数据，上传出境加工账册核销申请表、出境加工货物出口报关登记表、出境加工货物复进口报关登记表。出境加工货物因故无法按期复运进境的，企业应及时向主管海关书面说明情况，主管海关根据其具体的情形核扣复运进境商品数量。逾期不核报出境加工账册的，主管海关通过电子公告牌等方式进行催核，催核后仍不进行核报的，则由主管海关直接对该企业的出境加工账册进行核销。如果出境加工账册发生不平衡等异常情况，企业应当作出说明，并按具体情况办结相应海关手续后再进行核销。

二、加工费支付、出境加工账册核销及单证缮制实例展示

上海贤达进出口有限公司外贸财会员李琳根据出境加工合同加工费支付条款规定向中国银行上海分行国际结算柜台申请购汇，办理境外汇款手续，提交已缮制的组织机构基本情况表（表 3-2）、购买外汇申请书（图 3-22）、境外汇款申请书（图 3-23），并随附境外加工合同、进口货物报关单。国际结算柜台工作人员核准申请材料后，按照当日美元外汇牌价进行售汇，办理境外汇款，收取电汇手续费后通过 SWIFT 系统向 VIETCOM BANK 发出电汇委托付款通知书。上海贤达进出口有限公司外贸财会员在出境加工手册到期之日起 30 日内通过"单一窗口"网站"出境加工账册核销"服务模块向上海海关办理核销，提交出境加工账册核销申请表（表 3-3）、进出口报关单号列表（表 3-4）等电子文件。

表 3-2　　　　　　　　　　　　　组织机构基本情况表

请选择：组织机构基本情况表新建 ☑　　组织机构基本情况表变更 □　　组织机构基本情况表停用 □			
主体标识	8 6 5 4 3 2 1 2 -6		
统一社会信用代码	913100018654321262		
LEI 编码	300300123456789213EW		
机构名称	上海贤达进出口有限公司		
住所/营业场所名称及代码	上海市杨高路 8 号 3 1 0 1 1 5		
常驻国家（地区）名称及代码	中国 1 4 2		
经济类型代码	1 5 0	所属行业属性代码	0 8 6 3
是否属于特殊经济区内企业　　　是 □　　　否 ☑			
企业类型	☑ 一般贸易区　　　□ 自由贸易试验区（非特殊监管） □ 保税区　　　　　□ 出口加工区　　　　□ 保税物流中心 B 型 □ 保税物流园区　　□ 钻石交易所　　　　□ 保税港区　　　□ 综合保税区 □ 跨境工业园区　　□ 保税物流中心 A 型　□ 出口监管仓库 □ 进口保税仓库　　□ 自由贸易试验区（特殊监管）　□ 其他		

(续表)

申报方式	☑ 纸质申报或电子凭证申报（选择本方式后仅可通过银行柜台填写纸质凭证或电子凭证方式完成国际收支统计申报） ☐ 开通网上申报（已开通网上申报的客户如需关闭网上申报功能应选择本项）		
机构地址	上海杨高路 8 号	邮政编码	201315
联系用 Email 地址	723751220@qq.com		
备注			
经办行名称	中国银行上海分行		
机构联系人	李琳	联系电话	021-65766688
填表日期	2023 年 12 月 31 日		

机构经办人电话：021-65766688　　　　　银行签章：

购买外汇申请书

中国银行　上海　分（支）行：

我公司为执行第　22020186　号合同项下对外支付，需向贵行购汇。现按外汇局有关规定向贵行提出下述内容及所附文件，请审核并按实际付汇日牌价办理售汇。所需人民币资金从我公司在贵行账户　U00856668894　中支付。

1. 购汇金额：USD 48 000.00
2. 用　　途：☐ 进口商品　　☑ 从附费用　　☐ 索退赔款　　☐ 其他
3. 支付方式：☐ 信用证　　　☐ 托收　　　☑ 汇款（☐ 货到付款　☐ 预付货款）
4. 商品名称：仿真皮革女式包
5. 数　　量：36 000 个
6. 合 同 号：22020186　　　　　金额：USD 216 000.00
7. 发 票 号：XD231012　　　　　金额：USD 216 000.00
8. ☑ 一般进口商品，无须批文。
   ☐ 控制进口商品，批文随附如下：
   　　☐ 进口证明　　☐ 许可证　　☐ 登记证明　　☐ 其他批文
   　　批文号码：　　　　　　　　　　批文有效期：
9. 附件：　☐ 批文　　　☑ 合同/协议　　☐ 发票　　　☐ 正本运单
   　　　　☑ 报关单　　☐ 运费单/收据　☐ 保险费收据
   　　　　☐ 佣金单　　☐ 关税证明　　　☐ 仓单　　　☐ 其他
10. ☐ 请于开证时立即售汇，转存保证金专用户。

申请单位（盖章）：上海贤达进出口有限公司公章
SHANGHAI XIANDA IMP. & EXP. CO., LTD.

银行审核意见：
上述内容与随附文件/凭证描述相符，拟按申请书要求办理售汇。
经办人：夏迎　　　复核人：张立　　　核准人：李蓝
售汇日期：2023.12.31　　　中国银行上海分行
（加盖售汇专用章）　　　　　　售汇专用章

图 3-22　购买外汇申请书

境外汇款申请书
APPLICATION FOR FUNDS TRANSFERS(OVERSEAS)

日期 Date: 2023-12-31

致 To: 中国银行上海分行 BANK OF CHINA SHANGHAI BRANCH

☑ 电汇 T/T　　□ 票汇 D/D　　□ 信汇 M/T

发电等级 Priority: ☑ 普通 Normal　□ 加急 Urgent

申报号码 BOP Reporting No.	
20 银行业务编号 Bank Transac. Ref. No.	
收电行/付款行 Receiver/Drawn on	
32A 汇款币种及金额 Currency & Interbank Settlement Amount	USD 48 000.00
金额大写 Amount in Words	美元肆万捌仟仟整
其中 现汇金额 Amount in FX	
账号 Account No./Credit Card No.	
购汇金额 Amount of Purchase	USD 48 000.00
账号 Account No./Credit Card No.	U00856668894
其他金额 Amount of Others	
账号 Account No./Credit Card No.	
50a 汇款人名称及地址 Remitter's Name & Address	上海贤达进出口有限公司 中国上海市杨高路 8号
☑ 对公　主体标识码 Unit Code 79366696	□ 对私　个人身份证件号码 Individual ID NO. □ 中国居民个人 Resident Individual　□ 非中国居民个人 Non-Resident Individual
54/56a 收款银行之代理名称及地址 Correspondent of Beneficiary's Bank Name & Address	
57a 收款人开户银行名称及地址 Beneficiary's Bank Name & Address	收款人开户银行在其代理行账号 Bene's Bank A/C No. VIETCOM BANK 18 STREET, HANOI, VIETNAM
59a 收款人名称及地址 Beneficiary's Name & Address	收款人账号 Bene's A/C No. VB289307654072 TIANYI TRADE CORPORATION 6 YENPHU STREET, HANOI, VIETNAM
70 汇款附言 Remittance Information	只限140个字符 Not Exceeding 140 Characters SIMULATED LEATHER LADY BAG PROCESSING CHARGES
71A 国内外费用承担 All Bank's Charges If Any Are To Be Borne By	☑ 汇款人 OUR　□ 收款人 BEN　□ 共同 SHA
收款人常驻国家（地区）名称及代码 Resident Country/Region Name & Code	越南　141
本笔款项是否为保税货物项下付款 Is It Customs Bonded Goods	☑ 是 O/C No. 22020186　INVOICE No.XD231012　□ 否
本笔款项请选择:	□ 预付货款 Advance Payment　☑ 货到付款 Payment Against Delivery　□ 退款 Refund　□ 其他 Others
付汇性质 Nature of Foreign Exchange Payment	保税区 □　出口加工区 □　钻石交易所 □　其他特殊经济区域 □　深加工结转 □
交易编号 BOP Transac. Code	
相应币种及金额 Currency & Amount	
合同号	
发票号	
外汇局批件号/备案表号/业务编号 Approval No./Filing Form No./Business No.	202310054372140125

银行专用栏 For Bank Use Only

购汇汇率 Rate	
等值人民币 RMB Equivalent	
手续费 Commission	
电报费 Cable Charges	
合计 Total Charges	
支付费用方式 In Payment of the Remittance	□ 现金 by Cash　□ 支票 by Check　□ 账户 from Account

申请人签章 Applicant's Signature

请按照贵行背页所列条款代办以上汇款并进行申报
Please Effect The Upwards Remittance, Subject To The Conditions Overleaf.

上海贤达进出口有限公司公章
SHANGHAI XIANDA IMP. & EXP. CO., LTD.

申请人姓名 Name of Applicant: 李琳
电话 Phone No. 021-65766688

银行签章 Bank's Signature

核准人签字 Authorized Person
日期 Date

核印 Sig.Ver.　　经办 Maker　　复核 Checker

图 3-23　境外汇款申请书

项目三　CIP、FCA 出境加工贸易业务模拟操作

表 3-3　　　　　　　　　　　　　出境加工账册核销申请表

报批日期:2024 年 1 月 20 日　　　　　　　　　　　　　　　　　　　账册编号:202310054372140125

企业情况	经营企业(公章): 上海贤达进出口有限公司公章 SHANGHAI XIANDA IMP. & EXP. CO., LTD.		企业性质:独资
			企业信用等级:一般认证
	海关注册编码:3100274362		联系电话:021-65766688
合同执行情况	该合同共出口:180 包 出口总净重(千克):1 620 进口总净重(千克):2 340 境外加工费:216 000 美元 进口报关单(票):1		复进口:360 纸箱 出口总值:36 000 美元 进口总值:216 000 美元 合同执行情况(已/未):执行完毕 出口报关单(票):1
	其他单证:形式发票、装箱单、铁路运单、保险合同		报关员(签章):章欣
初审意见	上述资料企业需如实填写,企业需自行承担由此产生的一切法律后果。		
	海关备案有效期:2023 年 12 月 31 日		
	经审核,相关单证齐全有效,根据《关于出境加工业务有关问题的公告》(海关总署公告 2016 年第 69 号)及《海关总署关于出境加工货物监管有关问题的通知》(署加发〔2016〕225 号),拟同意核销结案,请批示。		
		签名:王方	日期:2024 年 1 月 21 日
科长意见	同意核销结案。		
		签名:李兴龙	日期:2024 年 1 月 21 日
备注			

表 3-4　　　　　　　　　　　　　进出口报关单号列表

出境加工货物出口报关登记表							
报关日期	报关单编号	提运单号	货物名称、规格	单位	数量	价值	海关签章
20231014	2202202308143254 36		仿真皮革 100m×900mm×0.9mm	米	18 000	36 000 美元	
出境加工货物复进口报关登记表							
报关日期	报关单编号	提运单号	货物名称、规格	单位	数量	价值	海关签章
20231231	2202202302121435 26		仿真皮革女式包 60cm×45cm×30cm	个	3 600	216 000 美元	

三、加工费支付、出境加工账册核销及单证缮制模拟操作

（一）模拟业务背景

上海立达进出口有限公司外贸财会员向中国银行上海分行国际结算柜台申请购汇，提交组织机构基本情况表、中国银行购汇申请书、境外汇款申请书，并随附出境加工合同、进口货物报关单办理仿真皮革男士包加工费汇款。出境加工手册到期后，外贸财会员向上海海关办理出境加工账册核销，提交出境加工账册核销申请表、进出口报关单号列表的电子文件。

（二）模拟业务资料

出境加工合同编号：23146286
上海立达进出口有限公司统一社会信用代码：913100007793473456
上海立达进出口有限公司LEI编码：300300123473426173EW
经济类型代码/行业属性代码/住所代码/邮政编码：150/0863/（代码自查）/（编码自查）
是否属于特殊经济区内企业/企业类型：否/一般贸易区
申报方式：资质申报或电子凭证申报
购汇用途：复进口货物从属费用
填表日期/境外汇款申请书日期：（合理拟定）/（合理拟定）
乙方开户银行地址：18 STREET, HANOI, VIETNAM
收款人常驻国家名称/代码：越南/（代码自查）
本笔款项是否为保税货物项下付款/本笔款项付款方式：是/其他
出境加工账册备案表号：202310054372124351
报批日期\合同执行情况：2024年1月20日/执行完毕

（三）模拟业务操作

请你以外贸财会员的身份，根据出境加工合同和模拟业务资料的相关内容填报组织机构基本情况表、购买外汇申请书、境外汇款申请书、出境加工账册核销申请表、进出口报关单号列表。组织机构基本情况表、购买外汇申请书、境外汇款申请书、出境加工账册核销申请表、进出口报关单号列表的样张分别见"模拟操作3-5"。模拟操作相关答案见"项目三模拟操作答案"。

模拟操作3-5　　　项目三模拟操作答案

综合模拟业务操作

一、综合模拟业务背景

上海在野岛进出口有限公司获得一般认证企业资格后，公司业务三部根据公司经营目

标拓展出境加工业务,与越南客商金边贸易公司经理围绕仿真皮革箱包出境加工业务进行磋商,达成一致意见后拟定出境加工合同。业务三部工作人员在出境加工合同生效后编制出境加工合同分析单,办理出境加工账册备案,申领东盟原产地证,办理出口仿真皮革的托运、投保和报关手续,通关后发送装运通知。当金边贸易公司完成仿真皮革箱包加工后,业务三部工作人员根据出境加工合同相关规定办理复进口仿真皮革箱包的托运,订立进口货物运输预约保险合同,办理进口货物报关手续,并在出境加工手册到期后向上海海关办理出境加工账册核销手续。

二、综合模拟业务资料

(一) 拟定出境加工合同及分析单资料

出境加工合同编号/日期:23024621/2023年10月10日

甲方:上海在野岛进出口有限公司

乙方:PHNOMPENH TRADE CORPORATION

地址:3 PARKWAY RD., HO CHI MINH CITY, VIETNAM

(电话 008424-4098931 传真 08424-4098932)

料件规格/数量:仿真皮革 100 m×900 mm×0.9 mm/黑色 8 000 米、自然色 8 000 米、银色 8 000 米

成品规格/数量:仿真皮革箱包 60 cm×30 cm×100 cm/黑色 8 000 个、自然色 8 000 个、银色 8 000 个

料件单价/成品单价:CIP PHNOMPENH USD 2.00/FCA PHNOMPENH USD 6.00

包装方式:每卷 100 米,装 1 个胶袋/每个箱包装 1 个塑料袋,50 个装一只出口纸箱

料件运输标志:包括 P.T.C、出境加工合同号、目的地名称和件数

成品运输标志:包括 S.Z.C、出境加工合同号、目的地名称和件数

料件运输方式/始发铁路车站/到达铁路车站:铁路运输/上海铁路车站/胡志明铁路车站

成品运输方式/始发铁路车站/到达铁路车站:铁路运输/胡志明铁路车站/上海铁路车站

装运时间:料件不迟于 2023 年 10 月 20 日/成品不迟于 2023 年 12 月 31 日

支付条件:电汇(货到付款)

甲方开户银行名称/账号:中国银行上海分行/9005812345678

乙方开户银行名称/账号:HO CHI MINH BANK/U28963219874

甲方提供单证:形式发票 1 份,由甲方签发;东盟原产地证 1 份,由海关签发;装箱单 4 份,由甲方签发;铁路运单 1 份;保险单 1 份;非木质包装证明 2 份,由甲方签发;装运通知 2 份,由甲方签发

乙方提供单证:商业发票 4 份,由乙方签发;装箱单 4 份,由乙方签发;品质证书 2 份,由乙方签发;非木质包装证明 2 份,由乙方签发

甲方授权人:(学生姓名)

出境加工合同分析单编号/日期:ZD02324362/(合理拟定)

(二) 出境加工合同备案资料

出境加工合同编号:23024621

预录入统一编号/出境加工账册编号:202310023501321465/202310054372026452

申报企业类型：自理公司
经营单位/录入单位/申报单位名称：(均为上海在野岛进出口有限公司)
经营单位/录入单位编码/申报单位编码：(均为 3100235598)
经营单位/录入单位代码/申报单位社会信用代码：(均为 913100007442354325)
监管方式/申报类型：出料加工/备案
经营企业经营范围：五金产品、文化用品、日用品等货物进出口、加工贸易业务
仿真皮革商品编码/仿真皮革箱包商品编码：(编码自查)/(编码自查)
上传人 IC 卡号：3102023010612
随附单据序号/文件名/类型/编号/储存名：
1/出境加工合同/合同/23024621/202310121231．PDF；
2/生产工艺单/生产工艺说明/23024622/202310121232．PDF
联系人/手机：(学生姓名)/(学生手机号码)

(三) 东盟原产地证申领资料
仿真皮革承运铁路班车号：T7701
原产地标准：WO
仿真皮革每包毛重/净重/体积：10 KGS/9 KGS/0.2 M^3
形式发票号/日期：ZD231031/2023 年 10 月 12 日
申领人/形式发票签发人：(学生姓名)/(学生姓名)
申请日期/申领员：(合理拟定)/(学生姓名)

(四) 进出口货物托运资料
仿真皮革国际铁路货物联运委托书编号/日期：2300164315/(合理拟定)
仿真皮革箱包国际铁路货物联运委托书编号/日期：2300125121/(合理拟定)
仿真皮革箱包每箱毛重/净重/体积：10 KGS/9 KGS/0.2 M^3
仿真皮革集装箱柜型柜量/仿真皮革箱包集装箱柜型柜量：40′×1/20′×2
仿真皮革承运车辆号码/仿真皮革男式包承运车辆号码：120034562714/120034562715
仿真皮革箱包承运铁路班车号：T7702

(五) 进出口货物运输保险资料
仿真皮革出口货物运输投保单编号/日期：2023013658/(合理拟定)
集装箱种类/赔款付款地点：普通/越南胡志明
仿真皮革箱包预约保险合同编号/日期：02310321/(合理拟定)
上海在野岛进出口有限公司编码：42354325

(六) 进出口货物报关与装运通知资料
非木质包装证明编号：02324126
进出境关别/代码：沪车站办/(代码自查)
监管方式/代码：出料加工/(代码自查)
征免性质/代码：其他法定/(代码自查)
贸易国代码/运抵国代码：(代码自查)
仿真皮革运费/保险费/杂费：400 美元/38 美元/无
东盟原产地证书编号/代码：E20231ZC13215/(代码自查)

仿真皮革箱包毛重/净重：2 400 KGS/2 160 KGS

仿真皮革箱包运费/保险费/杂费：400 美元/46 美元/无

境内货源地/代码：浦东其他/（代码自查）

出口货物报关自报自缴/进口货物报关自报自缴：否/是

报关人员/报关人员证号：（学生姓名）/22010190E982312427

装运通知日期/制单人：（合理拟定）/（学生姓名）

（七）购汇与汇款资料

上海在野岛进出口有限公司 LEI 编码：30030012346574562EW

经济类型代码/行业属性代码/住所代码/邮政编码：150/0863/（代码自查）/（编码自查）

是否属于特殊经济区内企业/企业类型：否/一般贸易区

申报方式/填表日期：资质申报或电子凭证申报/（合理拟定）

购汇用途/境外汇款申请书日期：复进口货物从属费用/（合理拟定）

乙方开户银行地址：196 PARKWAY RD.，HO CHI MINH CITY，VIETNAM

收款人常驻国家名称/代码：越南/（代码自查）

本笔款项是否为保税货物项下付款本笔款项/付款方式：是/其他

出境加工账册备案表号：202310054372026452

（八）出境加工账册核销

报批日期/合同执行情况：2024 年 1 月 20 日/执行完毕

三、综合模拟操作要求

根据出境加工合同业务模拟操作流程，请同学们结合自愿原则组成上海在野岛进出口有限公司业务三部，分别扮演上海在野岛进出口有限公司的外贸业务员、外贸单证员、东盟原产地证申领员、报关员、外贸财会员，根据各自工作岗位职责分别拟定出境加工合同，编制出境加工合同分析单，申请出境加工电子账册备案，填报东盟原产地证书，缮制形式发票、装箱单、国际铁路货物联运委托书、国际铁路货物联运运单、货物运输保险投保单、非木质包装证明、装运通知，订立进口货物运输预约保险合同，填报进出口货物报关单。仿真皮革箱包到达上海铁路车站时向中国银行上海分行国际结算柜台申请购汇，提交组织机构基本情况表、购买外汇申请书、境外汇款申请书，办理加工费汇款。出境加工手册到期后办理出境加工账册核销，填报出境加工账册核销申请表、进出口报关单号列表。上述单据分别见"项目三综合模拟操作业务"。

项目三综合模拟业务

项目四　CIF、FOB 进料加工贸易业务模拟操作

操作目标

- ◆ 了解进料加工贸易业务中经营企业应具备条件。
- ◆ 熟悉加工贸易合同备案与核销流程及表单的填报要求。
- ◆ 掌握加工贸易货物进口料件、出口制成品的流程及其单证的缮制方法。
- ◆ 增强加工贸易业务中的法律意识、诚信意识和社会责任意识。

模拟操作概要

在 CIF、FOB 贸易术语条件下,进料加工贸易业务模拟操作分为八个步骤:步骤一为开展交易磋商,经营企业与外商订立加工贸易合同,并编制料件购货确认书与制成品销售确认书;步骤二为办理加工贸易合同备案,经营企业办理加工贸易合同备案手续,填报相关表单,设立加工贸易手册;步骤三为开立信用证,经营企业根据购货确认书支付条款规定办理开证手续;步骤四为申领普惠制原产地书,经营企业根据销售确认书规定获取普惠制原产地书;步骤五办理加工贸易货物托运,经营企业根据购货确认书和销售确认书运输条款规定办理进出口货物托运手续;步骤六为办理加工贸易货物运输投保,经营企业根据购货确认书和销售确认书保险条款规定获取保险单,签订进出口货物运输预约保险合同;步骤七为办理加工贸易货物报关,经营企业根据《进出口货物申报管理规定》办理进出口货物报关手续;步骤八为进料加工贸易手册核销,经营企业根据《中华人民共和国海关加工贸易货物监管办法》办理进料加工贸易手册核销手续,缮制申请表。本项目模拟操作内容依据上述流程,依次设置五个工作任务。另外,步骤三、步骤五、步骤六、步骤七在前文中已作详细说明,本项目不再赘述。

任务一　加工贸易合同订立及分析单编制

一、操作指南

（一）加工贸易类型

加工贸易是指经营企业进口全部或部分原辅材料、零部件、元器件、包装物料，经过经营企业加工或装配后，再将制成品复出口的经营活动。加工贸易有以下两种类型：

1. 来料加工

来料加工是指进口料件由境外企业提供，经营企业按照境外企业的产品要求进行加工或装配，并收取加工费，制成品由境外企业销售的经营活动。来料加工可分为两种形式：一是全部来料加工，是指由外商提供全部料件，委托加工方加工，加工方收取工缴费的加工形式；二是部分来料加工，是指外商提供部分料件，其余部分料件由加工方在国内市场采购，加工方收取工缴费和国内采购的料件费的加工形式。

2. 进料加工

进料加工是指符合海关相关条件的经营企业付汇进口原辅料、零部件、元器件或半成品等料件，由经营企业或委托加工企业进行加工生产，并由经营企业将制成品外销出口的经营活动。

（二）加工贸易企业管理

加工贸易企业包括经海关注册登记的经营企业和加工企业。经营企业是指负责对外签订加工贸易进出口合同的各类进出口企业和外商投资企业，以及经批准获得来料加工经营许可的对外加工装配服务公司。加工企业是指接受经营企业委托，负责对进口料件进行加工或装配，且具有法人资格的生产企业，以及由经营企业设立的虽不具有法人资格，但实行相对独立核算并获取工商营业执照的工厂。

1. 加工贸易企业分类管理

海关根据企业遵守的法律、行政法规、部门规章、廉政规定和经营管理状况以及监管和统计记录等，对加工贸易企业进行分类管理，设置 AA、A、B、C、D 五个管理类别，对 AA 类和 A 类企业适用相应的通关便利措施，对 B 类企业适用常规管理措施，对 C 类和 D 类企业适用严密监管措施。

2. 加工贸易企业联网监管

加工贸易企业联网监管是指海关以中国电子口岸为平台依托公共网络为加工贸易企业业务提供网络化、无纸化服务，以电子账册为手段实行以企业为单元的实时监管、分段核销的管理模式。加工贸易企业需要实施联网监管的，可向属地直属海关提出申请。申请企业应当具有加工贸易经营资格，属于生产型企业，完成海关备案登记。申请材料包括开展加工贸易业务所需进口料件、出口成品清单及对应的商品编号纸质版原件 1 份；确认商品编号所需的相关资料纸质版原件 1 份。

（三）加工贸易货物管理

加工贸易货物是指加工贸易项下的进口料件、加工成品以及加工过程中产生的边角料、残次品、副产品等。海关对加工贸易货物分为三类；一是禁止类，是指列入商务部、海关总署联合发布的《加工贸易禁止类商品目录》内的货物,包括国家禁止的进口料件、出口成品和加工产品;二是限制类,是指列入商务部、海关总署联合发布的《加工贸易限制类商品目录》内的,属于国内外价差大且不易监管的货物;三是允许类,是指除禁止类和限制类以外的其他货物。加工贸易企业应当将加工贸易货物与非加工贸易货物分开管理,加工贸易项下进口料件应当存放在经海关备案的场所,实行专料专放。《中华人民共和国海关加工贸易货物监管办法》(以下简称《加工贸易货物监管办法》)规定,海关根据国家相关规定对加工贸易货物实行担保制度。

(四)进料加工贸易形式

经营企业开展进料加工贸易主要有三种形式:其一,经营企业根据国际市场供求关系与外商甲签订购货合同,付汇进口料件,自行或委托境内加工企业进行生产,再与外商乙订立销售合同,出口制成品;其二,经营企业与外商甲签订凭样品买卖销售合同,并根据来样进口料件,与外商乙订立购货合同,自行或委托境内加工企业进行生产,将销售合同标的予以交付;其三,经营企业先与外商甲签订料件购货合同,再与该外商订立制成品销售合同,并将制成品出口。

二、加工贸易合同订立及分析单编制实例展示

(一)料件购货确认书订立及分析单编制

上海贤达进出口有限公司根据本年度的经营计划开展进料加工贸易业务,通过对国际服装市场的调研,拟从韩国进口纯棉布料,将其加工为男士短裤制成品后出口新西兰奥克兰。外贸业务员陆佳与韩国客商韩华贸易公司(HANWHA TRADE CORPORATION)经理宇哲就进口韩国纯棉布料进行交易磋商,双方当事人达成一致意见后签订了料件购货确认书(编号 23162328),见图 4-1。上海贤达进出口有限公司外贸单证员丁艳根据制单工作要求编制料件购货确认书分析单(编号 XD235481),见图 4-2。

SHANGHAI XIANDA IMP. & EXP. CO., LTD.
8 YANGGAO ROAD, SHANGHAI, CHINA

TEL: 021-65766688   P/C NO.: 23162328
FAX: 021-65766687   **PURCHASE CONFIRMATION**   DATE: OCT. 01, 2023

TO MESSRS:
  HANWHA TRADE CORPORATION
  8 GWANGBOK-RO., BUSAN, SOUTH KOREA
  TEL: 82-51-8104353 FAX: 82-51-8104354

THE UNDERSIGNED BUYERS AND SELLERS HAVE AGREED TO CLOSE THE FOLLOWING TRANSACTION AS PER TERMS AND CONDITIONS STIPULATED BELOW:

COMMODITY AND SPECIFICATION	QUANTITY	UNIT PRICE	AMOUNT
KOREAN 100% COTTON 80cm×0.1cm		CIF BUSAN	
SILVERY	20 000 M	USD 3.00	USD 60 000.00
BLACK	20 000 M	USD 3.00	USD 60 000.00
WHITE	20 000 M	USD 3.00	USD 60 000.00

(续图)

COUNTRY OF ORIGIN: SOUTH KOREA
ACKING: 1 ROLL PER 100 METERS, EACH ROLL PACKED IN A PLASTIC BAG
SHIPPING MARK: INCLUDES H. T. C S/C NO., DESTINATION PORT AND PACKET NUMBER
LOADING PORT: BUSAN KOREA
DESTINATION PORT: SHANGHAI CHINA
TIME OF SHIPMENT: NOT LATER THAN DEC. 31, 2023
PARTIAL SHIPMENT: NOT ALLOWED
TRANSSHIPMENT: NOT ALLOWED
TRANSPORT: BY ZHE SELLER
INSURANCE: BY THE SELLER
TERMS OF PAYMENT: L/C AT SIGHT
BANK INFORMATION IS AS BELOW:
BUYER'S BANK OF DEPOSIT: BANK OF CHINA SHANGHAI BRANCH
ACCOUNT NO.: U00856668894
SELLER'S BANK OF DEPOSIT: BANK OF KOREA
ACCOUNT NO.: K620837452
DOCUMENTS: THE SELLER SHALL PRESENT THE FOLLOWING DOCUMENTS:
FOUR COPIES SIGNED COMMERCIAL INVOICES PROVIDED BY THE SELLER.
FOUR COPIES PACKING LISTS PROVIDED BY THE SELLER.
TWO COPIES CERTIFICATE OF QUALITY ISSUED BY MANUFACTURER.
FULL SET OF B/L CLEAN ON BOARD, MADE OUT TO ORDER OF SHIPPER.
TWO COPIES ORIGINAL COPIES OF INSURANCE POLICY.
TWO COPIES NON-WOOD PACKAGING PROVIDED BY THE SELLER.
TWO COPIES SHIPMENT NOTICES PROVIDED BY THE SELLER.
GENERAL TERMS:
THE BUYER SHALL ESTABLISH THE COVERING LETTER OF CREDIT BEFORE OCT. 20, 2023.
BOTH PARTIES AGREE THAT THE BUYER HAS THE RIGHT TO REINSPECT THE QUALITY OF THE GOODS AT THE BUYER'S EXPENSE. IF THE QUALITY IS FOUND TO BE INCONSISTENT WITH THE CONTRACT, THE BUYER SHALL LODGE A CLAIM WITH THE SELLER WITHIN 30 DAYS AFTER THE ARRIVAL OF THE GOODS.
THE SELLER SHALL NOT BE RESPONSIBLE FOR ALL OR PART OF THE SHIPMENT OF THE CONTRACT GOODS BEING OBSTRUCTED OR DELAYED DUE TO WAR, EARTHQUAKE OR OTHER FORCE MAJEURE. HOWEVER, THE SELLER SHALL PROVIDE A CERTIFICATE ISSUED BY THE CHAMBER OF COMMERCE OF HIS COUNTRY FOR SUCH INCIDENTS AND NOTIFY THE BUYER OF SUCH INCIDENTS. ALL DISPUTES IN CONNECTION WITH THIS CONTRACT OR ARISING FROM THE EXECUTION THEREOF, SHALL BE AMICABLY SETTLED THROUGH NEGOTIATION IN CASE NO SETTLEMENT CAN BE REACHED BETWEEN THE TWO PARTIES, THE CASE UNDER DISPUTES SHALL BE SUBMITTED TO SHANGHAI INTERNATIONAL ECONOMIC AND TRADE ARBITRATION COMMISSION FOR ARBITRATION IN ACCORDANCE WITH ITS RULES OF ARBITRATION. THE ARBITRAL AWARD SHALL BE FINAL AND BINDING UPON BOTH PARTIES. THE ARBITRATION FEE SHALL BE BORNE BY THE LOSING PARTY UNLESS OTHERWISE AWARDED BY THE ARBITRATION COURT.
THIS CONTRACT IS TAKEN INTO EFFECT AFTER THE SIGNING OF THE PARTIES TO PARTY A AND B, WITH TWO COPIES AND ONE SHARE OF EACH PARTY.

上海贤达进出口有限公司公章
SHANGHAI XIANDA IMP. & EXP. CO., LTD.

HANWHA TRADE CORPORATION

THE BUYER: 陆佳　　　　　　　　　THE SELLER: 宇哲

图 4-1　料件购货确认书

料件购货确认书分析单

制单人:丁艳　　　　　　　日期:2023 年 10 月 2 日　　　　　　　编号:XD235481

确认书号	23162328		签约日期	OCT. 01, 2023	
出口商名称	HANWHA TRADE CORPORATION		地址/电话	8 GWANGBOK-RO., BUSAN, SOUTH KOREA TEL: 82-51-8104353 FAX: 82-51-8104354	
开户行名称	BANK OF KOREA		银行账号	K620837452	
商品描述	KOREAN 100% COTTON (80cm×0.1cm)		商品编码	5208410090	
价格条款	CIF BUSAN		合同金额	USD 180 000.00	
支付方式	L/C AT SIGHT		开证期限	BEFORE OCT. 20, 2023	
海洋运输	BY ZHE SELLER		装运期限	NOT LATER THAN DEC. 31, 2023	
装运港	BUSAN KOREA		目的港	SHANGHAI CHINA	
分批装运	NOT ALLOWED		转运	NOT ALLOWED	
包装条款	1 ROLL PER 100 METERS, EACH ROLL PACKED IN A PLASTIC BAG		运输标志	H.T.C 23162328 SHANGHAI C/NO. 1-600	
货物运输	TRANSPORT BY THE SELLER				
货运保险	INSURANCE BY THE SELLER				

提供单据	形式发票	商业发票	装箱单	尺码单	厂商质量证明	原产地证明	海运提单	货物运输保险单	非木质包装证明	熏蒸证书	品质证书	重量证书	装运通知	商业汇票
份数	/	4	4	/	2	/	3	2	2	/	2	/	2	2
备注														

图 4-2　料件购货确认书分析单

(二) 制成品销售确认书订立及分析单编制

料件购货确认书生效后,上海贤达进出口有限公司外贸业务员陆佳与新西兰客商 KKK 贸易公司(KKK TRADE CORPORATION)经理 BROWN 就出口全棉男士短裤交易条件开展磋商,双方当事人达成一致意见后签订了制成品销售确认书(编号 02368312),见图 4-3。上海贤达进出口有限公司外贸单证员丁艳根据制单工作要求编制了制成品销售确认书分析单(编号 XD235482),见图 4-4。

SHANGHAI XIANDA IMP. & EXP. CO., LTD.
8 YANGGAO ROAD, SHANGHAI, CHINA

TEL: 021-65766688
FAX: 021-65766687

SALES CONFIRMATION

S/C NO.: 02368312
DATE: DEC. 01, 2023

TO MESSRS:
KKK TRADING COMPANY LTD.
2 CUSTOMS STREET, AUCKLAND, NEW ZEALAND
TEL: 649-3938241 FAX: 649-3938242

THE UNDERSIGNED SELLERS AND BUYERS HAVE AGREED TO CLOSE THE FOLLOWING TRANSACTION AS PER TERMS AND CONDITIONS STIPULATED BELOW:

COMMODITY AND SPECIFICATION	QUANTITY	UNIT PRICE	AMOUNT
100% COTTON MEN'S SHORTS		FOB SHANGHAI	
SILVERY(S, M, L, XL, XXL)	40 000 PCS	USD 7.00	USD 280 000.00
BLACK(S, M, L, XL, XXL)	40 000 PCS	USD 7.00	USD 280 000.00
WHITE(S, M, L, XL, XXL)	40 000 PCS	USD 7.00	USD 280 000.00

PACKING: EACH PIECE IN A POLYBAG, 100 PIECES INTO AN EXPORT CARTON.
SHIPPING MARK: INCLUDES K. T. C, S/C NO., PORT OF DESTINATION AND CARTON NUMBER.
LOADING PORT: SHANGHAI CHINA
DESTINATION PORT: AUCKLAND NEW ZEALAND
TIME OF SHIPMENT: BEFORE MAR. 31, 2024
TRANSPORT: BY THE BUYER
INSURANCE: BY THE BUYER
TERMS OF PAYMENT: T/T PAYMENT AGAINST DELIVERY
BANK INFORMATION IS AS BELOW:
SELLER'S BANK OF DEPOSIT: BANK OF CHINA SHANGHAI BRANCH
ACCOUNT NO.: U00856668894
BUYER'S BANK OF DEPOSIT: BANK OF AUCKLAND
ACCOUNT NO.: A81209376547
DOCUMENTS: THE SELLER SHALL PRESENT THE FOLLOWING DOCUMENTS:
FOUR COPIES SIGNED COMMERCIAL INVOICES PROVIDED BY THE SELLER.
FOUR COPIES PACKING LISTS PROVIDED BY THE SELLER.
ONE COPY GENERALIZED SYSTEM OF PREFERENCE CERTIFICATE OF ORIGIN FORM A, ISSUED BY CHINA CUSTOMS.
TWO COPIES CERTIFICATES OF NON-WOOD PACKAGING PROVIDED BY THE SELLER.
GENERAL TERMS:
THE BUYER HAS THE RIGHT TO REINSPECT THE QUALITY AND QUANTITY OF THE GOODS. IF THE QUALITY AND QUANTITY ARE FOUND TO BE INCONSISTENT WITH THE CONTRACT, THE SELLER SHALL BE ENTITLED TO CLAIM COMPENSATION. THE CLAIM FOR QUALITY SHALL BE FILED WITHIN 60 DAYS AFTER THE ARRIVAL OF THE GOODS AT THE DESTINATION PORT, AND THE CLAIM FOR QUANTITY SHALL BE FILED WITHIN 30 DAYS AFTER THE ARRIVAL OF THE GOODS AT THE DESTINATION PORT.
IF THE SHIPMENT OF THE CONTRACTED GOODS IS PREVENTED OR DELAYED IN WHOLE OR IN PART BY REASON OF WAR, EARTHQUAKE OR OTHER CAUSES OF FORCE MAJEURE, THE SELLER SHALL NOT BE LIABLE. HOWEVER, THE SELLER SHALL NOTIFY THE BUYER A CERTIFICATE ISSUED BY THE CHINA COUNCIL FOR THE PROMOTION OF INTERNATIONAL TRADE ATTESTING SUCH EVENT OR EVENTS.

(续图)

ALL DISPUTES IN CONNECTION WITH THIS CONTRACT OR ARISING FROM THE EXECUTION THEREOF, SHALL BE AMICABLY SETTLED THROUGH NEGOTIATION IN CASE NO SETTLEMENT CAN BE REACHED BETWEEN THE TWO PARTIES, THE CASE UNDER DISPUTES SHALL BE SUBMITTED TO SHANGHAI INTERNATIONAL ECONOMIC AND TRADE ARBITRATION COMMISSION FOR ARBITRATION IN ACCORDANCE WITH ITS RULES OF ARBITRATION. THE ARBITRAL AWARD SHALL BE FINAL AND BINDING UPON BOTH PARTIES. THE ARBITRATION FEE SHALL BE BORNE BY THE LOSING PARTY UNLESS OTHERWISE AWARDED BY THE ARBITRATION COURT.
THIS CONTRACT IS TAKEN INTO EFFECT AFTER THE SIGNING OF THE PARTIES TO PARTY A AND B, WITH TWO COPIES AND ONE SHARE OF EACH PARTY.

上海贤达进出口有限公司公章	KKK TRADING COMPANY LTD.
SHANGHAI XIANDA IMP. & EXP. CO., LTD.	
THE SELLER: 陆佳	THE BUYER: BROWN

图 4-3 制成品销售确认书

制成品销售确认书分析单

制单人:丁艳　　　　日期:2023 年 12 月 1 日　　　　编号:XD235482

合同编号	02368312		签约日期	DEC.01, 2023
进口商名称	KKK TRADING COMPANY LTD.		进口商地址	2 CUSTOMS STREET, AUCKLAND, NEW ZEALAND
出口商开户银行	BANK OF CHINA SHANGHAI BRANCH		银行账号	U00856668894
进口商开户银行	BANK OF AUCKLAND		银行账号	A81209376547
价格条款	FOB SHANGHAI USD 7.00/PC		支付方式	T/T PAYMENT AGAINST DELIVERY
海洋运输	BY THE BUYER		装运期限	BEFORE MAR. 31, 2024
装运港	SHANGHAI		启运国/地区	CHINA
目的港	AUCKLAND		目的国/地区	NEW ZEALAND
商品描述	100% MEN'S SHORTS (SILVERY, BLACK, WHITE)		商品编码	6107110000
包装条款	EACH PIECE IN A POLYBAG, 100 PIECES INTO AN EXPORT CARTON		运输标志	K.T.C 02368312 AUCKLAND C/NO. 1-1200
货运保险	BY THE BUYER			

提供单据	商业发票	海关发票	装箱单	重量单	尺码单	出口许可证	普惠制产地证	原产地证书	海运提单	货物运输保险单	非木质包装证明	熏蒸证书	品质证书	装运通知		
份数	4	/	4	/	/	/	1	/	/	/	2	/	/	2		
备注																

图 4-4 制成品销售确认书分析单

三、加工贸易合同订立及分析单编制模拟操作

（一）模拟业务背景

上海立达进出口有限公司根据本年度的经营计划开展进料加工贸易业务，通过对国际服装市场的调研，拟从日本进口纯棉布料，将其加工为女式中裤制成品后出口澳大利亚。外贸业务员与日本客商高村贸易公司（TKAMRA TRADE CORPORATION）经理高村就进口日本纯棉布料进行交易磋商，双方当事人达成一致意见后于2023年10月5日签订了料件购货确认书（编号23063241）。上海立达进出口有限公司外贸单证员根据制单工作要求编制料件销售确认书分析单（编号L2302746）。

料件购货确认书生效后，上海立达进出口有限公司外贸业务员与澳大利亚客商布朗贸易公司（BROWN TRADE CORPORATION）经理BROWN就出口全棉女式中裤交易条件开展磋商，双方当事人达成一致意见后于2024年2月15日签订制成品销售确认书（编号23093214）。上海立达进出口有限公司外贸单证员根据制单工作要求编制制成品销售确认书分析单（编号LD23092164）。

（二）模拟业务资料

1. 料件购货确认书订立及分析单编制

出口商地址：37 VICTORIA MACH，TOKYO，JAPAN

出口商电话/传真：81-03-456378/81-03-456379

商品名称/规格/颜色/原产国：日本纯棉/80 cm×0.1 cm/银色、黑色、白色/日本

交易数量/单价：45 000米/CIF TOKYO USD 4.00

包装方式：每卷100米，装1个胶袋

运输标志：包括T.T.C.、购货确认书号、目的地港名称和件数

装运港/目的地港：日本东京港/中国上海港

装运期限/分批装运/转运：不迟于2023年12月31日/不允许/不允许

运输/保险：由卖方办理/由卖方办理

支付方式/开证日期：即期付款信用证/不迟于2023年10月25日

进口商开户银行名称/账号：中国银行上海分行/9005812665587

出口商开户银行名称/账号：BANK OF TOKYO/DJ01965763

单据条款：由卖方签字的商业发票一式四份；由卖方签发的装箱单一式四份；由厂商签发的质量证书两份；全套已装船提单，显示凭托运人指示；保险单正本两份；由卖方提供的非木质包装证明一式两份；由卖方提供的装运通知一式两份

购货确认书分析单日期：（根据购货确认书日期合理拟定）

买方授权人/制单人：（学生姓名）/（学生姓名）

2. 制成品销售确认书订立及分析单编制

进口商地址：5 VICTORIA ROAD，SYDNEY，AUSTRALIA

进口商电话/传真：02-9540-5368/02-9540-5369

商品名称/规格/颜色：全棉女式中裤/S、M、L、XL、XXL/银色、黑色、白色

交易数量/单价：90 000件/FOB SHANGHAI USD 7.50

包装方式：每件装1个胶袋，100件装1只出口纸箱

运输标志:包括B.T.C、销售确认书号、目的地机场名称和件数
始发机场/到达机场:上海虹桥国际机场/悉尼国际机场
装运期限:不迟于2024年3月31日
运输/保险:由买方办理/由买方办理
支付方式:电汇(货到付款)
出口商开户银行名称/账号:中国银行上海分行/9005812665587
进口商开户银行名称/账号:BANK OF SYDNEY/S20321219856
单据条款:由卖方签字的商业发票一式四份;由卖方提供的装箱单一式四份;由海关签发普惠制原产地书Form A一份;由厂商签发的质量证书两份;由卖方提供的非木质包装证明一式两份
卖方授权人/制单人:(学生姓名)/(学生姓名)

(三) 模拟业务操作

请你以外贸业务员和外贸单证员的身份,根据模拟业务资料拟定料件购货确认书与制成品销售确认书,并编制其分析单。料件购货确认书、制成品销售确认书、料件购货确认书分析单、制成品销售确认书分析单的样张见"模拟操作4-1"。

模拟操作4-1

任务二 加工贸易合同备案及表单填报

一、操作指南

(一) 加工贸易合同备案规定

加工贸易合同备案是指加工贸易企业持合法的加工贸易合同到主管海关备案,申请保税并领取加工贸易登记手册或其他准予备案凭证的行为。《海关法》规定,经营企业从事加工贸易应按照海关总署规定向海关办理加工贸易合同备案。经营企业在对外签订加工贸易合同后向加工生产企业所在地主管海关办理加工贸易合同备案。主管海关对符合规定的加工贸易合同在规定的期限内予以备案,并核发加工贸易登记手册或其他准予备案的凭证。

(二) 加工贸易手册设立规定

1. 不得办理加工贸易手册设立情形

《加工贸易货物监管办法》规定,加工贸易企业有下列情形之一的,不得办理手册设立手续:一是进口料件或者出口成品属于国家禁止进出口的;二是加工产品属于国家禁止在我国境内加工生产的;三是进口料件不宜实行保税监管的;四是经营企业或加工企业属于国家规定不允许开展加工贸易的;五是经营企业未在规定期限内向海关申报已到期的加工贸易手册,又重新申报设立手册的。

2. 加工贸易手册、分册、续册申领

《加工贸易货物监管办法》规定,已经办理加工贸易货物的手册设立手续的经营企业可以向海关领取加工贸易手册、分册、续册。

(三) 加工贸易合同备案步骤

经营企业进行加工贸易合同备案有五个步骤:一是填报加工贸易企业经营状况及生产能力信息表。经营企业登录"加工贸易企业经营状况及生产能力信息系统"(https://ecomp.mofcom.gov.cn/),在加工贸易企业经营状况及生产能力信息表界面中输入相关信息,保存后打印。二是办理加工贸易合同备案手续。在加工贸易企业经营状况和生产能力信息表的有效期内,经营企业登入"单一窗口"网站指定申报系统向属地主管海关申报加工贸易合同备案,上传加工贸易合同备案申请表、加工贸易企业经营状况及生产能力信息表、加工贸易合同、委托加工协议等指定材料。属地主管海关审核加工贸易合同的内容是否可以备案并逐级审批,准予备案的,签发加工贸易合同备案审批表。三是设立中华人民共和国加工贸易手册(以下简称"加工贸易手册")。经营企业登入指定申报系统向属地主管海关申请设立加工贸易手册,如实填报相关内容,上传加工贸易手册设立申请表、加工贸易合同等指定材料,海关对符合相关规定的材料自接受申报之日起5个工作日内设立加工贸易手册。四是确定是否开征保证金。属地主管海关经确认需要开征保证金的,向经营企业签发台账开设联系单。五是开设台账。经营企业凭台账开设联系单到银行开设台账,领取台账登记通知单,并凭该通知单向加工企业所在地主管海关领取加工贸易手册。

(四) 加工贸易企业经营状况及生产能力信息表填报

加工贸易企业经营状况及生产能力信息表由海关统一印制,填报数据如无特殊说明均为上一年度数据,涉及数值和年月均填报阿拉伯数字。其他内容和填报要求如下。

1. 企业类型

外贸业务员应在此处应根据企业类型在对应的方框内打"√"。

2. 企业基本信息

外贸业务员应根据企业情况在此处填入相关信息,或在对应的方框内打"√"。进口料件和出口产品事项仅注明"详情见附表"字样,另附该表,其中数量和金额应为当年加工能力最大值。

3. 人员信息

外贸业务员应根据企业人员情况在此处填入企业就业人数和其中从事加工贸易业务的人数。

4. 资产情况

外贸业务员应根据企业资产情况在此处填入相关信息。

5. 企业上年度经营情况

外贸业务员应根据企业上年度经营情况在此处填入相关信息。

6. 企业生产能力

外贸业务员应根据企业的厂房面积、年生产能力、生产设备等情况在此处填入相关信息。

7. 备注

外贸业务员应在此处注明需要说明的事项。

8. 企业承诺

外贸业务员应在此处加盖公司公章,确认承诺的有效性。如果加工贸易企业作出不实承诺将被记入企业诚信记录,并依法采取降低海关信用等级等措施。

加工贸易企业经营状况及生产能力信息表的有效期自填报之日起 1 年,到期后或相关信息发生变化时须及时更新。

(五)加工贸易合同备案申请表填报

经营企业向属地主管海关申请设立加工贸易货物手册应提交加工贸易合同备案申请表,包括表 1 加工贸易合同概况表、表 2 进口料件备案申请表、表 3 出口成品备案申请表、表 4 出口制成品及对应进口料件损耗备案申请清单。加工贸易合同备案申请表的内容与填报要求如下。

加工贸易合同概况表的内容与填报要求如下。

1. 备案申报编号

此栏留空,由属地主管海关填报。

2. 主管地海关

外贸业务员应在此处填入属地主管海关名称。

3. 经营单位的名称、地址、编码、联系人、联系电话

外贸业务员应在此处填入加工贸易合同经营企业的名称、地址、10 位数码的海关注册代码,联系人名称及电话号码。

4. 加工企业的名称、地址、编码、联系人、联系电话

外贸业务员应在此处填入委托料件加工制成品企业的名称、地址、10 位数码的海关注册代码,联系人名称及电话号码。

5. 外商公司名称、经理

外贸业务员应在此处填入进口料件供应商境外公司及其经理的名称。

6. 贸易方式、征免性质

外贸业务员应在此处填入加工贸易类型和征免性质,如"进料加工"和"全免"等。

7. 贸易国(地区)、加工种类

外贸业务员应在此处填入进口料件国家或地区的名称和制成品的类型,如"韩国"和"制衣类"等。

8. 内销比例、批准文号、协议号

外贸业务员应在此处填入进口料件加工制成品在境内销售比例及其批准文号或协议号。

9. 进口合同号、进口总值、币制

外贸业务员应在此处填入进口料件合同号、进口料件总值及币制。

10. 出口合同号、出口总值、币制

外贸业务员应在此处填入出口制成品合同号、出口制成品总值及币制。

11. 投资总额、进口设备总额、币制

外贸业务员应在此处填入企业开展加工贸易所投资总额、进口设备总额及币制。

12. 进出口岸、进口日期、出口期限

外贸业务员应在此处填入料件与制成品进出口的口岸名称、进口日期和出口期限。

13. 申请人、申请日期

外贸业务员应在此处填入经营企业法定代表人或授权人的名称及填表日期。

14. 备注

外贸业务员应在此处注明需要说明的事项,如来料加工须注明工缴费。

其他表格按表格要求填报即可。

(六) 加工贸易手册设立申请表填报

加工贸易手册设立申请表由海关总署负责统一印制,主要内容与填报要求如下。

1. 经营企业名称、代码

外贸业务员应在此处填入经营企业名称和10位数码的海关注册代码。

2. 加工企业名称、代码

外贸业务员应在此处填入加工企业名称和10位数码的海关注册代码。

3. 确认事项

外贸业务员应在此处根据加工企业和经营企业的实际情况进行确认,并在"是"或"否"的括号内打"√"。

4. 随附单证

外贸业务员应根据申请加工贸易手册设立所提交的随附单证在其对应的括号内打"√",如果没有单证名称的,需具体列明。

5. 单耗申报环节

外贸业务员应根据单耗申报的实际环节进行确认,并在对应的括号内打"√"。

6. 声明承诺

外贸业务员应在此处填入经营企业名称(申报单位)、申报人姓名、申报日期和联系电话,确认声明承诺的有效性。

7. 初复审意见

此处留空,由海关相关人员填写,并进行签名,注明日期。

8. 手册海关编号、有效期限

此处留空,由海关经办人填写。

(七) 加工贸易手册填报

加工贸易手册由海关总署负责统一印制,主要内容与填报要求如下。

1. 手册/分册编号

此处留空,由属地主管海关填报。

2. 主管海关、经营企业名称、海关注册编码、手册备案有效期

外贸业务员应在对应横线处填入属地主管海关的名称、经营企业名称及其海关注册编码、手册备案有效期。

3. 经营企业情况表

1) 经营企业名称(海关注册编码)、经营期限

外贸业务员应在对应横线处填入加工贸易合同经营企业名称及其海关注册代码、经营期限。

2) 注册地址、注册资本

外贸业务员应在对应横线处填入经营企业注册地址、注册资本。

3) 加工厂厂址、年加工能力、年进出口额

外贸业务员应在对应横线处填入经营企业实际加工地点、主要产品年生产量和上一年进出口总值。

4) 企业管理类别

外贸业务员应在此处填入海关对企业的管理分类类别,例如,新注册企业为B类。

5) 厂房所有权、厂房租赁期

外贸业务员应根据实际情况在厂房所有权性质对应的括号内打"√",如为租赁还需填入年限。

6) 企业负责人、办公电话、手机、邮箱

外贸业务员应在对应横线处填入经营企业负责人的姓名、办公电话、手机号和邮箱。

7) 经办人、办公电话、手机、邮箱、传真、邮编、网址

外贸业务员应在对应横线处填入公司经办人姓名、办公电话、手机号、邮箱、传真、邮编、网址。

8) 企业法人或其授权人签字、企业盖章

此栏由经营企业法人或其授权人签字,加盖公司公章,并注明日期。

4. 加工企业情况表

外贸业务员根据加工企业相关信息进行填报。

5. 加工贸易合同备案审批表

此栏由海关根据审批意见填报。

6. 货物进口/结转转入报关登记表

外贸业务员应根据进口货物报关单相关填报要求进行填报。

7. 货物出口/结转转出报关登记表

外贸业务员应根据出口货物报关单相关填报要求进行填报。

8. 货物内销/放弃登记表

外贸业务员应根据出口货物报关单相关填报要求进行填报,并在备注栏注明货物处理方式,如"内销"或"放弃"。

9. 核销申请表粘贴栏

10.《结案通知书》粘贴栏

(八) 加工贸易企业法律责任

《加工贸易货物监管办法》规定,经营企业办理加工贸易货物的手册设立,申报内容、提交单证与事实不符,海关注销其手册,如果料件已进口,责令经营企业将料件退运出境。加工贸易企业应妥善保管加工贸易手册,不得买卖、转借,对违反规定造成违法后果的,加工贸易企业应承担法律责任。对遗失加工贸易手册的,加工贸易企业应及时向海关报告,并承担相应责任。

二、加工贸易合同备案及表单填报实例展示

上海贤达进出口有限公司外贸业务员陆佳向上海海关办理加工贸易合同备案,提交韩国纯棉购货确认书(编号23162328)、全棉男士短裤销售确认书(编号02368312)、加工贸易企业经营状况及生产能力信息表、加工贸易合同备案申请表等指定材料。上海海关审核加工贸易合同的内容是否可以备案,准予备案的,签发加工贸易合同备案审批表。外贸业务员陆佳在获批加工贸易合同备案后向上海海关办理加工贸易手册设立手续,提交已填报的加

工贸易手册设立申请表,加工贸易手册经上海海关核准后设立。加工贸易企业经营状况及生产能力信息表、加工贸易合同备案申请表、加工贸易合同备案审批表、加工贸易手册设立申请表、加工贸易手册分别见表 4-1、表 4-2、表 4-3、表 4-4、图 4-5。

表 4-1　　　　　　　　　加工贸易企业经营状况及生产能力信息表

企业类型：☑ 经营企业　　□ 经营加工企业　　□ 加工企业

企业基本信息			
企业名称：上海贤达进出口有限公司			
统一社会信用代码：913100007793665544			
海关注册编码：3100274362	外汇登记号：05432/86-08765		
法人代表：方贤达	联系电话：021-65766688		传真：021-65766687
业务负责人：沈津	职务：经理		手机：13917935888
业务联系人：陆佳	职务：外贸业务员		手机：13916358243
企业地址：上海市杨高路 8 号			邮政编码：200136
企业性质：□ 国有企业　　☑ 外商投资企业　　□ 其他企业			
海关认定信用状况：□ 高级认证企业　　☑ 一般认证企业　　□ 一般信用企业　　□ 失信企业			
行业分类：贸易类			
进口料件：详情见附表			
料件代码：	料件名称：	数量：	金额：
出口成品：详情见附表			
成品代码：	成品名称：	数量：	金额：
人员信息			
企业就业人数：60 人		其中从事加工贸易业务的人数：20 人	
资产情况			
外商投资企业填写（万美元）	注册资本：500 万美元	累计实际投资总额/资产总额：500 万美元/500 万美元	外商本年度拟投资额：0 万美元
		实际投资来源地：（按投资额度或控股顺序填写前五位国别/地区及累计金额） 1. 新西兰/500 万美元 2.	累计实际投资额（截至填表时）： 1. 500 万美元 2.	外商下年度拟投资额：0 万美元 是否世界 500 强企业： □ 是　　☑ 否
内资企业填写（万元人民币）	注册资本：	资产总额（截至填表时）：	净资产额（截至填表时）：	本年度拟投资额： 下年度拟投资额：
企业上年度经营情况			
总产值（万元人民币）：2 300 万元人民币		利润总额（万元人民币）：115 万元人民币	
纳税总额（万元人民币）：42 万元人民币		工资总额（万元人民币）：60 万元人民币	
本企业采购国产料件额（万元人民币）：（不含深加工结转料件和出口后复进口的国产料件）680 万元人民币			
加工贸易出口额占企业销售收入总额比例%：	加工贸易转内销额（万元）：		内销征税额（万元人民币含利息）：
深加工结转总额（万美元）：	转出额（万美元）：		转进额（万美元）：
国内上游配套企业家数：2 家		国内下游用户企业家数：0 家	

(续表)

企业生产能力				
厂房面积:8 000 平方米 ☑自有　□租用	年生产能力: 产品名称:服装　代码:001-584　单位:件　数量:9 500 万			
累计生产设备投资额(万美元):320 万美元				
累计加工贸易进口不作价设备额(万美元):0 万美元				
主要生产设备名称及数量:				
序号	设备名称	单位	数量	是否租赁
1	全自动数控切布机	台	50	否
2	自动拉布机	台	50	否
3	电脑平缝机	台	800	否
4	无人缝纫机	台	800	否
5	自动平头锁眼机	台	400	否
备注:				
录入人员:陆佳		录入日期:2023.12.10		
企业承诺:	以上情况真实无讹并承担法律责任。 上海贤达进出口有限公司公章 SHANGHAI XIANDA IMP. & EXP. CO., LTD.			

表 4-2　　　　　　　　　　加工贸易合同备案申请表

(表1 加工贸易合同概况表)	
备案申报编号:	主管地海关:上海浦东新区海关
1. 经营单位名称:上海贤达进出口有限公司	2. 经营单位编码:3100274362
3. 经营单位地址:上海市杨高路8号	
4. 联系人:沈津	5. 联系电话:021-65766688
6. 加工企业名称:	7. 加工企业编号:
8. 加工企业地址:	
9. 联系人:	10. 联系电话:
11. 外商公司名称:HANWHA TRADE CORPORATION	12. 外商经理:宇哲
13. 贸易方式:进料加工	14. 征免性质:全免
15. 贸易国(地区):韩国	16. 加工种类:制衣类
17. 内销比例:	18. 批准文号:
19. 协议号:	
20. 进口合同号:23162328	21. 进口总值:180 000.00
22. 币制:美元	
23. 出口合同号:02368312	24. 出口总值:840 000.00
25. 币制:美元	
26. 投资总额:5 000 000	27. 进口设备总额:1 500 000

(续表)

28. 币制:美元	
29. 进出口岸:吴淞海关/吴淞海关	30. 进口日期:2023.12.31
31. 出口期限:2024.03.31	
32. 申请人:沈津	33. 申请日期:2023.12.20
34. 备注: 有关说明(不进电脑):	

加工贸易合同备案申请表
(表2 进口料件备案申请表)

经营单位名称: 上海贤达进出口有限公司公章　　　　　　　加工贸易合同号:23162328
加工企业名称: SHANGHAI XIANDA IMP. & EXP. CO., LTD.

序号	商品编码	商品名称	规格型号	数量	单位	单价	总价	原产国
1	5208410090	韩国纯棉	80cm×0.1cm	60 000	米	3美元	180 000美元	韩国
合计							180 000美元	

注:本清单经申请单位盖章有效。

加工贸易合同备案申请表
(表3 出口成品备案申请表)

经营单位名称: 上海贤达进出口有限公司公章　　　　　　　加工贸易合同号:23162328
加工企业名称: SHANGHAI XIANDA IMP. & EXP. CO., LTD.

序号	商品编码	商品名称	规格型号	数量	单位	单价	总价	原产国
1	6107110000	全棉男士短裤	S、M、L、XL、XXL	120 000	件	7美元	840 000美元	中国
合计							840 000美元	

加工贸易合同备案申请表
(表4 出口制成品及对应进口料件损耗备案申请清单)

批准证号:　　　　　　　　　　　　　　　　　　　　　　　　　　　　　金额单位:美元

出口制成品							
商品编码	出口商品名称	规格型号	单位	数量	单价	总值	消费国
6107110000	全棉男士短裤	S、M、L、XL、XXL	件	120 000	7.00	840 000.00	新西兰

(续表)

对应进口料件损耗定额					
商品编码	进口料件名称	规格型号	单耗	损耗率	备注
5208410090	韩国纯棉	80cm×0.1cm	0.008 米	1.8%	

表 4-3　　　　　　　　　　　　　　加工贸易合同备案审批表

经营单位	上海贤达进出口有限公司		负责人	方贤达		地址/电话		上海市杨高路8号/65766688	
加工单位			负责人			地址/电话			
进口合同号	23162328		进口料件总值	180 000 美元		进口口岸		上海港	
进口合同号	02368312		出口产品总值	840 000 美元		出口口岸	上海港	成品返销期限	2024.3.31
进口料件名称	规格		单位	数量	单价(美元)	总价(美元)	成品单耗	加工产品名称、金额与数量	
韩国纯棉	80cm×0.1cm		米	60 000	3.00	180 000.00		全棉男士短裤 480 000 美元/120 000 件	

初审意见:符合规定,同意备案
王敏　2023.12.25

科长意见:符合规定,同意备案
章娴　2023.12.26

处长意见:符合规定,同意备案
李项　2023.12.27

关长意见:符合规定,同意备案
方莉　2023.12.28

备注:

表 4-4 加工贸易手册设立申请表

经营企业名称：上海贤达进出口有限公司	上海贤达进出口有限公司公章 SHANGHAI XIANDA IMP. & EXP. CO., LTD.	经营企业代码： 3100274362
加工企业名称：		加工企业代码：

一、加工企业是否首次开展加工贸易业务（请打"√"确认）：
　　是（√）　否（　）

二、首次开展加工贸易业务的加工企业、经营企业是否向海关申请进行实地验厂（请打"√"确认）：
　　是（√）　否（　）

三、随附单证（均需加盖企业公章）（请打"√"确认）：
　　1. 加工贸易进口合同（√）　　2. 加工贸易出口合同（√）　　3. 加工贸易委托合同（　）
　　4. 进口料件申请备案清单（√）　5. 出口制成品申请备案清单（√）　6. 国产料件申请备案清单（　）
　　7. 工艺流程或情况说明（　）　　8. 厂房、设备租赁合同（　）　　9. 代理报关委托书（　）
　　10. 配许可证（　）　　　　　　11. 其他单证具体列明

四、单耗申报环节（请打"√"确认）：
　　手册设立（　）　　出口前（　）　　报核前（√）

五、此声明也是申报内容无讹、随附单证真实有效，如有虚假，愿承担法律责任。
　　申报单位：上海贤达进出口有限公司　　　　　　申报人姓名：陆佳
　　申报日期：2023.12.20　　　　　　　　　　　　联系方式：021-65766688

经办人意见：同意手册设立，开征保证金 126 万元人民币。	
	初审签名：姜欣　2023 年 12 月 29 日
同意	复审签名：林晓华　2023 年 12 月 30 日
手册海关编号：C09121234554	手册有效期限：2024 年 12 月 31 日

手册/分册编号 C09121234

中华人民共和国海关

加 工 贸 易 手 册

中华人民共和国　　__上海__　　海关核发

经营企业名称　　__上海贤达进出口有限公司__
海关注册编码　　__3100274362__
手册备案有效期　__2024.12.31__

(a)

加工贸易企业须知

1. 本加工贸易手册供经营加工贸易企业办理加工贸易合同登记备案（变更）、货物进出口和核销之用。本手册适用进料加工、来料加工等业务。

2. 经营企业应当向加工企业所在地主管海关办理加工贸易货物备案手续。企业办理加工贸易相关业务，按照有关规定需要担保的，企业应按规定办理担保手续。

3. 经营企业办理加工贸易货物备案手续应当提交下列单证：商务部主管部门签发的同意开展加工贸易业务的有效批准文件；加工贸易企业经营状况及生产能力信息表；经营企业对外签订的合同或委托加工合同；海关认为需要提交的其他证明文件和材料。

4. 已经办理加工贸易货物备案的经营企业可以向海关申领加工贸易手册分册和续册。

5. 经营企业经海关批准可以开展外发加工业务，外发加工应当在加工贸易手册有效期内进行。

6. 经营企业办理货物进出口手续时，应当提供加工贸易手册、加工贸易进出口货物专用报关单等有关单证办理加工贸易货物进出口报关手续。

7. 加工贸易货物备案内容发生变更的，经营企业应当在加工贸易手册有效期内按有关规定办理变更手续。需要报原审批机关批准的，还应当报原审批机关批准。

8. 加工贸易出口制成品属于国家对出口有限制性规定的，经营企业应当向海关提交出口许可证件。加工贸易项下的出口产品属于应当征收出口关税的，海关按照有关规定征收出口关税。

9. 加工贸易货物未经海关许可，不得抵押、质押、留置。

10. 未经海关许可并未缴纳应纳税款、交验有关许可证件的，不得擅自将加工贸易货物在境内销售。加工贸易货物因故转为内销的，海关凭商务部主管部门准予内销的有效批准文件，对保税进口料件依法征收税款，并加征缓税利息；进口料件属于国家对进口有限制性规定的，经营企业还应当向海关提交进口许可证件。

11. 加工贸易企业应当根据《中华人民共和国会计法》及国家有关法律、行政法规、规章的规定，设置符合海关监管要求的账簿、报表及其他有关单证，记录与本企业加工贸易货物有关的进口、存储、销售、加工、使用、损耗和出口等情况。

12. 海关根据监管需要对加工贸易企业进行核查的，企业应当予以配合。

13. 经营企业应当在手册有效期限内将进口料件加工复出口，以及办理料件或成品的内销、深加工结转、余料结转、放弃、退运等海关手续，并自加工贸易手册项下最后一批成品出口或加工贸易手册有效期限到期之日起 30 日内向海关报核。经营企业对外签订的合同因故提前终止的，应当自合同终止之日起 30 日内向海关报核。报核前必须办结余料结转、征税、退运、放弃等相关手续。

14. 经营企业报核时应当向海关如实申报进口料件、出口成品、边角料、剩余料件、残次品、副产品以及单耗等情况，并提交加工贸易手册、加工贸易进出口货物专用报关单以及海关要求提交的其他单证。

15. 经营企业应妥善保管加工贸易手册，遗失手册应当及时海关报告，并承担相应责任。海关在按照有关规定处理后对遗失的加工贸易手册予以核销。

16. 加工贸易企业出现分立、合并、破产的，应当及时向海关报告，并办结海关手续。加工贸易货物被人民法院或有关行政执法部门封存的，加工贸易企业应当自货物被封存之日起 5 个工作日内向海关报告。

17. 加工贸易企业从事加工贸易违反海关法律法规的规定，构成走私或违反海关监管规定行为的，由海关按照《海关法》《海关行政处罚实施条例》的有关规定予以处理；构成犯罪的，依法追究刑事责任。

18. 本须知未尽事项以及与现行法律法规有抵触的，以现行法律、行政法规、规章为准。

19. 本手册由海关统一印制。

(b)

经营企业情况表

经营企业名称(海关注册编码): __上海贤达进出口有限公司(3100274362)__ 经营期限: __15 年__

注册地址: __上海市杨高路 8 号__   加工厂厂址: __上海市杨高路 96 号__

注册资本: __500 万美元__ 年加工能力: __9 500 万件__ 年进出口额: __76 000 万美元__

企业管理类别: __一般认证企业__ 厂房所有权: 租赁(　) 自建(√) 其他(　) 厂房租赁期____

企业负责人: __方贤达__ 办公电话: __65766681__ 手机: __13917935888__ 邮箱: __123456@qq.com__

经 办 人: __陆佳__ 办公电话: __65766688__ 手机: __13917935887__ 邮箱: __126868@qq.com__

传　真: __65766687__ 邮编: __200136__ 网址: __www.seahog.com.cn__

本企业保证手册填报内容真实有效;愿意遵守《海关法》及相关法律、行政法规、规章,保证合法经营,按期加工复出口,及时办理变更、核销等海关手续;因故转为内销的,及时按规定办理补税等手续。如有违法违规之情事,愿承担一切法律责任。

企业法人或其授权人签字: *方贤达*

企业盖章: (上海贤达进出口有限公司 印章)

2023 年 12 月 20 日

加工企业情况表

企业名称(海关注册编码): ____ 注册地址: ____

注册资本: ____ 加工设备价值: ____

厂房面积: ____ 年加工能力: ____

企业负责人: ____ 办公电话: ____ 手机: ____

经 办 人: ____ 办公电话: ____ 手机: ____

传　真: ____ 邮　编: ____ 网址: ____

本企业愿与经营企业共同承担相应的法律责任。

企业法人或其授权人签字:
企业盖章:
　　　　　　　　　　　年　月　日

注:如经营企业与加工企业相同,可不填此表。

加工贸易合同备案审批表

加工贸易备案(变更)手册情况表粘贴栏

海关批注意见:
　　　　同意备案

海关备案业务联系电话: __021-58434567__

海关盖章: (上海海关加工贸易手册备案专用章)

2023 年 12 月 30 日

(c)

货物进口/结转转入报关登记表

报关日期	报关单编号	提运单号/手册编号	货物名称、规格	单位	数量	价值	海关签章	备注

注:深加工结转和余料结转需在提运单号栏注明转出手册编号。

货物出口/结转转出报关登记表

报关日期	报关单编号	提运单号/手册编号	货物名称、规格	单位	数量	价值	海关签章	备注

注:深加工结转和余料结转需在提运单号栏注明转入手册编号。

货物内销/放弃登记表

报关日期	报关单/凭证号	货物名称、规格	单位	数量	价值	海关签章	备注

核销申请表粘贴栏

《结案通知书》粘贴栏

(d)

图 4-5　加工贸易手册

三、加工贸易合同备案及表单填报模拟操作

（一）模拟业务背景

上海立达进出口有限公司外贸业务员向上海海关申报加工贸易合同备案，提交加工贸易企业经营状况及生产能力信息表、加工贸易合同备案申请表等指定材料，并在完成加工贸易合同备案后向上海海关办理加工贸易手册设立手续，提交加工贸易手册设立申请表，加工贸易手册经上海海关核准后予以设立。

（二）模拟业务资料

企业类型/行业分类：经营企业/贸易类

外汇登记号：05432/86-12543

法人代表/联系电话/手机/传真/邮箱：董立达/（合理拟定）/（合理拟定）/（合理拟定）/（合理拟定）

业务负责人/职务/手机：（学生姓名）/经理/（合理拟定）

业务联系人/职务/手机：（学生姓名）/外贸业务员/（合理拟定）

企业邮政编码：（编码自查）

海关认定信用状况：一般认证企业

企业就业人数/加工贸易业务人数：55人/18人

注册资本/累计实际投资总额/资产总额：450万美元/450万美元/450万美元

实际投资来源地/累计金额：日本/450万美元

外商本年度拟投资额/外商下年度拟投资额/是否世界500强企业：0/0/否

总产值/利润总额/纳税总额/工资总额：2 000万元人民币/100万元人民币/38万元人民币/55万元人民币

企业采购国产料件额：600万元人民币

国内上游配套企业家数/国内下游用户企业家数：2家/0

厂房面积/所有权：7 800平方米/自有

年生产能力：9 200万件（产品名称为服装、代码001-550）

累计生产设备投资额/累计加工贸易进口不作价设备额：1 250万美元/0

主要生产设备名称及数量：全自动数控切布机50台、自动拉布机50台、电脑平缝机800台、无人缝纫机800台、自动平头锁眼机400台

进口设备总额/设备是否租赁：150万美元/否

贸易方式/征免性质/加工种类：进料加工/全免/制衣类

进出口岸：吴淞海关/上海虹桥机场海关

单耗/损耗率/单耗申报环节：0.008米/损耗率1.8%/报核前

是否首次开展加工贸易业务/是否向海关申请进行实地验厂：是/是

随附单证：加工贸易进口合同、加工贸易出口合同、进口料件申请备案清单、出口制成品申请备案清单

经营期限/加工厂地址：15年/上海市南汇公路1324号

年进出口额：64 400万美元

经办人办公电话/手机/传真/邮箱/网址：(合理拟定)/(合理拟定)/(合理拟定)/(合理拟定)/(合理拟定)

录入人员/申请人/申报人/经办人/日期：(学生姓名)/(学生姓名)/(学生姓名)/(学生姓名)/(合理拟定)

(三) 模拟业务操作

请你以外贸业务员和外贸单证员的身份，根据模拟业务资料填报加工贸易企业经营状况及生产能力信息表、加工贸易合同备案申请表、加工贸易手册设立申请表、加工贸易手册。加工贸易企业经营状况及生产能力信息表、加工贸易合同备案申请表、加工贸易手册设立申请表、加工贸易手册的样张见"模拟操作4-2"。

模拟操作4-2

任务三　料件购货确认书履行及单证缮制

一、操作指南

(一) 进口许可证件规定

《加工贸易货物监管办法》规定，加工贸易货物除国家另有规定，属于国家限制性的进口料件，经营企业免于向海关提交进口许可证件。属于限制性加工贸易保税进口料件进行内销的货物，经营企业应向海关提交进口许可证件。

(二) 进口关税规定

《加工贸易货物监管办法》规定，属于限制性加工贸易保税进口料件进行内销的货物，海关依法征收税款，并加征其缓税利息。

(三) 料件购货确认书履行流程

FOB国际贸易术语条件下，经营企业根据料件购货确认书条款履行其义务。首先，支付货款，经营企业根据料件购货确认书支付条款规定及时办理开证手续，向开证行提交购买外汇申请书、开证申请书，并开立信用证；其次，经营企业根据《进出口货物申报管理规定》办理进口料件报关手续。

二、料件购货确认书履行及单证缮制实例展示

上海贤达进出口有限公司外贸财会员李琳在料件购货确认书规定的开证期限内向中国银行上海分行国际结算窗口办理购汇与开证手续，提交已缮制的中国银行购买外汇申请书、

中国银行开证申请书,并随附指定材料。中国银行上海分行国际结算窗口柜台工作人员对购汇与开证的申请材料进行审核,核准无误后根据当日外汇卖出价进行售汇,并开出信用证。购买外汇申请书、开证申请书、中国银行上海分行开立的信用证分别见图4-6、图4-7、图4-8。上海贤达进出口有限公司报关员在进口货物韩国纯棉到达入境口岸后,根据《进出口货物申报管理规定》的相关要求办理进口货物报关手续,提交缮制的进口货物报关单,见图4-9。

中国银行
BANK OF CHINA

购买外汇申请书

中国银行 __上海__ 分(支)行:

我公司为执行第 __23162328__ 号合同项下对外支付,需向贵行购汇。现按外汇局有关规定向贵行提出下述内容及所附文件,请审核并按实际付汇日牌价办理售汇。所需人民币资金从我公司在贵行账户 __U00856668894__ 中支付。

1. 购汇金额:USD 180 000.00
2. 用　　途:☑进口商品　　□从附费用　　□索退赔款　　□其他
3. 支付方式:☑信用证　　　□托收　　　　□汇款(□货到付款　□预付货款)
4. 商品名称:韩国纯棉
5. 数　　量:60 000 米
6. 合　同　号:23162328　　　　　　　　金额:USD 180 000.00
7. 发　票　号:　　　　　　　　　　　　金额:USD 180 000.00
8. ☑一般进口商品,无须批文。
   □控制进口商品,批文随附如下:
   　□进口证明　　　　□许可证　　　　□登记证明　　　□其他批文
   　批文号码:　　　　　　　　　　　　　批文有效期:
9. 附件:□批文　　　　☑合同/协议　　☑发票　　　　☑正本运单
   　　　□报关单　　　□运费单/收据　□保险费收据　　□佣金单　　　□关税证明　　□仓单　　　　□其他
10. ☑请于开证时立即售汇,转存保证金专用户。

申请单位(盖章):　上海贤达进出口有限公司公章
　　　　　　　　　SHANGHAI XIANDA IMP. & EXP. CO., LTD.

　　　　　　　　　李琳　2023.10.18

银行审核意见:
上述内容与随附文件/凭证描述相符,拟按申请书要求办理售汇。
经办人:夏迎　　　复核人:张乐　　　核准人:吴越
售汇日期:2023 年 10 月 18 日

(加盖售汇专用章)　中国银行上海分行
　　　　　　　　　售汇专用章

图 4-6　购买外汇申请书

IRREVOCABLE DOCUMENTARY CREDIT APPLICATION

To: BANK OF CHINA
Date: OCT. 18, 2023

Beneficiary (full name and address)	L/C No.
HANWHA TRADE CORPORATION 8 GWANGBOK-RO., BUSAN, SOUTH KOREA	Contract No. 23062321
	Date and place of expiry of the credit JAN. 20, 2024 SOUTH KOREA

Partial shipments	Transshipment	
☐ allowed ☒ not allowed	☐ allowed ☒ not allowed	Issue by airmail With ☐ brief advice by teletransmission ☐ Issue by express delivery ☒ Issue by teletransmission (which shall be the operative instrument)

Loading on board/dispatch taking in change at/from SOUTH KOREA not later than DEC. 31, 2023 for transportation to BUSAN	Amount (both in figures and words) USD 480 000.00 SAY US DOLLARS FOUR HUNDRED AND EIGHTY THOUSAND ONLY
Description of goods KOREAN COTTON 80cm×0.1cm Packing 1 ROLL PER 100 METERS, EACH ROLL PACKED IN A PLASTIC BAG	Credit available with ☐ by sight payment ☐ by acceptance ☒ by negotiation ☐ by deferred payment at against the documents detailed herein ☐ and beneficiary's draft for 100 % of the invoice value at USD 180 000.00 sight on ☒ FOB ☐ CFR ☐ CIF ☐ or other terms

Documents required: (marks with ×)
1. (×) Signed Commercial Invoice in 4 copies indicating L/C No. and Contract No.
2. (×) Full set of clean on board ocean Bills of Landing made out to ORDER OF SHIPPER and blank endorsed, marked "freight [×] to collect/[ ] prepaid [×] showing freight amount" notifying APPLICANT.
3. ( ) Air Waybills showing "freight [ ] to collect/[ ] prepaid [ ] including freight amount" and consigned to
4. ( ) Memorandum issued by   consigned to
5. (×) Insurance Policy/Certificate in copes for 100 % of the invoice value showing claims payable in China in currency of the draft, blank endorsed, covering ([×] Ocean Marine Transportation/[ ] Air Transportation/[ ] Over Land Transportation) All Risks, War Risks.
6. (×) Parking List/Weight Memo in 4 copies indicating quantity/gross and the weights of each packing and packing condition as called by the L/C.
7. ( ) Certificate of Quantity/Weight in copies issued by an independent surveyor at loading port, indicating the actual surveyed quantity/weight of shipped goods as well as the packing condition.
8. (×) Certificate of Quality in 2 copies issued by [×] manufacturer/[ ] public recognized survey or/[ ].
9. (×) Beneficiary's certified copy of cable dispatched to the accountees within 12 hours after shipment advising [×] name of vessel/[ ] flight No. /[ ] wagon No., date, quantity, weight of shipment.
10. ( ) Beneficiary's Certifying that extra copies of the documents have been dispatched according to the contract terms.
11. ( ) Shipping Co's Certificate attesting that the carrying vessel is chartered or booked by accountee or their shipping agents.
12. (×) Other documents, if any: two copies non-wood packaging provided by the seller. Two copies shipment notices provided by the seller.

Additional instructions:
1. (×) All banking charges outside the opening bank are for beneficiary's account.
2. (×) Documents must be presented with 15 days after the date of issuance of the transport documents but with the validity of this credit.
3. ( ) Third party as shipper is not acceptable. Short Form/Blank Back B/L is not acceptable.
4. ( ) Both quantity and amount ％ more or less are allowed.
5. ( ) prepaid freight drawn in excess of L/C amount is acceptable against presentation of original charges voucher issued by shipping Co. /Air Line/or it's agent.
6. ( ) All documents to be forwarded in one cover, unless otherwise started above.
7. ( ) Other terms, if any:

Account No.: U00856668894   with BANK OF CHINA (name of bank)
Transacted by: SHANGHAI XIANDA IMP. & EXP. CO., LTD. (Applicant: name, signature of authorized person)
Telephone No.: 65766688   上海贤达进出口有限公司公章 SHANGHAI XIANDA IMP. & EXP. CO., LTD.   (with seal)
李琳

图 4-7 开证申请书

IRREVOCABLE DOCUMENTARY CREDIT

SEQUENCE OF TOTAL	*27:	1/1
FORM OF DOC. CREDIT	*40A:	IRREVOCABLE
DOC. CREDIT NUMBER	*20:	Z023646234
DATE OF ISSUE	31C:	231018
APPLICABLE RULES	40E:	UCP LATEST VERSION
DATE AND PLACE OF EXPIRY	*31D:	DATE 240120 AT BENEFICIARY'S COUNTRY
APPLICANT	*50:	SHANGHAI XIANDA IMP. & EXP. CO., LTD.
		8 YANGGAO ROAD, SHANGHAI, CHINA
ISSUING BANK	52A:	BANK OF CHINA SHANGHAI BRANCH
		23 ZHONGSHAN EAST 1ST ROAD, SHANGHAI, CHINA
BENEFICIARY	*59:	HANWHA TRADE CORPORATION
		8 GWANGBOK-RO., BUSAN, SOUTH KOREA
AMOUNT	*32B:	CURRENCY USD AMOUNT 180 000.00
AVAILABLE WITH/BY	*41D:	BANK OF KOREA BY NEGOTIATION
DRAFTS AT ...	42C:	DRAFTS AT SIGHT FOR FULL INVOICE COST
DRAWEE	42A:	BANK OF CHINA SHANGHAI BRANCH
PARTIAL SHIPMENTS	43P:	NOT ALLOWED
TRANSSHIPMENT	43T:	NOT ALLOWED
PLACE OF TAKING IN CHARGE AT	44A:	BUSAN SOUTH KOREA
FOR TRANSPORTATION TO ...	44B:	SHANGHAI CHINA
LATEST DATE OF SHIPMENT	44C:	231231
DESCRIPT OF GOODS	45A:	KOREAN COTTON
DOCUMENTS REQUIRED	46A:	

+4 COPIES OF SIGNED COMMERCIAL INVOICES PROVIDED BY THE SELLER.
+4 COPIES OF PACKING LISTS PROVIDED BY THE SELLER.
+2 COPIES OF CERTIFICATE OF QUALITY ISSUED BY MANUFACTURER.
+FULL SET CLEAN ON BOARD MARINE BILL OF LADING, ISSUED BY THE CARRIER.

(续图)

+2 COPIES OF INSURANCE POLICY OR CERTIFICATE, ENDORSED IN BLANK. +2 COPIES OF NON-WOOD PACKAGING PROVIDED BY THE SELLER. +2 COPIES SHIPMENT NOTICES PROVIDED BY THE SELLER.		
PERIOD FOR PRESENTATION	48:	DOCUMENTS MUST BE PRESENTED WITHIN 15 DAYS AFTER THE DATE OF SHIPMENT.
CHARGES	71B:	ALL BANKING CHARGES OUTSIDE SOUTH KOREA ARE FOR ACCOUNT OF BENEFICIARY.

图 4-8 中国银行上海分行开立的信用证

中华人民共和国海关进口货物报关单

预录入编号:220220231013246548　　海关编号:220220230212143526　　页码/页数:1/1

境内收货人(913100007793665544) 上海贤达进出口有限公司	进境别(2202) 吴淞海关	进口日期 2023-12-31	申报日期	备案号 C09121234
境外发货人 HANWHA TRADE CORPORATION	运输方式(2) 水路运输	运输工具名称及航次号 COSCO V.681	提运单号 P02352316	货物存放地点 上海市杨高路96号
消费使用单位(913100007793665544) 上海贤达进出口有限公司	监管方式(0715) 进料非对口	征免性质(299) 其他法定	许可证号	启运港 釜山
合同协议号 23162328	贸易国(地区) 韩国(KOR)	启运国(地区) 韩国(410)	经停港	入境口岸(2202) 吴淞海关

包装种类(06) 包	件数 600	毛重(千克) 5 700	净重(千克) 5 400	成交方式(1) CIF	运费	保费	杂费

随附单据及编号

标记唛码及备注　H.T.C　进料加工 　　　　　　　　23162328 　　　　　　　　SHANGHAI 　　　　　　　　C/NO.1-600

项号	商品 编号	商品名称及 规格型号	数量及 单位	单价/总价/ 币制	原产国 (地区)	最终目的国 (地区)	境内 目的地	征免
1	5208410090	韩国全棉 80cm×0.1cm	60 000 米 5 400 千克 6 000 米	3/180 000 美元 (502)	韩国 (410)	中国 (142)	浦东其他 (31229)	全免 (3)

特殊关系确认:　　价格影响确认:　　支付特许权使用费确认:　　自报自缴:是

报关人员 章欣 报关人员证号 22010190E981324623 电话 65766688 申报单位 3100274362 上海贤达进出口有限公司 申报单位(签章)　上海贤达进出口有限公司 　　　　　　　　　报关专用章	兹声明以上内容承担如实 申报、依法纳税之法律责任	海关批注及签章

图 4-9 进口货物报关单

三、料件购货确认书履行及单证缮制模拟操作

（一）模拟业务背景

上海立达进出口有限公司外贸财会员根据料件购货确认书支付条款规定办理开证手续，向中国银行上海分行国际结算窗口提交中国银行购买外汇申请书、中国银行开证申请书等指定材料。上海立达进出口有限公司报关员在日本纯棉到达入境口岸后办理进口货物报关手续，提交进口货物报关单。

（二）模拟业务资料

料件购货确认书编号：23063241

开证方式：电开

兑付方式：议付

备案号：C09124628

运输工具名称/提单号：COSCO V.841/P02354162

货物存放地点：上海市南汇公路1324号

每包毛重/净重：9.5 KGS/9 KGS

监管方式/征免性质：进料非对口/其他法定

报关单所有代码/报关员证号：（代码自查）/22010190E987653421

外贸财会员/报关员：（学生姓名）/（学生姓名）

（三）模拟业务操作

请你以外贸财会员或报关员的身份，根据模拟业务资料的相关内容缮制中国银行购买外汇申请书、中国银行开证申请书和进口货物报关单。中国银行购买外汇申请书、中国银行开证申请书和进口货物报关单的样张见"模拟操作4-3"。

模拟操作4-3

任务四　制成品销售确认书履行及单证缮制

一、操作指南

（一）普惠制原产地证明书申领规定

1. 普惠制原产地证明书申领资质

普惠制原产地证明书是指受惠国发展中国家的制成品或半制成品出口到给惠国发达国家时，享受普惠制减免关税待遇的官方凭证。首次申领普惠制原产地证明书的申请企业应向属地直属海关办理备案注册登记，提交营业执照、出口贸易合同或销售确认书、证明货物符合出口货物原产地标准的有关资料。普惠制原产地证明书申报人员应在申请企业备案注

册时办理登记,经培训后获取普惠制原产地证明书申报员证。具备上述条件的申请企业才具有申领普惠制原产地证明书的资质。

2. 普惠制原产地证明书签证机构

普惠制原产地证明书签证机构必须是受惠国政府指定的,其名称、地址和印模都要在给惠国进行注册登记,并在联合国贸易和发展会议秘书处备案。我国普惠制原产地证明书的签证机构是海关总署,具体由直属海关负责本地区的普惠制原产地证明书的签证工作。

3. 普惠制原产地证明书申领材料

申请企业应当根据《普遍优惠制原产地证明书签证管理办法》的相关规定,通过"单一窗口"网站向属地直属海关申领普惠制原产地证明书,提供普惠制原产地证明书申请书一式两份、普惠制产地证明书 Form A 1 套、商业发票 1 份,如果出口货物含有进口成分,还应出具含进口成分受惠商品成本明细单。

(二) 出口许可证件规定

《加工贸易货物监管办法》规定,加工贸易货物除国家另有规定外,属于国家限制性的出口制成品,经营企业须取得出口许可证件。

(三) 出口关税规定

《加工贸易货物监管办法》规定,加工贸易项下进口料件按照规定在进口时先行征收税款的,海关在制成品出口后根据核定的实际加工复出口的数量退还已征收的税款。加工贸易项下出口制成品属于应征收关税的货物,海关按照有关规定征收出口关税。

(四) 制成品销售确认书履行步骤

FOB 贸易术语条件下制成品销售确认书的履行有三个步骤:第一,经营企业申请普惠制原产地证明书。经营企业登入"单一窗口"网站,选择"原产地证"服务模块,再选择"海关原产地证",在"海关原产地证申请"页面中点击"普惠制原产地证明书"按钮,根据制成品销售确认书内容在普惠制原产地证明书申请书、普惠制原产地证明书、商业发票的界面中输入相关信息,输入完毕后点击"保存"和"打印"按钮,再点击"申报"按钮将申报普惠制原产地证明书的数据发送至海关签证机构。第二,海关签证机构签发普惠制原产地证明书。海关签证机构自申请之日起 3 日内对申请材料进行审批,对符合规定的申请企业予以签发。第三,经营企业办理制成品出口货物报关,提交出口货物报关单等指定材料。

(五) 普惠制原产地证明书申请书缮制

普惠制原产地证明书申请书由海关统一印制,其内容与缮制方法如下。

1. 申请单位

申报员应在此栏加盖申请企业的公章。

2. 证书号

此栏留空,由签证机构填报。

3. 注册号

申报员应在此栏填入申请企业海关备案注册登记号。

4. 生产单位

申报员应在此栏填入生产出口货物企业的名称。

5. 生产单位联系人电话

申报员应在此栏填入出口货物生产企业联系人的电话号码。

6. 商品名称

申报员应在此栏填入出口贸易合同或制成品销售确认书中约定的货物中英文名称。

7. H.S.税目号

申报员应在此栏填入出口货物在《商品名称及编码协调制度的公约》中的六位数码的H.S.税目号。

8. 商品 FOB 总值

申报员应在此栏填入出口贸易合同或制成品销售确认书中成交的FOB总额。如果是CFR总额,应扣除运费,如果是CIF总额,应扣除运费和保险费。

9. 发票号

申报员应在此栏填入本票出口货物的商业发票编号。

10. 最终销售国

申报员应在此栏填入出口货物最终目的给惠国的名称。

11. 证书种类

申报员应根据申领普惠制原产地证明书的急需情况,在此栏用"√"选择加急证书或普通证书。

12. 货物拟出运日期

申报员应在此栏填入出口货物拟出运的日期,该日期应在出口贸易合同或制成品销售确认书规定的装运期限内。

13. 贸易方式和企业性质

申报员应在此栏依次用"√"选择出口货物的贸易方式和申请企业性质。

14. 包装数量或毛重或其他数量

申报员应在此栏填入出口货物的包装数量或其他数量及其计量单位。

15. 原产地标准

申报员应根据出口货物原产地实际情况在划线处填入"(1)"或"(2)"。符合"(2)"的,还应在划线处填入《商品名称及编码协调制度的公约》中的四位数码的H.S.税目号。

16. 本批产品系

申报员应根据出口贸易合同或制成品销售确认书规定的运输路线填入启运地/装运港、目的地/目的港,如果是转口运输,应分别填入起运国名称、中转国家或地区名称、目的地国家名称。

17. 申请人说明

申报员如需另作说明时,可在此处注明。

18. 领证人

领证人应在此处进行手签,并注明联系电话和申请日期。

(六)普惠制原产地证明书缮制

普惠制原产地证明书采用联合国贸易和发展会议规定的统一格式,证书的名称"GENERALIZED SYSTEM OF PREFERENCES CERTIFICATE OF ORIGIN"、格式"FORM A"、由"THE PEOPLE'S REPUBLIC OF CHINA"签发的文字事先都印制在证书

上。普惠制原产地证明书的内容与缮制方法如下。

1. Goods Consigned from (exporter's business name, address, country)

申报员应在此栏填入在海关备案注册登记的出口商名称、详细地址和国别，即出口贸易合同或制成品销售确认书中卖方的名称、地址和国别。

2. Goods Consigned to (consignee's name, address, country)

申报员应在此栏填入给惠国收货人的名称、详细地址和国别，即出口贸易合同或制成品销售确认书中买方的名称、地址和国别。如果未知收货人相关信息，则填写"TO WHOM IT MAY CONCERN"或"TO ORDER"。

3. Means of Transport and Route (as far as known)

申报员应在此栏分两行填写：第一行为运输路线，填入"FROM＋起运地、起运国＋TO＋目的地、目的国或 FROM＋起运地、起运国＋VIA＋转运地、转运国＋TO＋目的地、目的国"，如果未知转运地，则填入"W/T"；第二行为运输方式，如"BY SEA"或"BY AIR"或"BY RAIL"等。

4. For Official Use

此栏留空，供签证机构使用。

5. Item Number

在收货人和运输条件相同的情形下，同批出口货物有不同品种的，申报员应在此栏用阿拉伯数字进行编序。单项商品用"1"表示或不填。

6. Marks and Numbers of Packages

申报员应根据出口贸易合同或制成品销售确认书规定在此栏填入指定唛头，唛头通常包括进口商名称、合同号、目的地名称、最大的包装件数。如果出口贸易合同或制成品销售确认书未作具体的规定，则填入"N/M"或"NO MARK"。如果唛头的英语字母过多，可在第 7 栏或第 8 栏的空白处填入。

7. Number and Kind of Packages; Description of Goods

申报员应在此栏填入出口货物名称和包装总件数、包装种类。如果出口贸易合同或销售确认书对货名表述笼统，应在其后加括号，并在括号内列入具体货物名称。包装总件数、包装种类表述应当规范，如"SAY TOTAL TWO HUNDRED WOODEN CASES ONLY"。散装货物用"IN BULK"表示。最后一行下加结束符"＊＊＊"，以防加添内容。信用证要求普惠制产地证明书上注明出口贸易合同或信用证编号等信息，可在此栏空白处标注。

8. Origin Criterion (see notes over leaf)

申报员应根据出口货物是否存在货物原料进口成分、进口成分比例以及相关要求，分别在此栏填入其英语字母代号。"P"表示无进口成分；"W"表示含进口成分，但符合原产地标准。

9. Gross Weight or Other Quantity

申报员应在此栏填入出口货物毛重数量及计量单位，如果是散装货物，则填入净重数量及计量单位，并标注"N.W"字样。以数量表示商品的，应填入件数及计量单位。

10. Number and Date of Invoice

申报员应在此栏填入本票出口货物商业发票的编号和出票日期。

11. Certification

此栏由签证机构授权人手签，加盖海关专用印章，并注明出证日期和地点。

12. Declaration by the Exporter

申报员应在此栏填入进口国名称、申请日期与地点，加盖申请企业印章，并进行手签。

二、制成品销售确认书履行及单证缮制实例展示

上海贤达进出口有限公司申领员丁艳登入"单一窗口"网站，选择"普惠制原产地证明书"，根据制成品销售确认书的内容在该界面中的商业发票、普惠制原产地证明书申请书、普惠制原产地证明书中输入相关信息，并发送至上海海关，经海关签证机构核准后领取其签发的普惠制原产地证明书。上海贤达进出口有限公司报关员章欣根据《进出口货物申报管理规定》的相关要求办理出口货物报关手续，提交缮制的装箱单、非木质包装证明、出口货物报关单，通关后发送装运通知。商业发票、普惠制原产地证明书申请书、普惠制原产地证明书、签发的普惠制原产地证明书、装箱单、非木质包装证明、出口货物报关单、装运通知分别见图 4-10、图 4-11、图 4-12、图 4-13、图 4-14、图 4-15、图 4-16、图 4-17。

SHANGHAI XIANDA IMP. & EXP. CO., LTD.

TEL: 021-65766688　　8 YANGGAO ROAD, SHANGHAI, CHINA　　INVOICE NO.: XD2314609
FAX: 021-65766687　　TAX REGISTRATION NO.: 310920001234　　DATE: MAR.1, 2024
　　　　　　　　　　　　　　　　　　　　　　　　　　　　　　S/C NO.: 02368312

COMMERCIAL INVOICE

TO:
　　KKK TRADING COMPANY LTD.
　　2 CUSTOMS STREET, AUCKLAND, NEW ZEALAND

FROM　SHANGHAI CHINA　　TO　AUCKLAND NEW ZEALAND

SHIPPING MARK	DESCRIPTIONS OF GOODS	QUANTITY	UNIT PRICE	AMOUNT
K.T.C 02368312 AUCKLAND C/NO. 1-1200	100% MEN'S SHORTS SILVERY BLACK WHITE EACH PIECE IN A POLYBAG, 100 PIECES INTO AN EXPORT CARTON	40 000 PCS 40 000 PCS 40 000 PCS	FOB SHANGHAI USD 7.00 USD 7.00 USD 7.00	USD 280 000.00 USD 280 000.00 USD 280 000.00
	TOTAL			USD 840 000.00

TOTAL AMOUNT: SAY US DOLLARS EIGHT HUNDRED AND FORTY THOUSAND ONLY.
WE HEREBY CERTIFY THAT THE CONTENTS OF INVOICE HEREIN ARE TRUE AND CORRECT.

上海贤达进出口有限公司公章
SHANGHAI XIANDA IMP. & EXP. CO., LTD.

丁艳

图 4-10　商业发票

普惠制原产地证明书申请书

申请单位(盖章): 上海贤达进出口有限公司公章　　　　**证书号:** ＿＿＿＿＿
SHANGHAI XIANDA IMP. & EXP. CO., LTD.
申请人郑重申明:　　　　　　　　　　　　　　　**注册号:** 3100274362

本人被正式授权代表本企业办理和签署本申请书的。

本申请书及普惠制原产证明书格式 A 所列内容正确无误,如发现弄虚作假,冒充格式 A 所列货物,擅改证书,自愿接受签发机构的处罚并承担法律责任。现将有关情况申报如下:

生产单位	上海贤达进出口有限公司	生产单位联系人电话	021-65314235
商品名称 (中英文)	全棉男士短裤 100% MEN'S SHORTS	H.S.税目号 (以六位数码计)	610711
商品 FOB 总值 (以美元计)	840 000.00	发票号	XD2314609
最终销售国	新西兰	证书种类"√"	加急证书　　普通证书√
货物拟出运日期	2024 年 3 月 30 日		

贸易方式和企业性质(请在适用处划"√")

正常贸易 C	来进料加工 L	赔偿贸易 B	中外合资 H	中外合作 Z	外商独资 D	零售 Y	展卖 M
√					√		

包装数量或毛重或其他数量	1 200 箱

原产地标准:
本项商品系在中国生产,完全符合该给惠国给惠方案规定,其原产地情况符合以下第(2)条;
(1)"P"(完全国产,未使用任何进口原材料);
(2)"W"其 H.S.税目号为 ＿5208＿(含进口成分);
本批产品系:1. 直接运输从　中国上海　到　新西兰奥克兰　;
　　　　　　2. 转口运输从　　　中转国(地区)　　　到　　　　　。

申请人说明:　　　　　　　　　　　　　　领证人(签名):丁艳
　　　　　　　　　　　　　　　　　　　　电话:021-65766688
　　　　　　　　　　　　　　　　　　　　日期:2024 年 3 月 1 日

现提交中国出口商业发票副本一份,普惠制原产地证明书格式 A(FORM A)一正二副,以及其他附件 份,请予审核签证。
注:凡有进口成分的商品,必须要求提交《含进口成分受惠商品成本明细单》。

海关联系记录

图 4-11　普惠制原产地证明书申请书

ORIGINAL

1. Goods consigned from (exporter's business name, address, country) SHANGHAI XIANDA IMP. & EXP. CO., LTD. 8 YANGGAO ROAD, SHANGHAI, CHINA	Reference No. GENERALIZED SYSTEM OF PREFERENCES CERTIFICATE OF ORIGIN (Combined Declaration and Certificate) FORM A Issued in <u>THE PEOPLE'S REPUBLIC OF CHINA</u> (Country) See notes overleaf
2. Goods consigned to (consignee's name, address, country) KKK TRADING COMPANY LTD. 2 CUSTOMS STREET, AUCKLAND, NEW ZEALAND	
3. Means of transport and route (as far as known) FROM SHANGHAI CHINA TO AUCKLAND NEW ZEALAND BY SEA	4. For official use

5. Item number	6. Marks and numbers of packages	7. Number and kind of packages; description of goods	8. Origin criterion (see notes over leaf)	9. Gross weight or other quantity	10. Number and date of invoices
1	K.T.C 02368312 AUCKLAND C/NO. 1-1200	100% MEN'S SHORTS SAY TOTAL ONE THOUSAND AND TWO HUNDRED CARTONS ONLY *** *** *** *** *** *** *** *** *** *** *** ****	"W"	G.W 5 700KGS	XD2314609 MAR. 1, 2024

11. Certification It is hereby certified, on the basis of control carried out, that the declaration by the exporter is correct Place and date, signature and stamp of certifying authority	12. Declaration by the exporter The undersigned hereby declares that the above details and statements are correct; that all the goods were produced in <u>CHINA</u> (country) and that they comply with the origin requirements specified for those goods in the Generalized System of Preference for goods exported to <u>NEW ZEALAND</u> (Importing country) 上海在贤达进出口有限公司 SHANGHAI XIANDA IMP. & EXP. CO., LTD. 中国上海 CHINA SHANGHAI Shanghai China　　MAR. 01, 2024　　丁艳 Place and date, signature of authorized signatory

图 4-12　普惠制原产地证明书

ORIGINAL

1. Goods consigned from (exporter's business name, address, country) SHANGHAI XIANDA IMP. & EXP. CO., LTD. 8 YANGGAO ROAD, SHANGHAI, CHINA	Reference No. 23C310023521310006 GENERALIZED SYSTEM OF PREFERENCES CERTIFICATE OF ORIGIN (Combined Declaration and Certificate) FORM A
2. Goods consigned to (consignee's name, address, country) KKK TRADING COMPANY LTD. 2 CUSTOMS STREET, AUCKLAND, NEW ZEALAND	Issued in <u>THE PEOPLE'S REPUBLIC OF CHINA</u> (Country) See notes overleaf
3. Means of transport and route (as far as known) FROM SHANGHAI CHINA TO AUCKLAND NEW ZEALAND BY SEA	4. For official use

5. Item number	6. Marks and numbers of packages	7. Number and kind of packages; description of goods	8. Origin criterion (see notes over leaf)	9. Gross weight or other quantity	10. Number and date of invoices
1	K. T. C 02368312 AUCKLAND C/NO. 1-1200	100% MEN'S SHORTS SAY TOTAL ONE THOUSAND AND TWO HUNDRED CARTONS ONLY *** *** *** *** *** *** *** *** *** *** *** ***	"W"	G. W 5 700KGS	XD2314609 MAR. 1, 2024

11. Certification It is hereby certified, on the basis of control carried out, that the declaration by the exporter is correct 中华人民共和国上海海关 SHANGHAI CUSTOMS OF THE PEOPLE'S REPUBLIC OF CHINA FORM A CHINA SHANGHAI SHANGHAI CHINA MAR. 02, 2024 章晓峰 Place and date, signature and stamp of certifying authority	12. Declaration by the exporter The undersigned hereby declares that the above details and statements are correct; that all the goods were produced in <u>CHINA</u> (country) and that they comply with the origin requirements specified for those goods in the Generalized System of Preference for goods exported to <u>NEW ZEALAND</u> (Importing country) 上海在贤达进出口有限公司 SHANGHAI XIANDA IMP. & EXP. CO., LTD. 中国上海 CHINA SHANGHAI Shanghai China MAR. 01, 2024 丁艳 Place and date, signature of authorized signatory

图 4-13 签发的普惠制原产地证书

SHANGHAI XIANDA IMP. & EXP. CO., LTD.

8 YANGGAO ROAD, SHANGHAI, CHINA

TEL: 021-65766688　　　　　　　　　　　　　　　　INVOICE NO.: XD2314609
FAX: 021-65766687　　　　　　　　　　　　　　　　DATE: MAR. 1, 2024

PACKING LIST　　　　　　　　　　S/C NO.: 02368312

TO:
KKK TRADING COMPANY LTD.
2 CUSTOMS STREET, AUCKLAND, NEW ZEALAND

FROM ____SHANGHAI CHINA____ TO ____AUCKLAND NEW ZEALAND____

SHIPPING MARK	DESCRIPTIONS OF GOODS	QTY (PCS)	CTN (PCS)	G.W (KGS)	N.W (KGS)	MEAS (M^3)
K.T.C 02368312 AUCKLAND C/NO. 1-1200	100% MEN'S SHORTS 　　SILVERY 　　BLACK 　　WHITE EACH PIECE IN A POLYBAG, 100 PIECES INTO AN EXPORT CARTON	40 000 40 000 40 000	400 400 400	1 900 1 900 1 900	1 800 1 800 1 800	60 60 60
	TOTAL	120 000	1 200	5 700	5 400	180

COLOR AND SIZE ASSORTMENT:

COLOR	S	M	L	XL	XXL	TOTAL
SILVERY	5 000	5 000	10 000	10 000	10 000	40 000
BLACK	5 000	5 000	10 000	10 000	10 000	40 000
WHITE	5 000	5 000	10 000	10 000	10 000	40 000

SAY TOTAL CARTONS: ONE THOUSAND AND TWO HUNDRED CARTONS ONLY.

上海贤达进出口有限公司公章
SHANGHAI XIANDA IMP. & EXP. CO., LTD.
丁艳

图 4-14　装箱单

SHANGHAI XIANDA IMP. & EXP. CO., LTD.

8 YANGGAO ROAD, SHANGHAI, CHINA

TEL: 021-65766688　　　　　　　　　　　　　　　　　　　NO.: 02325346
FAX: 021-65766687　　　**DECLARATION OF NO-WOODEN**　　DATE: MAR. 1, 2024
　　　　　　　　　　　　　　　　　　　　　　　　　　　　S/C NO.: 02368312

TO: NORWAY ENTRY-EXIT INSPECTION AND QUARANTINE BUREAU

IT IS DECLARED THAT THIS SHIPMENT DOES NOT CONTAIN WOOD PACKING MATERIALS.
COMMODITY: 100% MEN'S SHORTS
QUANTITY/WEIGHT: 1 200 CARTONS/5 700 KGS
INVOICE NO.: XD2314609

上海贤达进出口有限公司公章
SHANGHAI XIANDA IMP. & EXP. CO., LTD.
丁艳

图 4-15　非木质包装证明

中华人民共和国海关出口货物报关单

预录入编号：220220230182315424　　海关编号：220220230862341232　　页码/页数：1/1

境内发货人(913100007793665544) 上海贤达进出口有限公司	出境关别(2202) 吴淞海关	出口日期	申报日期 20240324	备案号 C09121234
境外收货人 KKK TRADING COMPANY LTD.	运输方式(2) 水路运输	运输工具名称及航次号 COSCO V.682	提运单号 COS02416	
生产销售单位(913100007793665544) 上海贤达进出口有限公司	监管方式(0715) 进料非对口	征免性质(299) 其他法定	许可证号	
合同协议号 02368312	贸易国(地区) 新西兰(NZL)	运抵国(609) 新西兰	指运港(NZAUC) 奥克兰	离境口岸(2202) 吴淞海关	
包装种类(22) 纸箱	件数 1 200	毛重(千克) 5 700	净重(千克) 5 400	成交方式 FOB(3)	运费 5 200/3/502	保费 840/3/502	杂费

随附单据及编号
Y:23C310023521310006

标记唛码及备注　K.T.C　进料加工
02368312
AUCKLAND
C/NO.1-1200

项号	商品编号	商品名称及规格型号	数量及单位	单价/总价/币制	原产国(地区)	最终目的国(地区)	境内货源地	征免
1	6107110000	全棉男士短裤 (S, M, L, XL, XXL)	120 000PCS 5 700千克 120 000PCS	7/840 000 美元 (502)	中国 (609)	新西兰 (141)	浦东其他 (31229)	全免 (3)

特殊关系确认：　　价格影响确认：　　支付特许权使用费：　　自报自缴：否

报关人员　韦欣　报关人员证号 22010190E981324623　电话 65766688
申报单位 3100274362 上海贤达进出口有限公司

申报单位(签章)：上海金发国际货运代理有限公司 业务专用章

兹声明对以上内容承担如实申报、依法纳税之法律责任

海关批注及签章

图 4-16　出口货物报关单

```
                SHANGHAI XIANDA IMP. & EXP. CO., LTD.
TEL: 021-65766688      8 YANGGAO ROAD, SHANGHAI, CHINA    INVOICE NO.: XD2314609
FAX: 021-65766687                                          DATE: MAR. 29, 2024
                                                           S/C NO.: 02368312

                           SHIPPING ADVICE

        TO: KKK TRADING COMPANY LTD.
           2 CUSTOMS STREET, AUCKLAND, NEW ZEALAND

DEAR SIRS:
WE HEREBY INFORM YOU THAT THE GOODS UNDER THE ABOVE MENTIONED CREDIT HAVE BEEN
SHIPPED. THE DETAILS OF THE SHIPMENT ARE STAED BELOW.
COMMODITY: 100% MEN'S SHORTS
CARTONS NO.: ONE THOUSAND AND TWO HUNDRED(1200)CARTONS
TOTAL G. W: 5 700 KGS                                    SHIPPING MARKS
LOADING PORT: SHANGHAI CHINA                                 K. T. C
DESTINATION PORT: AUCKLAND NEW ZEALAND                       02368312
SHIPMENT TIME: MAR. 28, 2024                                 AUCKLAND
B/L NO.: COS02416                                          C/NO. 1-1200

                                          上海贤达进出口有限公司公章
                                          SHANGHAI XIANDA IMP. & EXP. CO., LTD.
                                                      丁艳
```

图 4-17 装运通知

三、制成品销售确认书履行及单证缮制模拟操作

（一）模拟业务背景

上海立达进出口有限公司申领员通过"单一窗口"网站向上海海关签证机构申领普惠制原产地证明书，提交商业发票、普惠制原产地证明书申请书、普惠制原产地证明书，报关员根据《进出口货物申报管理规定》，通过"单一窗口"网站向上海海关办理制成品出口货物报关手续，提交出口货物报关单等指定材料。

（二）模拟业务资料

制成品销售确认书编号：23063241

商业发票编号/日期：L0232264/（根据申领普惠制原产地证明书相关规定合理拟定）

申请单位注册号/证书种类：3100248512/普通证书

生产单位/联系人电话：上海立达进出口有限公司/021-6571421

每箱毛重/净重：6 KGS/5.5 KGS

普惠制原产地证明书申请日期/证书编号：（合理拟定）/23C310023521614235

运输工具名称/提单号：COSCO V. 862/COS02638

监管方式/征免性质：进料非对口/其他法定

运费/保险费：5 100 美元/820 美元

报关单所有代码/报关员证号：（代码自查）/22010190E987653421

申领员/报关员：(学生姓名)/(学生姓名)

(三) 模拟业务操作

请你以申领员或报关员的身份，根据模拟业务资料的相关内容缮制商业发票、普惠制原产地证明书申请书、普惠制原产地证明书和出口货物报关单。商业发票、普惠制原产地证明书申请书、普惠制原产地证明书和出口货物报关单的样张分别见"模拟操作 4-4"。

模拟操作 4-4

任务五　进料加工贸易手册核销及申请表缮制

一、操作指南

(一) 加工贸易手册核销规定

加工贸易手册核销是指经营企业向海关办理制成品复出口报关或内销等手续后，凭有关单证申报加工贸易手册核销，经海关依据规定进行核查，确认无误后办理解除监管手续的行为。《海关法》第 33 条规定，加工贸易制成品单位耗料量由海关按照有关规定核定，加工贸易制成品应在规定的期限内复出口。《加工贸易货物监管办法》关于加工贸易手册核销规定有八个方面：一是加工贸易项下进口料件实行保税监管的，加工成品出口后，海关根据核定的实际加工复出口的数量予以核销；二是加工贸易企业应根据有关规定设置符合海关监管要求的账簿、报表和其他有关单证，记录与本企业加工贸易货物有关的进口、存储、转让、转移、销售、加工、使用、损耗和出口等情况，凭合法、有效凭证记账，并进行核算；三是经营企业报核时应向海关如实申报进口料件、出口成品、边角料、剩余料件、残次品、副产品以及单耗等情况，并按规定提交相关单证；四是经营企业应在加工贸易手册项下最后一批成品出口或加工贸易手册到期之日或提前终止合同之日起 30 日内向海关报核；五是经营企业因故将加工贸易进口料件退运出境的，海关凭有关退运单证核销；六是经营企业在生产过程中产生的边角料、剩余料件、残次品、副产品和受灾保税货物，按照海关对加工贸易边角料、剩余料件、残次品、副产品和受灾保税货物的管理规定办理，海关凭有关单证核销；七是经营企业对加工贸易货物核销单证自加工贸易手册核销结案之日起留存 3 年；八是经营企业遗失加工贸易手册应及时向海关报告，海关按照有关规定处理后对遗失的加工贸易手册予以核销。

(二) 加工贸易手册核销流程

加工贸易手册核销有纸质单证核销和电子数据核销两种核销方式，其中电子数据核销有三个步骤：第一，经营企业核销员输入报核数据，登入"单一窗口"网站，选择"加工贸易手册"服务功能模块，在该页面中选择"数据录入"菜单，点击"加工贸易手册报核"按钮，在料件、成品、单损耗的界面中输入相关数据后向属地主管海关进行发送，并上传加工贸易核销申请表、加工贸易手册、进口货物报关单、出口货物报关单等指定材料；第二，属地主管海关受理报核,对申报规范完整、提交单证材料齐全有效的电子数据报核予以受理;第三,属地主管海关核销加工贸易手册,自受理报核之日起 30 日内予以核销,并向经营企业签发核销结案通知书。

(三) 加工贸易手册核销申请表缮制

加工贸易手册核销申请表的内容与缮制方法如下。

1. 手册编号

核销员应在此栏填入经营企业加工贸易手册备案号。

2. 进口合同号、出口合同号

核销员应在对应栏填入加工贸易进口合同编号与出口合同编号。

3. 实际进口额、实际出口额

核销员应在对应栏填入进口货物报关单和出口货物报关单上的总价。

4. 实际进口/转入料件情况

核销员应在此部分填入加工贸易手册中不超过 4 个项号的料件品名规格、单位、实际进口或深加工结转数量,且项号应与加工贸易手册中的一致。

5. 实际出口/转出制成品耗料情况

核销员应在此部分填入加工贸易手册中不超过 4 个项号制成品的出口数量、单耗、总耗。单耗是指加工出口成品(包括深加工结转的成品和半成品)所耗用的进口保税料件的数量。

6. 征税内销情况

核销员应在此部分填入加工贸易制成品内销征税的数量和总价。

7. 剩余料件/残次品情况

核销员应在此部分填入加工贸易剩余料件和残次品的数量及其处理方式。

8. 边角料/副产品/受灾货物情况

核销员应在此部分填入加工贸易边角料或副产品或受灾货物的品名规格、单位、数量、价值和处理方式。

9. 申报核销单据

核销员应根据申报核销单据情况在此部分填入加工贸易手册的类型及份数、进出口货物报关单的份数、核销申请表的页数以及其他单据的名称及份数。

10. 缴税情况

核销员应根据加工贸易料件、制成品缴税的情况,分别在此部分填入关税、增值税、消费税的税额。

11. 承诺声明

核销员在阅读"本表内容申报无讹,如有不实,本企业愿承担相应的法律责任"的承诺声明后加盖企业公章,进行手签,并注明日期和企业电话。

12. 海关结案意见

此栏由主管海关经办人填写结案意见,进行签名,并分别由复核人、科长、关长注明审核意见及签名。

(四) 加工贸易企业法律责任

加工贸易企业未按海关有关规定进行核销的,或违反《加工贸易货物监管办法》构成走私行为的,或违反《海关法》的,海关将依照《海关法》和《海关行政处罚实施条例》的有关规定予以处理;构成犯罪的,依法追究刑事责任。

二、进料加工贸易手册核销及申请表缮制实例展示

上海贤达进出口有限公司核销员王玲登入"单一窗口"网站,点击"加工贸易手册报核"按钮,在料件、成品、单损耗的界面中输入相关数据后发送至上海海关,并上传核销申请表、加工贸易手册、进口货物报关单、出口货物报关单等指定材料。上海海关核准报核材料后进行受理,核销后向上海贤达进出口有限公司签发核销结案通知书(加工贸易手册后方)。核销申请表、加工贸易手册核销分别见表4-5、图4-18。

表4-5　　　　　　　　　　　　　　　　核销申请表

手册编号	C09121234	进口合同号	23162328	实际进口额	180 000 美元	出口合同号	02368312	实际出口额	840 000 美元
项号	品名规格	单位	实际进口/转入料件情况			实际出口/转出制成品耗料情况			征税内销情况		剩余料件/残次品情况		备注
			实际进口数量			产品1 出口数量:120 000 件		产品2 出口数量:		总耗	数量	总价	数量	处理方式 结转/退运/放弃	
			进口	深加工结转	余料结转	总计	单耗	总耗	单耗	总耗						
1	韩国纯棉 80cm×0.1cm	米	60 000			60 000	0.008 米	960 米			960 米					
边角料/副产品/受灾货物情况					申报核销单据		缴税情况		本表内容申报无讹,如有不实,本企业愿承担相应的法律责任			
品名规格	单位	数量	价值	处理方式	手册数量	主册1 续册 分册	关税税额		经营企业盖章	上海贤达进出口有限公司公章	加工企业盖章	日期
					报关单份数	进口1 出口1	增值税额			王玲 2024.12.30		
					核销申请表	1页	消费税额		经办人签字		经办人签字	
					其他单据				经营企业电话		加工企业电话	
海关结案意见	经审单证齐全,单耗合理,同意结案。							经办人:赵芳 2025.01.03 复核人:夏熙 2025.01.03 科长:田芳 2025.01.04 关长:李颖 2025.01.04				

手册/分册编号 C09121234

中华人民共和国海关

加 工 贸 易 手 册

中华人民共和国　　上海　　海关核发

经营企业名称　　上海贤达进出口有限公司
海关注册编码　　2202632847138
手册备案有效期　　2024.12.31

加工贸易企业须知

（内容略）

经营企业情况表

经营企业名称（海关注册编码）：上海贤达进出口有限公司（2202632847138）	经营期限：15年
注册地址：上海市杨高路8号	加工厂厂址：上海市杨高路96号
注册资本：500万美元　年加工能力：50万件	年进出口额：410万美元

企业管理类别：　一般认证企业　　厂房所有权：租赁（ ）自建（√）其他（ ）　厂房租赁期 _____

企业负责人：方贤达　办公电话：65766681　手机：13917935888　邮箱：123456@qq.com
经 办 人：陆佳　　办公电话：65766688　手机：13917935887　邮箱：126868@qq.com
传　　 真：65766687　邮　编：200136　网址：www.seahog.com.cn

本企业保证手册填报内容真实有效；愿意遵守《海关法》及相关法律、行政法规、规章，保证合法经营，按期加工复出口，及时办理变更、核销等海关手续；因故转为内销的，及时按规定办理补税等手续。如有违法违规之情事，愿承担一切法律责任。

企业法人或其授权人签字：方贤达

企业盖章：

2023年12月20日

(a)

加工企业情况表

企业名称(海关注册编码):＿＿＿＿＿＿＿＿＿　注册地址:＿＿＿＿＿＿＿＿＿

注册资本:＿＿＿＿＿＿＿＿＿　　　　　　　加工设备价值:＿＿＿＿＿＿＿

厂房面积:＿＿＿＿＿＿＿＿＿　　　　　　　年加工能力:＿＿＿＿＿＿＿＿

企业负责人:＿＿＿＿＿　办公电话:＿＿＿＿＿＿　手机:＿＿＿＿＿＿

经 办 人:＿＿＿＿＿　办公电话:＿＿＿＿＿＿　手机:＿＿＿＿＿＿

传　　　真:＿＿＿＿＿　邮　　编:＿＿＿＿＿＿　网址:＿＿＿＿＿＿

本企业愿与经营企业共同承担相应的法律责任。

　　　　　　　　　　　　　　　　　　　　　　企业法人或其授权人签字:

　　　　　　　　　　　　　　　　　　　　　　企业盖章:

　　　　　　　　　　　　　　　　　　　　　　　　　　年　月　日

注:如经营企业与加工企业相同,可不填此表。

加工贸易合同备案审批表

加工贸易备案(变更)手册情况表粘贴栏

海关批注意见:
　　　　　同意备案

海关备案业务联系电话:021-58434567

　　　　　　　　　　　　　　　　　　　海关盖章: 上海海关加工贸易手册备案专用章

　　　　　　　　　　　　　　　　　　　2023年12月30日

货物进口/结转转入报关登记表

报关日期	报关单号	提运单号/手册编号	货物名称、规格	单位	数量	价值	海关签章	备注
2023.12.31	2202202302813245320	P02352316 C09121234	韩国全棉 80cm×0.1cm	米	60 000	80 000 美元	海关章	

注:深加工结转和余料结转需在提运单号栏注明转出手册编号。

货物出口/结转转出报关登记表

报关日期	报关单号	提运单号/手册编号	货物名称、规格	单位	数量	价值	海关签章	备注
2024.03.24	220220230862341232	COS02416 C09121234	全棉男士短裤 S、M、L、XL、XXL	件	120 000	840 000 美元	海关章	

注:深加工结转和余料结转需在提运单号栏注明转入手册编号。

(b)

货物内销/放弃登记表							
报关日期	报关单/凭证号	货物名称、规格	单位	数量	价值	海关签章	备注

注：备注栏注明货物处理方式"内销"或"放弃"。

核销申请表粘贴栏

核销申请表

《结案通知书》粘贴栏

加工贸易结案通知书
经营企业：上海贤达进出口有限公司
你对外加工贸易手册（手册号 C09121234554）
已执行完毕，海关托运核销结案，特此通知。

上海海关（签章） 备案章

(c)

图 4-18　加工贸易手册核销

三、进料加工贸易手册核销及申请表缮制模拟操作

（一）模拟业务背景

上海立达进出口有限公司核销员登入"单一窗口"网站，点击"加工贸易手册报核"按钮，在料件、成品、单损耗的界面中输入相关数据后发送至上海海关，并上传核销申请表、加工贸易手册、进口货物报关单、出口货物报关单等指定材料。

（二）模拟业务资料

进口货物报关单编号：220220230287123214

出口货物报关单编号：220220230867231325

单耗/总耗：0.008米/720米

加工贸易手册数量：主册1份

报关单份数：进口货物报关单1份、出口货物报关单1份

核销申请表：1页

（三）模拟业务操作

请你以核销员的身份，根据模拟业务资料的相关内容缮制核销申请表。核销申请表样张见"模拟操作4-5"。

模拟操作相关答案见"项目四模拟操作答案"。

模拟操作4-5

项目四模拟操作答案

综合模拟业务操作

一、综合模拟业务背景

上海在野岛进出口有限公司根据本年度的经营计划开展进料加工贸易业务,拟从新加坡进口纯棉布料,将其加工为女式长裤制成品后出口挪威奥斯陆。上海在野岛进出口有限公司业务四部根据进料加工贸易业务工作流程先后拟定料件购货确认书与制成品销售确认书,编制料件购货确认书与制成品销售确认书的分析单,根据海关相关规定办理加工贸易合同备案,设立加工贸易手册,履行加工贸易合同,并进行加工贸易手册核销。

二、综合模拟业务资料

(一) 拟定加工贸易合同及分析单资料

1. 料件购货确认书订立及分析单编制

料件购货确认书编号/日期:23067452/2023年10月10日

出口商名称:MANDARS IMPORTS CO., LTD.

出口商地址:68 LOWER KENT RIDGE ROAD, SINGAPORE

出口商电话/传真:0081-65-65161253/0081-65-65161254

商品名称/颜色/规格/原产国:新加坡纯棉/银色、黑色、白色/80cm×0.1cm/新加坡

交易数量/单价:66 000米/CIF SINGAPORE USD 3.50

包装方式:每卷100米,装1个胶袋

运输标志:包括M.I.C、购货确认书号、目的地港名称和件数

装运港/目的地港:新加坡港/中国上海港

装运期限/分批装运/转运:不迟于2024年1月5日/不允许/不允许

运输/保险:由卖方办理/由卖方办理

支付方式/开证日期:即期付款信用证/不迟于2023年10月31日

进口商开户银行名称/账号:中国银行上海分行/9005812665587

出口商开户银行名称/账号:BANK OF SINGAPORE/X28019657632

单据条款:由卖方签字的商业发票一式四份;由卖方签发的装箱单一式四份;由厂商签发的质量证书两份;全套已装船提单,显示凭托运人指示;保险单正本两份;由卖方提供的非木质包装证明一式两份;由卖方提供的装运通知一式两份

料件购货确认书分析单编号/日期:Z2318325/(根据料件购货确认书日期合理拟定)

买方授权人/制单人:(学生姓名)/(学生姓名)

2. 制成品销售确认书订立及分析单编制

制成品销售确认书编号/日期:2318467/2024 年 2 月 20 日

进口商名称:NIELSEN TRADE CORPORATION

进口商地址:LANDGANGEN 1,OSLO,NORWAY

进口商电话/传真:0047-24004251/0047-24004252

商品名称/规格/颜色:全棉女式长裤/S、M、L、XL、XXL/银色、黑色、白色

交易数量/单价:120 000 件/FOB SHANGHAI USD 8.00

包装方式:每件装 1 个胶袋,80 件装 1 只出口纸箱

运输标志:包括 N.T.C、销售确认书号、目的地港名称和件数

装运港/目的地港:/中国上海港/挪威奥斯陆港

装运期限/分批装运/转运:不迟于 2024 年 4 月 30 日/不允许/不允许

运输/保险:由买方办理/由买方办理

支付方式:电汇(货到付款)

出口商开户银行名称/账号:中国银行上海分行/9005812665587

进口商开户银行名称/账号:BANK OF OSLO/O83592380219

单据条款:由卖方签字的商业发票一式四份;由卖方提供的装箱单一式四份;由中国海关签发普惠制原产地书 FORM A 一份;由厂商签发的质量证书两份;由卖方提供的非木质包装证明一式两份;由卖方提供的装运通知一式两份

制成品销售确认书分析单编号/日期:Z2392164/(根据制成品销售确认书日期合理拟定)

卖方授权人/制单人:(学生姓名)/(学生姓名)

(二)加工贸易合同备案资料

企业类型/行业分类:经营企业/贸易类

外汇登记号:05432/86-12615

法人代表/联系电话/手机/传真/邮箱:王祥/(合理拟定)/(合理拟定)/(合理拟定)/(合理拟定)

业务负责人/职务/手机:(学生姓名)/经理/(合理拟定)

业务联系人/职务/手机:(学生姓名)/外贸业务员/(合理拟定)

企业邮政编码:(编码自查)

海关认定信用状况:一般认证企业

企业就业人数/工贸易业务人数:65 人/25 人

注册资本/累计实际投资总额/资产总额:550 万美元/550 万美元/550 万美元

实际投资来源地/累计金额:新加坡/550 万美元

外商本年度/下年度拟投资额/是否世界 500 强企业:0/0/否

总产值/利润总额/纳税总额/工资总额:2 500 万元人民币/130 万元人民币/45 万元人民币/65 万元人民币

采购国产料件额:710 万元人民币

国内上游配套企业家数/国内下游用户企业家数:2/0

厂房面积/所有权:8 200平方米/自有

年生产能力:11 500万件(产品名称为服装、代码001-650)

累计生产设备投资额/累计加工贸易进口不作价设备额:1 250万美元/0

设备名称及数量:全自动数控切布机55台、自动拉布机55台、电脑平缝机820台、无人缝纫机820台、自动平头锁眼机410台

进口设备总额/设备是否租赁:180万美元/否

贸易方式/征免性质/加工种类:进料加工/全免/制衣类

进出口岸:吴淞海关

单耗/损耗率/单耗申报环节:0.008米/损耗率1.8%/报核前

是否首次开展加工贸易业务/是否向海关申请进行实地验厂:是/是

随附单证:加工贸易进口合同、加工贸易出口合同、进口料件申请备案清单、出口制成品申请备案清单

经营期限/加工工厂地址:15年/上海市奉贤公路1062号

年进出口额:80 500万美元

经办人办公电话/手机/传真/邮箱/网址:(合理拟定)/(合理拟定)/(合理拟定)/(合理拟定)/(合理拟定)

录入人员/申请人/申报人/经办人/日期:(学生姓名)/(学生姓名)/(学生姓名)/(学生姓名)/(合理拟定)

(三)购货确认书履行及单证缮制资料

开证方式:电开

兑付方式:议付

进口货物报关单编号:220220230287435627

备案号:C09142246

运输工具名称/提单号:COSCO V. 846/P02363846

货物存放地点:上海市奉贤公路1062号

每包毛重/净重:9.5 KGS/9 KGS

贸易国代码/启运国代码:(代码自查)/(代码自查)

监管方式/征免性质:一般贸易/一般征税

报关单所有代码/报关员证号:(代码自查)/22010190E982312427

外贸财会员/报关员:(学生姓名)/(学生姓名)

(四)销售确认书履行及单证缮制资料

商业发票编号/日期:Z232132/(根据申领普惠制原产地证明书相关规定合理拟定)

申请单位注册号/证书种类:3100248512/普通证书

生产单位/联系人电话:上海在野岛进出口有限公司/021-6578821

每箱毛重/净重:7.5 KGS/7 KGS

普惠制原产地证明书申请日期/证书编号:(合理拟定)/23C310023527243157

出口货物报关单编号:220220230867213425

运输工具名称/提单号:COSCO V. 868/COS04626

监管方式/征免性质:进料非对口/其他法定

运费/保险费:5 420美元/912美元
报关单所有代码/报关员证号:(代码自查)/22010190E982312427
申领员/报关员:(学生姓名)/(学生姓名)

(五)模拟业务资料

进口货物报关单编号/出口货物报关单编号:220220230287123468/220220230867231642
单耗/总耗:0.008米/720米
加工贸易手册数量:主册1份
报关单份数:进口货物报关单1份,出口货物报关单1份
核销申请表:1页

三、综合模拟操作要求

根据经营企业开展加工贸易业务模拟操作流程,请同学们结合自愿原则组成上海在野岛进出口有限公司业务四部,分别扮演上海在野岛进出口有限公司的外贸业务员、外贸单证员、普惠制原产地证明书申领员、报关员、外贸财会员,根据各自工作岗位职责分别拟定料件购货确认书与制成品销售确认书,编制料件购货确认书分析单、制成品销售确认书分析单,填报加工贸易企业经营状况及生产能力信息表、加工贸易合同备案申请表、加工贸易手册设立申请表、加工贸易手册,缮制购买外汇申请书、开证申请书、出口货物报关单、商业发票、普惠制原产地证明书申请书、普惠制原产地证明书、出口货物报关单、核销申请表。上述单据见"项目四综合模拟业务"。

项目四综合模拟业务